新闻记者实用技巧

廖洋 著

中国纺织出版社

图书在版编目（CIP）数据

新闻记者实用技巧 / 廖洋著 . -- 北京 : 中国纺织出版社 , 2018.3（2022.1 重印）

ISBN 978-7-5180-3209-9

Ⅰ . ①新… Ⅱ . ①廖… Ⅲ . ①新闻写作—基本知识 Ⅳ . ① G212.2

中国版本图书馆 CIP 数据核字 (2017) 第 016570 号

策划编辑：汤　浩　　责任编辑：汤　浩

责任设计：林昕瑶　　责任印制：储志伟

中国纺织出版社出版发行

地　　址：北京市朝阳区百子湾东里 A407 号楼　　邮政编码：100124

销售电话：010-67004422　　传真：010-87155801

http://www.c-textilep.com

E-mail：faxing@c-textilep.com

中国纺织出版社天猫旗舰店

官方微博 http://weibo.com/2119887771

北京虎彩文化传播有限公司　各地新华书店经销

2018 年 3 月第 1 版　　2022 年 1 月第10次印刷

开　　本：710 × 1000　1/16　　印张：16.5

字　　数：200 千字　　定价：76.50 元

實踐為基兼容并包集前沿新聞理論與一線記者思維精粹引領新聞寫作實踐方略形塑新媒體時代合格記者

丁酉年春葉文青

叶文青 重庆市江津区新闻社总编辑

作者简介

廖洋，男，重庆江津人，重庆大学毕业，工程硕士、教育学学士、管理学学士。重庆市江津区新闻社资深记者，拥有丰富的一线采访经验，新闻作品多次荣获中国新闻奖，目前在各类期刊上已发表近20余篇新闻学术论文。

前　言

想学习新闻写作技巧吗？这本书也许不会令你失望。

这是一本关于新闻写作实务的书，可作为新闻学专业师生的教学用书，也可作为从事新闻实践的媒体人和新闻爱好者钻研新闻业务、探讨新闻写作技能的参考书。

本书选择了新闻媒体近年来刊登的数十余篇新闻作品，采用编辑改写稿与原作对照加解读的方式，探讨新闻写作的思路与技巧。这是本书不同于图书市场上任何一本指导新闻写作的教材或专著的独特之处。

一般的教科书或专著倾向于理论知识分解的方式，用优秀作品佐证理论的正确性，案例少，理论多，屈指可数的作品仅仅成为书中的点缀，对于初学者而言，这样的教科书或者专著需要一个长期的领悟过程才能逐渐消化吸收。

有专门选择新闻作品阅读的教材，入选者也是新闻佳作。对于新闻学专业学生、新闻爱好者和新闻从业者而言，多读优秀的新闻作品，提高赏析能力，对于新闻实践有益。但好作品是作者和编辑反复推敲琢磨，精心修改而成的，非一日之功。怎么改的、如何去粗存精去伪存真的？我们在阅读好新闻作品时无法洞烛幽微、清晰地把握其演变的过程，因而也就常常对这些新闻精品肃然起敬、高山仰止，却苦于无法探明其化蛹为蝶的前世今生，知其然不知其所以然，一时无法望其项背，自叹不如。

本书结构上以案例为主，而且选择的是写作粗糙或者有明显缺陷的新闻作品，通过修改或提供佳作对比，然后“点对点”精确解构其中的奥妙，令人有“众里寻他千百度，蓦然回首，那人却在灯火阑珊处”的感觉。

新闻贵在新鲜，这是新闻不同于文学和其他文体的显著标志之一。为了引起读者对本书的兴趣，作者刻意选择了大量近五年来在互联网上引发舆论关注的新闻作为解剖的案例，这也是本书不同于其他新闻写作教材或专著的一个特点。

当前，我们的新闻学教育重“学”轻“术”的现象比较突出，学新闻专业的人不会写消息，甚至连博士生也满腹经纶却无伏虎之技已经不是新闻。借鉴美国一些高校由学者主导理论教学研究，媒体资深新闻人负责新闻实践教学，注重动手操作能力训练的路子也许是我们新闻学专业教学可以“拿来”的一种模式。

本书以记者采访过程中的实用技巧为主，为新闻写作提供一种实践与思考的参照。

如今，在家人、学生、媒体朋友和出版社的鼓励下，我以老牛拉破车的精神终于结稿了，在此一并表示感谢！特别鸣谢重庆江津区新闻社的各位同仁，感谢你们的支持和勉励，当我在泥泞中前行时听到你们激昂的加油声和呐喊声，这种经历至今令我难以忘怀。

在当今媒介融合的时代，虽然互联网、微博、手机等新媒体为“人人都是传播者”提供了史无前例的开放式传播平台，但专业的新闻写作仍旧是新闻人的职业自豪之所在。

限于本人专业素养有限，书中的修改稿难免会有不当之处，望各位方家不吝指正。

廖洋
2016 年 9 月 30 日

目 录

第一章 新闻报道的理念

第一节 认识新闻报道写作

一、新闻报道的含义

所谓新闻报道，就是媒体对新近发生的实事的报道。新闻的本源是讲究用事实说话，新闻史对客观事实进行报道和传播而形成的信息，反映在新闻信息中的内容必须对实事具有真实传达作用。换个角度说，客观的实事他并不是新闻，被报道出来的新闻是在报道者对客观事实进行主观反映之后形成的观念性信息。

二、新闻报道的分类

（一）按照新闻实事发生的地域和范围来分

有国内新闻和国际新闻

（二）按照新闻的专业来分

有政治新闻、经济新闻、科教新闻、军事新闻、社会新闻、文艺新闻、体育新闻、言论、评论等。

（三）按照新闻的特点来分

有事件性新闻与非实践性新闻，单一性新闻与复杂性新闻，动态性新闻与静态性新闻，本体新闻与反应新闻。

（四）按照新闻的类别来分

有消息、通讯、新闻评论等。

（五）按照新闻传播的手段来分

有口头新闻、文学新闻、广播新闻、电视新闻和网络新闻。

第二节 新闻报道的基本要求

真实是新闻的生命，坚持新闻真实是报纸、广播、电视、通讯社等新闻媒体取得公众信任的前提，也是新闻工作者职业道德的基本要求。新闻是面向社会的信息传播，新闻真实不仅关系到社会成员的利益，而且关系着社会的稳定和国家的利益。失实的新闻报道是新闻工作的大敌，是社会的公害。坚持新闻真实性，是社会主义新闻事业一项不可动摇的基本原则，必须坚持不懈，持之以恒。

第三节 新闻报道的基本方法

一、概括事实

任何新闻报道都离不开对客观事实的概括，这不仅因为要用语言传达客观事件的总体情况和来龙去脉，还因为新闻一般要求精练、简明。对新闻事实的概括要立足全局，抓住特征，正确反映整体。

二、精选实例

在报道中，结合对事实的概括报道，选择一定的具体事例，既能提示新闻报道的主体，又能使报道生动感人，这些事例不应随便选，而应具有典型性、鲜明个性，能够说明问题、给人留下深刻印象。

三、再现场景

再现场景就是将新闻事实的现场情况逼真地描写出来，产生使人如临其境、如闻其声、如见其人的效果，从而增强报道的说服力和感染力。

四、对比衬托

在新闻报道中使用对比性材料能够更明确地表达记者要说的话，比如揭示新闻事实的意义，突出新闻事实的变动程序等。

第二章 新闻的特点

一、真实性

（一）新闻真实性的含义

新闻真实性是指在新闻报道中的每一个具体实事必须合乎客观实际。即表现为新闻报道中的时间、地点、人物、事情、原因和经过都经得起核对。

1. 新闻的真实性

真实是新闻的生命，坚持新闻真实是报纸、广播、电视、通讯社等新闻媒体取得公众信任的前提，也是新闻工作者职业道德的基本要求。新闻是面向社会的信息传播，新闻真实不仅关系到社会成员的利益，而且关系着社会的稳定和国家的利益。失实的新闻报道是新闻工作的大敌，是社会的公害。坚持新闻真实性，是社会主义新闻事业一项不可动摇的基本原则，必须坚持不懈，持之以恒。

2. 新闻真实的具体要求与本质要求

新闻真实的基本含义就是新闻报道的事实必须与客观事实相符合。其具体要求是：新闻来源必须真实可靠，报道内容必须准确无误，包括新闻事实发生的时间、地点、有关的人物、事件的过程、原因、结果，以及新闻中所用的数字、资料和描写细节，都必须确有其事，实实在在，完全符合实际情况，不得加以主观想象、拔高、夸张或隐瞒。

3. 要坚持新闻真实性原则，就必须客观、公正、有立场

客观公正，就是用事实说话，自觉考虑新闻的社会影响，通过事件本身的力量来说服人、引导人。

有立场，就是站在党和人民的立场，而不是从个人和小团体利益出发。在大是大非面前，要能辨是非，站稳脚跟。要不断增强政治鉴别力和政治敏锐性，自觉抵制各种不良诱惑，经得起考验。、

客观、公正、有立场是同准确、鲜明、生动紧密结合在一起的。必须

在准确报道事实的同时，旗帜鲜明地宣传党的主张，反映人民呼声，通过生动的报道形式取得更好的宣传效果。

4. 事实第一性和新闻第二性

与事实相比，新闻是派生的。事实在先，新闻在后。事实是第一性的，新闻是第二性的。明确这一理论观点，正确处理新闻报道中事实和思想观点之间的关系，是对新闻工作者的一项基本要求。新闻工作者必须对事实采取老老实实的态度，尊重客观事实，事实是怎么样的，新闻报道就应该怎么样。如果在思想认识上颠倒了事实与新闻的关系，就会导致新闻报道的主观主义倾向，为歪曲事实、制造假新闻提供依据。

（二）新闻失实的原因

新闻失实，就其性质来说，可分为两种：非故意性失实和故意性失实。

1. 非故意性失实

在采写编新闻过程中，作者并没有觉察到自己报道的事实与实际情况不符。这种失实，多半是由于作者在采访中获得的原始材料失实造成的。有的采访不深入，以讹传讹，造成失实。另外，编辑的疏于检查和核对不严出现的技术性差错等，也是一个原因。

2. 故意性失实

知道自己所写的新闻与实际情况不符，却明知故犯，造成新闻失实。其原因比较复杂，有新闻队伍内部问题，也有社会原因。也有一些单位的风气不正，利用新闻来虚报成绩，为个人或单位骗取荣誉或掩盖劣迹。

此外，新闻失实可分为宏观失实与微观失实。

宏观失实是指虽然报道中的某一事实或全部事实符合客观实际，但放在整个传媒大背景下，则可能存在某些思想性或导向性错误，引起受众对某一类事件的“同一”看法，甚至是偏见，从而对某一类事物产生不良的社会影响。微观失实是指报道中的某一事实失实或新闻六要素中的某一要素失实。

（三）新闻失实主要表现

1、无中生有，凭空捏造

《新闻记者》杂志曾连续评出《2001 年十大假新闻》《2002 年十六大伪新闻》中的“新闻”几乎都是无中生有、凭空捏造的。其中有“千年木乃伊出土怀孕”、“美国医生操刀换人头”、“一男子游悉尼因好色两肾被偷”等匪夷所思的假新闻。在对体育界、娱乐圈的球星、歌星、影星的报道中，往往是第一天报道，第二天辟谣或更正，第三天吵吵嚷嚷要诉诸法律，实在是真假难辨。

2. 添枝加叶，层层拔高

这类失实，大量表现在追忆杰出人物、先进典型的报道里，作者以为“油多不坏菜，好话说多人不怪”，说了许多过头的好话。比如，有些描写邓小平在 1969 年 11 月到 1972 年 11 月下放江西省新建县拖拉机修造厂劳动期间的新闻报道说：邓小平有八级钳工的水平。而曾与邓小平一起干活的该厂工人余克钧回忆道：“刚开始，邓小平用的锯条断得很厉害。到后来，他的锯条磨光也不断了，这是一般人很难做到的，但是这也没有四五级钳工的水平。”“不能因为他是伟人就故意拔高，把他说成八级钳工。至于一些文章说他有四五级钳工的水平，那也是不确切的。”

3. 要件残缺，隐瞒事实

与上述两种失实相反，有些作者采取“减”法，在一个完整的事件中抽去部分事实，给作者造成假象。上海一家报纸在 1999 年 3 月份以整版篇幅刊登一家化妆品公司开拓市场的先进事迹，文中什么都讲了，市场占有率、生产总值增长率、人均生产值等，就是避而不谈企业的盈利情况。这可能有难言之隐，但抽掉这个关键数字，企业的先进性体现在哪里?

4. 偷梁换柱，移花接木

在新闻中，把过去发生的事情，写成现在出现的；把众人共同努力的成果说成是一个人的成绩；把别人做的事说成是某个人做的。在电视、广播中，这方面的失实比较突出，有些电视台在拍摄专题经济新闻时，让一些长得漂亮的文工团员代替工人装模作样操作机器，代替农民来拍“喜摘丰收棉”，等等。

5. 牵强附会，因果不符

新闻指出的事件所发生的原因不符合实际情况，或把事件发生的多种原因说成只有一个原因，或者风马牛不相及。

（四）避免新闻失实的措施

1、法律法规硬性约束。在新闻业蓬勃发展的时代，舆论的监督除了出于从业道德及个人的价值取舍外，更应该有相关的法律法规起到硬性约束的作用，才能使传媒在正确大方向上前行。目前，我国已经出台了许多硬性条例对新闻从业者的行为予以约定，并对违反新闻职业道德，对社会生产、安全稳定、公民利益等造成不良影响的，给予法律制裁，使其承担相应的法律责任。但是，介于新闻业的多元化及信息传播的快速性和新闻来源的不确定性，不断细化和完善相关管制条例也是我国法律正在面临和努力的方向。

2、新闻业需要自我反思、自我纠正。作为新闻从业人员，应当主动查找自身工作中的漏洞与问题，针对社会中的不良作风，主动开展自我纠错行动。不论是个人还是团体，都应时刻反思工作中存在的问题，查找工作方法中的漏洞，不断完善新闻出版流程，加强自身素质修养，选拔任用专业水平高、整体素质高的人员从事采访、管理等工作。在思想观念上，将新闻的真实性作为新闻的生命来看待，让社会看到新闻人坚守新闻真实性的立场。

3、加强新闻职业道德水平及专业修养。作为一名记者，必须加强自身新闻专业修养和职业道德水平，说真话、讲真事、道实情，在针对新闻事件寻找事实依据时，要运用三角学原理逼近真相，通过认真分析、科学比对、多方确认等方法，确保收集到的事实依据是客观真实、不带有个人倾向的。同时，为了采写新闻事件，记者应当深入现场，不论行之千里，或深入穷乡僻壤、矛盾重重之地，或因为采访而遭受各种磨砺坎坷及身体上严酷的考验，都应该认识到这是写出一篇好新闻而必然经历的过程。所以，在从事新闻采访过程中，不仅不能怕苦怕累，更要兢兢业业、如履薄冰，坚决杜绝新闻失实现象的发生。

4、相关部门加强管理，社会各界携手“打假”。政府部门、新闻业相关的管理部门，应携起手来进一步健全完善新闻的监督管理机制，实时更新新闻行业的相关法规约束，出重拳、下猛药，加大对新闻失实现象的打击力度。同时，除了传统的法律约束外，更要合理利用新媒体和社会各界力量发挥监督作用，从而严防新闻失实现象的发生。

二、客观性

（一）新闻客观性的概念

客观性是新闻的基本特性。然而，海内外新闻传播理论界对新闻客观性的研究却存在较大的差异。国内的一些学者认为，新闻的客观性就是“我来了，我看了，我记了”。其实，这种表述并不足以揭示出新闻的客观性特征。新闻的客观性，不等于新闻的真实性，新闻的真实性是指新闻事件的客观存在，而新闻的客观性则是指新闻在特定的环境中存在；新闻的客观性，不等于新闻的全面性，新闻的全面性是指对新闻事件进行整体全面的描述，而新闻的客观性则是在特定的社会关系中对新闻事件进行客观描述。

之所以讨论这一问题，是因为现在越来越多的学者发现，影响新闻客观性的因素不仅包括新闻记者的主观偏好，而且包括受众的主观偏好。学者对反映巴勒斯坦与以色列之间冲突的电视新闻进行统计调查分析，发现在接受调查的人群中，支持以色列的人认为新闻偏袒巴勒斯坦，而支持巴勒斯坦的人则认为新闻偏袒以色列，只有那些对中东事务缺乏了解并且保持中立的人，才会接受新闻媒体关于以色列与巴勒斯坦冲突的新闻。这种引入受众判断的客观性分析，实际上是把新闻的客观性与新闻产生的社会效果联系在了一起。

（二）如何判断新闻是否具有客观性特征

在判断新闻是否具有客观性特征的时候，不能采用真实性的标准，当然也不能采用全面性的标准，而必须在特定的新闻传播关系中，采用相对性的标准。如果认为新闻可以报道一切，新闻必须面对所有的受众，那么，就是在刻意地淡化新闻的客观性，或者，把新闻的客观性变成一个无从判断的虚假问题。

新闻采访报道行为产生新闻社会关系。在新闻社会关系中，既包括记者，当然也包括受众。如果没有受众的参与，那么，新闻报道就变得毫无意义。之所以强调新闻的社会关系属性，就是要把新闻放在特定的社会关系中进行考察，因为只有这样，才能准确地把握新闻客观性的基本内涵。

新闻客观性是在特定的社会关系中，对新闻作出的价值判断。客观与否不等于真实与否，新闻记者选择不同的报道题材、报道角度，报道形式，可以产生不同的社会效果。因此，同样是关于以色列与巴勒斯坦冲突的新闻报道，新闻记者在行使选择权利的时候，就充分体现了新闻记者的价值判断。如果新闻记者刻意地迎合特殊的群体，如生活在美国的犹太裔受众，那么，在他们的眼中新闻报道就具有客观性；反过来，如果新闻记者拒绝从生活在美国的犹太裔受众角度选择报道的题材、角度和形式，那么，在这一部分受众心目中，新闻就不具有客观性特征。

在互联网时代，价值形态的多样化表现得尤为明显。不同的群体对新闻有不同的需求，因而判断新闻客观性的标准就更为复杂。新闻媒体在制作新闻作品的时候，不仅要考虑到新闻的真实性、全面性，而且要寻找自己所服务的群体，争取他们的支持，从而尽可能地体现新闻的客观性特征。从这个意义上来说，新闻记者虽然不能刻意地迎合自己的受众，但是，新闻记者必须知道自己所服务的对象，因为这关系到新闻客观性的问题。

新闻的客观性是相对的，世界上没有放之四海而皆准的新闻客观性标准。强调新闻客观性，必须与新闻记者的主观判断结合起来，必须与新闻作品的服务对象联系起来，因为只有这样，才能了解新闻客观性的真实内涵。

新闻客观性是一个容易与新闻真实性、全面性混为一谈的概念。新闻的客观性是指新闻记者主观见之于客观的反映过程，也是指受众对新闻作品这一客观表现的主观感受。

总而言之，新闻的客观性是指主观见之于客观、客观见之于主观的相互交融、相互作用的社会现象。如果把新闻的客观性等同于对新闻事实的客观描述，那么，就是把新闻的客观性与新闻的真实性混淆起来；如果把新闻的客观性等同于对新闻事实的全面描述，那么，就是把新闻的客观性与新闻的全面性混淆起来。新闻的客观性之所以复杂，就是因为在不同的社会关系中，新闻的客观性具有不同的内涵，人们对新闻的客观性也有不同的评价标准。

在社会群体日益分化的今天，强调新闻的客观性就是要求新闻记者必须大胆地承认自己所服务的对象，不要以“包打天下”的面目制作新闻作品。新闻的客观性是建立在新闻真实性基础之上的，也是对新闻全面性的价值判断。新闻的客观性首先要求新闻记者必须学会承认新闻的主观判断价值，不要动辄把新闻客观性当作拒绝批评的挡箭牌。一些新闻媒体从业者之所以拒绝批评，就是因为他们总是强调自己的新闻作品具有客观性特征。其实，采用长期策划、跟踪调查、精耕细作的采访手法制作出来的新闻作品，充其量只有真实性，未必具有客观性。

（三）评价新闻客观性的价值

讨论新闻客观性的价值就在于，彻底打破新闻传播学上一些错误的思维定式，揭示一些新闻媒体新闻炒作行为的本质特征。

新闻从本质上来说是一种观点，一种客观反映新闻记者与受众情绪和价值判断的社会现象。在特定的社会关系中，新闻的客观性具有特定的内涵。要想真正实现新闻观点的平衡，必须努力地营造新闻市场，建立更加丰富的新闻传播关系，让代表不同群体的新闻记者与自己所代表的群体形成各种各样的新闻传播关系，并且在新闻传播关系相互碰撞过程中，为公众提供更多的信息。

实现新闻的客观性，不能单靠新闻记者个人的自觉，当然更不能单纯指望教育。实现新闻的客观性要求社会各界以开放的姿态，努力营造一个自由宽松的新闻市场，让各种各样的观点都呈现出来。只有这样，才能让人们看到不同的新闻传播关系，也只有这样，才能在多元观点市场的碰撞中，实现新闻的客观性。打个比方，如果在一个市场中只有一种兔子，那么，就很难对兔子作出客观的评价；反过来，如果市场存在很多种兔子，那么，人们就会在比较鉴别之中对兔子作出客观的评价。所以，只有繁荣新闻市场，才能实现新闻的客观性。

中国新闻传播研究必须向精细化的方向发展，新闻传播研究者必须彻底抛弃传统的思维方式，充分借鉴一些发达国家新闻传播研究的经验，重新认识司空见惯的新闻现象和新闻概念，真正从社会关系中发现问题的症结，并且找到解决问题的方案。如果在新闻传播研究中，只看到一些浅层次的描述，而没有看到客观性在不同社会关系中的不同表现，那么，就很难捕捉到新闻的基本内涵。

新闻是一种观点，新闻报道权从本质上来说就是一种选择权。新闻记者之所以选择不同的题材、不同的角度、不同的表现方法，就是因为在现实生活中存在着不同的价值判断。新闻记者可以迎合某些社会群体的需要，也可以大胆地表现自己的价值追求。只有在一个充分竞争的新闻市场里，才能体现出新闻客观性的特征。假如把新闻的客观性仅仅理解成为新闻报道的客观存在，或者把新闻的客观性看作是对新闻细节的客观描述，那么，就没有准确地把握新闻客观性的本质特征。新闻的客观性是一种相对特征，新闻的客观性只能在具体的社会关系中体现出来。假如忽视了新闻所体现的社会关系，而试图取悦于所有的受众，那么，新闻从业者要么是不了解新闻客观性的基本内涵，要么是彻头彻尾的伪君子。

需要特别指出的是，一些美国传媒学者在分析新闻客观性特征的时候，创造出了“媒体敌视偏执”（hostilemediabias）这样一个概念，认为正是由于社会群体存在着偏见，所以，新闻的客观性才难以真实体现。在互联网络形成的碎片化社会，“媒体敌视偏执”现象表现得更为明显。“新闻报道客观与否，不仅仅是一个受众的心理问题，它也反映了美国社会当前的变迁”（《南方都市报》，2011 年 2 月 13 日）。在笔者看来，所谓“媒体敌视偏执”恰恰反映出新闻客观性的相对特征，只有在特定的社会关系中考察新闻的客观性，才会得出有益的结论来。

总之，新闻的客观性是新闻的相对特征，只有在具体的新闻社会关系中才能体现出来。强调新闻的客观性，就是在强调记者主观表达的同时，充分考虑受众的主观感受，不要把新闻的客观性与新闻的真实性、新闻的全面性混为一谈。

三、公正性

（一）公正的含义

所谓的新闻公平、公正，大都是说读者期望新闻能从公众的利益和视角出发。由于个人对每个新闻事件的感知是有差异的，再加上个人的偏见和价值观上的差异，完全客观的新闻报道是不存在的。但是新闻报道应当尽量追求客观的、真实的、准确的和公正的。

（二）新闻不公正的体现

新闻不公正包括：实事的不准确、不完整、不全面、不深入、没有解释、没有背景、没有语境。此外，还包括新闻的事先策划、拒绝报道某件新闻、拒绝更正失实报道、记者采访报道过程的傲慢无礼、报道传言、报道谎言、不核实事实，等等。

（三）公正报道的基本做法

第一，记者应该坚持客观公正的职业理念。

第二，坚持准确、公正、全面、客观的报道原则。

第三，区分报道事实和评价事实。

第四，案件报道不应影响司法公正和法律判决。

第五，报道中避免对种族、性别、年龄、职业、宗教信仰、教育层度、居住地等的任何歧视。

四、全面性

（一）全面性的含义

新闻报道的全面性是指新闻报道要提供新闻事件各方面的实事、进展、意见，不片面报道，不隐匿实事。

片面报道是指对新闻事实的描述不完整，对新闻事实加以歪曲，从而未能够还其以本来面目，使受众对新闻事实产生误解。

（二）新闻报道全面性原则

1. 新闻受众全面地提供事实与情况。

2. 全面报道事实，全面提供各方面情况和进展。

3. 全面报道与评论事实。

（三）新闻报道不全面的危害

新闻报道不全面的情况有两种，一种是片面报道，另一种是隐匿事实。

1. 片面报道的危害

新闻报道内容片面，就是对新闻事实的歪曲，就会使受众群体对新闻事实产生误解。

2. 隐匿事实的危害

隐匿事实，就会危害群众的知情权，损害新闻媒体形象，甚至是损害政府形象。

（四）如何维护新闻报道的全面性

新闻史对新发生或正在发生的实事的报道。正在发生的实事，一般是指有重大政治意义的会议，或体育赛事，或体育庭审等，这些事件的背景只是相对简单，且发生或其发生的概率是可以被预知的，因此，新闻媒介对这些事件的报道，通过电视、广播、网络的现场同步直播展现在受众面前的实事基本上就是全面的、真实的。

五、时效性

（一）时效性的含义

新闻事实发生同新闻发布的时间差，是新闻价值的一个重要因素。时间性越强，新闻的社会效果越大。

新闻的时间性同新闻的采访、制作、编辑、传播等各个环节都有关系。其中，新闻事实的发生同记者发现的时间差是基础，新闻事实的发生同新闻发布的时间差是决定性的。新闻工作的各个环节都要迅速、及时，尽力缩短与新闻事实发生的时间差。

新闻必须新鲜。新与旧的标准首先是时间性。新闻的事实，包括事件、人物、思想、行动、经验、成果等，都是新近发生的。现代事件性新闻应以日、时计，甚至以分、秒计，在准确、真实的基础上讲求时效。

讲究时间性是新闻的特征，是人们生活的社会需要。人们需要从新闻中及时获得自然界和社会生活中各方面的新情况、新变化，并且据以调整自己的认识和行动。

（二）新闻时效性的表现

新闻时效性表现在时新性、时宜性两个方面。新闻贵在“新”，事件要新，内容要新，新闻既要讲求时新性，又要讲求时宜性。

所谓时效性，是指力求时间上的最新报道。它的时间都是“今天”“刚刚”。当前国际上传递信息的手段非常先进，国际新闻界在时间上的竞争十分激烈，主要是事件性新闻，求新、求快，对国内外所关注的重大新闻事件朝着现场直播的同步报道上努力。

所谓时宜性，主要是指新闻什么时间发布最恰当、最有利，抓住火候，趁热打铁，是对某些社会问题、社会现象新的发现、新的思考，是适应观众需要的。

失去了时新性，新闻也就失去了报道的价值，一条过时的新闻人们当然没有必要去看；失去了时宜性，新闻也就失去了新鲜感，无法调动受众的积极性，无法使他们从情感上参与到其中，更别说受众“看与不看”“读与不读”，因此要辩证地处理好先发制人与后发制人的关系。

（三）时效性是新闻的生命力

新闻区别于其他体裁的基本原则是真实性。而时效性更是新闻的生命力之所在。具体地说，时效性又包括“新”和“快”二字。所谓新，就是新鲜、新奇、新生。新闻离开了“新”，便成为明日黄花，就不能称之为新闻，而只是旧闻了。新闻的“快”决定了新闻的时效性，及时报道新近发生或发现的事物，向读者提供多方面新鲜的信息，如果反应不迅速，不讲求时效，就一定失去应有的价值了，更不用谈“新”和“快”。

新闻的“新”，是新闻的生命力，也是对新闻的起码要求。新闻的新有两方面的含义：一是时间要新，是新近发生的事实；二是内容要新，所反映的事实具有新鲜性。

六、趣味性

（一）趣味性概述

新闻的事实及表现手法富有情趣和兴味是吸引受众的一种属性。新闻趣味性以内容真实、新鲜为前提，适应受众的视听心理和审美需求。

它有两层意思：一是指内容新奇曲折，富有情趣，使受众普遍感到有趣；二是指写作形式和表现生动活泼，具有吸引力。有关反映社会风尚、风土人情、山川景物、旅游探险、科技发明、诉讼案件的新闻，更注重趣味性。对于趣味性，不同的时代、社会、民族、阶级有不同的解释，但它有客观标准存在于新闻之中。

（二）加强趣味性的技巧

我国的新闻传播报道模式比较单一，对新闻报道的趣味性关注不够。这是因为新闻传播界在某种程度上错误地认为趣味性是资本主义新闻报道的“试金石”，而重要性才是社会主义新闻报道选材的最主要依据。这样，我国的新闻报道领域便长期由反映重大事件的硬新闻占据统治地位。

随着思想解放的深入和我国新闻机构管理和经营模式的改革，追求趣味性为主的软新闻于 20 世纪 90 年代中期以来，以其快速的发展趋势在我国新闻报道中占据着重要的地位，并以其凸显的趣味性品位影响着人们的日常生活，体现出时代的进步和社会文明的发展趋势。

第三章 新闻写作的主体

第一节 新闻写作主体的品质素养

新闻写作的主体一般指新闻从业人员，包括记者、通讯员、新闻采写人员，等等。

所谓写作主体，就是进入写作思维和写作行为中的人。在写作活动中，主体始终起着主导作用。他的写作素养、写作能力的高低直接影响写作活动的进行和作品的质量，可以说，写作正是写作主体素养和能力的体现。提高写作能力的根本途径是加强写作主体的素养。素养通常指一个人通过综合的精神状态和行为方式所表现出的素养。写作素养就是作者围绕文章的选材、运思、表达等活动中表现出的素养，它是写作主体思想意识、文化水平、价值观念、思维方式、生活积累的综合反映。写作主体的素质主要包括生活素养、学识修养、人格品位和审美理想四个方面。

一、强烈的事业心

二、坚忍不拔的意志

三、真诚坦荡的胸怀

四、超乎寻常的胆略

记者要敢于面对事实，敢于说真话，要有忠于事实、坚持真理的勇气和气节，绝不见风使舵，记者更需要记者超乎寻常的胆略，不怕得罪人，不怕打击报复，也不怕别人不理解，不怕牺牲个人利益。

新闻写作主体的思维素质

二、新闻是思维的产物

新闻史客观实事信息经过记者的头脑加工制作后传达给读者的，它既是客观存在的事物，又是记者思维的产物。思维是人脑对客观事物间接性的，概括的反映，其中逻辑思维以概念、判断、推理的形式来反映客观事物的运动规律，形象思维用表现来进行分析、综合、概括。新闻写作过程是逻辑思维与形象思维相交替的思维活动过程。

二、创造性思维

作为创造性的精神劳动，新闻写作要求其主体不仅具有一般的思维能力，而且还必须具有创造性的思维素质。所谓创造性思维素质，指的是通过思维不仅有揭示客观事物的本质及其内在联系，而且要在这个基础上产生新颖的前所未有的思维成果。

写作主体的创造性思维素质，具体体现在以下几个方面：

（一）思维的发散性

（二）思维的独特性

（三）思维的深刻性

（四）思维的敏捷性

第三节 新闻写作主体的构思能力

一、快速构思的能力

构思，原指作家、艺术家在孕育过程中所进行的全部思维活动。包括选取题材、提炼、确定主题、设计、安排结构，考虑情节的开展、人物的活动和总体性布局。

新闻写作的构思，是记者在掌握新闻事实素材的基础上，对新闻作品的整体设想。

但记者除一般的构思能力外，新闻这种文体对写作主体的构思方面的素质提出了特殊的要求，即构思的快速性。它表现为时间的短暂、节奏的快速以及思维频率的强大。

二、构思的三大任务

写作主体的构思能力，至少要承担以下几个方面的任务：

（一）链接采访和传达的纽带

（二）设计新闻作品的蓝图

（三）不断协调写作心态

三、新闻写作主体的传达能力

新闻写作的传达，就是记者运用语言符号及其形态构成，把构思时孕育的头脑中的内在形态，外化为可供受众接受的客观存在物——精神产品，也即新闻作品。

新闻写作是一个双重转化的过程。构思是由“物”到“意”的内孕飞跃，而传达则是由“意”到“文”的外化飞跃。

但是，记者要把无声的思维外化为规范的、明朗的、能为广大受众接受的语言。

（一）可接受性

时刻牢记新闻是写给人看的。

（二）逻辑性

新闻写作的传达要符合逻辑。

（三）精细性

记者用语言把构思的结构传达出来，称得上是一项精细的工作。

新闻写作主体的传达能力，本身也是一种综合能力。它体现在真正动笔写作的过程中，具体又可分解为：筛选材料的能力，表达主题的能力，驾驭语言的能力，安排结构的能力以及虚招“由头”的能力等。

第四章 新闻采访

第一节 做好采访的准备

一、要时刻处于“采访状态”

（一）处处留心

中国古语有云：“处处留心皆学问。”实践表明，生活中有许多细微、平凡的线索，是完全可以从某一个侧面、某一个角度、某一个片段折射出具有深刻社会意义与时代精神的光彩，这就叫小中见大。首先是小，小时间、小人物……唯其小，热门往往不怎么重视，从沙土中一眼能辨别出那一粒是金沙。

（二）抓住群众关心的小事

名人政要，当然需要关注，但世界上主要是普通人，大事件虽大，但少，小事件虽小，但多。简而言之，别看人物小，意义却大；别看事情小，背景却大。

（三）抓住普遍性的问题

工作在基层的新闻采访与写作人员，不能听到什么就采访什么，看到什么就写什么，而要从日常生活所掌握的大量素材中，挑选那些带有普遍性、倾向性的问题，作为采访写稿的重点，这样的稿件才能有分量。

二、采访前的准备

凡事预则立，不预则废。采访工作也是如此，采访的成功，也离不开采访前的准备。采访前的准备工作可分为两部分，即平时的准备和专题性的准备。

（一）平时的准备（包括理论、政策、资料累积）

首先要学习马列主义理论，同时，特别要关心当前的形势，以及党的重要决策。

其次，要学习有关业务知识。新闻采访与写作人员应培养自己成为一个杂家，什么知识都应具备。

最后，要积累知识资料。采访范围内的行业和人物，应经常积累材料，收集有关专业知识，有关单位或行业的基本情况，形成适应新闻报道的最佳知识结构，最好形成自己的资料库。

（二）专题性的准备

专题性的准备也是接受某一具体采访任务后所做的采访准备。其准备工作大致分为三个方面。

首先是视采访情况准备内容，从面上讲，要熟悉与这次采访任务有关的情况和各种资料。在全局范围内出现了什么新情况、新问题、新发展。

其次是政策准备，认真学习与这次采访任务有关的党和政策的方针、政策，了解领导部门有何见解、主张。

最后是制定采访纲要。采访提供一般分为两种，一种是简单的采访提纲，拉出框架就可以了，不用很细，这种简单采访提纲，就需要有个总体设计，规定好总的采访目的和要求，以及各单项目的和要求，确定好采访对象，明确参加哪些类型座谈会等。

总而言之，采访前的准备做得越充分越周密越好。这样进入实地采访，就可以提高效率，缩短采访过程，收到事半功倍的效果。

三、要保证抓到第一手材料

新闻素材中的第一手材料能够准确地反映客观事物，掌握第一手材料有益于产生正确的新闻主题；掌握第一手材料也是新闻必须完成真实原则的要求。那么，怎样才能获得第一手材料呢?

（一）要脚踏实地深入基层

采访只有深入一线才能获得第一手材料。特别是已经发生过的事件，也要尽量到现场看一看，亲自拿捏一下事实的分量，看一看事件发生的环境。现场采访是别人无法替代的。

（二）要不带“框框”地采访

这是抓第一手材料的必备前提，对于准确反映事实的主观因素，如实地、不打折扣地把客观事物全貌记录在案。

（三）要“打破砂锅问到底”

第一手材料，常常不是第一次采访就能得到的，而需要一而再、再而三地追根寻底，步步深入。有的时候记者唯有“打破砂锅问到底”“不畏浮云遮望眼”的气魄和精神，才能把整个问题弄个水落石出。

四、注意自己的言谈举止

记者要有良好的精气神，在采访过程中要有形象，更要注意自己的言谈举止：

（一）谈话的语气要有礼貌

（二）不要轻易打断别人说话

（三）注意谈话的内容，少谈与采访无关的问题

五、几种常见的谈话方式

新闻采访与写作人员与对方谈话的方式，要因人因时因地而异，大致有这样几种方式可以借鉴。

（一）迂回侧击

通常用于不善言谈和不愿意谈的人，因为彼此不熟悉，所以会紧张，举止不自然，不知从何谈起，这种情况下，就要先拉家常，抓住对方最熟悉、最便于回答的事聊，然后再接触正题。

（二）开门见人

通常适用于自己熟悉的对象和干部，对于这些人过多寒暄，反显多余，不如直截了当地提出问题。

（三）探讨启发

对于某一问题谈不清楚时，为了启发对方思考，引导对方把问题谈清楚，时常采用这种方法。新闻采编工作者可以和对象相互交谈，探讨问题，舍身处事地想对方的情况、心理，找出某些假设，启发对方的思绪。

（四）激将法

在前三种方法都不奏效时，激将法可以使对方吐露真言。有时候采访对象怕见报被当作典型，闭口不谈的时候，可以采用这种方法，而此种极端的采访方式，只有在非用不可的情况下，方可一试。

六、在交谈中发现线索

新闻采访是新闻材料的采集和对采访对象的访问。新闻采访是一种复杂系统的活动，是一个由许多环节构成的动态过程，每一个环节都相互支持又相互制约，每一个环节又都有其规范和要求。采访既是一种职业活动，也是一种职业艺术。只有掌握了新闻采访方法，记者才可能顺利、出色地完成新闻报道。采访活动是从寻找新闻线索开始的。

（一）新闻线索的特点

新闻线索即采访线索、报道线索，是新近发生或发现的事实表现出的某些信号或迹象。

新闻线索是新闻记者发掘题材的一种凭据，它是一种新闻报道的可能状态，是一种对新闻记者的召唤。新闻线索一般比较简略，甚至只是一个片段，要素不全，但它昭示着新闻在哪里，为记者的采访提示了方向。有经验的记者会从这些零散片段中追寻，追根寻源，发掘出更重要的、完整的新闻事实来。新闻线索有以下几个特点：

1. 事实简略，要素不全。新闻线索不等于新闻事实，相对于新闻事实，新闻线索零碎，信息不完整。它一般比较简略，新闻要素不全，如有人物，却确定不了时间、地点、原因等。新闻线索这一特点启示我们，新闻线索尽管比较零碎，信息不完整，但不能轻易放弃，而是要继续寻找、发现，了解完整的新闻事实。

2.、事实概括，不太具体。新闻线索所提供的新闻事实信息一般较为概括，只是事实的大概，不具体，细节不清。

3. 事实不确定，真假不明。新闻线索真假未定、价值未定。新闻线索涉及较多的是表象，可能确有其事也可能只是假象，或是真假混杂，其可靠性有待记者进一步去核实。所以，对所得到的新闻线索，首先，要认真核实其确实性、可靠性。如果对新闻线索不加核实和深入采访，就很容易制造假新闻。新闻线索的不确定，还表现为新闻线索的价值会出现多种变化。

新闻线索有的很有价值，有的有一定的价值，有的暂不显示新闻价值，有的线索与实际情况距离很大。新闻线索的这一特点启示我们，对待新闻线索，既不能轻易放过，也不可轻易相信。从采访的全过程来看，记者寻找新闻线索是采访的第一步。

（二）新闻线索的来源

1. 来自政府机关发布的信息。政府是最权威的信息源，因此，政府在第一时间发布的新闻信息，会成为可靠的新闻线索，来自这个渠道的线索，具有较高的新闻价值和真实性。

2. 来自基层通讯员和受众提供的线索。这是一条获得新闻线索的广泛渠道。

3. 来自记者的发现、寻找和挖掘。记者寻找新闻线索更多意义上说，要强调记者自己发现，自己寻找，自己挖掘。记者寻找新闻线索的渠道很多，在新闻实践中比较常用的有以下几种。

（1）利用互联网寻找新闻线索。记者可以进入聊天室、BBS、博客等，看看最近网民都在关注什么，哪些帖子点击率最高，跟帖最多的是哪些内容，哪些是当前大家都在关心并且还没有结论的。这些都可以看作是新闻线索，要发现有值得去挖掘的信息，就可以进行采访、追踪、调查。网上还有各地的新闻报道，也可以提示某些信息，尽管信息可能不准确、不全面，但可以作为新闻线索，引导记者深入调查。一些突发新闻事件有可能最快在社区、博客等网络平台上传递，只要记者迅速做出反应，赶往现场采访，也不失为最便利的寻找新闻线索的方法。

（2）从其他新闻媒体中发现新闻线索，已经刊发的新闻中是否还有新闻线索？在新闻实践中，记者从同行的报道中寻找线索是很普遍的现象。

（3）新闻线人提供新闻线索。记者应当经常与一定数量的新闻线人保持联系，依靠他们的力量来弥补自身活动范围的不足，时刻与现实社会保持着最短的距离，从而及时报道各行各业的重大新闻。

（4）热线电话提供新闻线索。要重视热线电话、读者来信，因为这都是媒体获取新闻线索、收集读者反馈、解决群众问题的直通渠道。这条渠道畅通，媒体的新闻线索就多，群众关注媒体的程度就高。

（三）怎么发掘身边的新闻线索

怎么才能及时发现新闻线索呢？事实上，许多新闻线索就藏在人们的生活中，藏在某个人的讲话中，藏在与朋友的闲聊之中。只要我们对生活充满热情，对身边发生的事情保持浓厚的兴趣，不放过耳闻目睹的每一件新鲜事，就会找到新闻线索。

1. 在闲谈中捕捉新闻线索。通过与读者、亲戚朋友的接触，在同他们的交谈中获取新闻线索，这是记者获取新闻线索的一个充满活力的源泉。与读者、亲戚朋友的接触会为记者发现新闻线索开拓崭新的空间。每一个记者应该养成无论在什么地方、什么时候都随时采访的习惯，即不在采访就在采访的路上，这就是记者的职业心态和职业作为。

2. 在联想中发现新闻线索。按自身对社会整体状况的认知，展开联想，按事物内在特征找到与其他相关事物联系的契合点，挖掘到新闻背后隐藏的更有价值的信息，实际上这得益于记者的发现力。

3. 在对比中发现新闻线索。新生事物层出不穷，记者判断事物的新旧就得认真细致地比较，并及时准确地发现新闻线索。

4. 在细节中发现新闻线索。新闻细节明示或隐藏或关联着新闻事实。在开掘新闻事实过程中，记者抓住了细节，就可以更好地发现新闻，认识事实。没有发现就没有新闻，优秀的新闻作品大多始于记者的发现，记者的生命力其实就是发现力，发现力是一种奇妙的力量。从这个意义上说，新闻记者的第一技能不是写作而是发现。

七、在采访时应掌握的谈话技巧

（一）采访前要做足准备工作

特别是进行一些重大策划报道、技术性强的报道，以及名人访谈时，采访前一定要做大量的准备工作。首先是查找相关资料，通过网上搜索等途径，找到有关采访对象的所有资料，并判断哪些资料有价值。

（二）深入采访是记者抓到“活鱼”的重要途径

新华社资深记者王景和认为，“最优秀的报道往往来自记者的直接观察”。为此，记者必须要坚持“四多”：多跑基层，多到现场，多接触群众，多用眼睛采访。尽一切努力了解群众的要求和兴趣，捕捉有特色的新闻。

（三）记者在采访时应注意提问的技巧

提问是记者与被采访者进行语言交流的一种方式，提问的技巧是对话能否顺利进行下去的关键。提问得当会使采访活动事半功倍，还可融洽双方关系，创造一种良好的采访氛围。相反，如果记者东拉西扯，不着边际，不仅令被采访者无所适从，甚至可能产生反感。因此，采访提问是对新闻记者理论水平、业务能力、知识储备、社交能力的综合体现。

（四）就采访环境而言，也有不同的采访方式

新闻事情林林总总，记者总会面对不同的采访环境。一般情况下，记者进行正常的采访即可。但有些时候，采访环境就比较特殊了，将自己融入气氛中，慢慢打开心扉，和笔者谈许多有价值的内容。

（五）要善于观察和倾听

观察，就是记者用自己的眼睛采访。采访过程中记者不仅要善于观察采访现场，通过一些细节获取信息，丰富写作内容；同时还要善于观察被采访者的情绪和状态，及时调整话题内容，学会捕捉细节，采访到自己需要的东西。

第二节 看“传奇”如何挖掘新闻信息

一、采访的提问

新闻采访不是学问，而是关于采访提问技巧的学问。美国《塔尔萨论坛报》的记者鲍勃·福尔斯曼说：“笔下的功夫不强照样能当一名出色的记者，但不善于进行采访是绝对当不好记者的。”这便是我们常讲的“七分采访三分写作”。

奥莉娅娜·法拉奇（OrianaFallaci），意大利女记者，作家。1929 年 6 月 29 日生于佛罗伦萨。她 1950 年任《晚邮报》驻外记者。1967 年开始任《欧洲人》周刊战地记者……法拉奇是享誉世界的著名记者和作家，以采访世界政坛的风云人物名扬天下，被誉为“世界政坛采访之母”，曾因采访邓小平而为中国人所熟知。20 世纪 70 年代，法拉奇先后采访过 30 个活跃在当时国际政治舞台上的风云人物，其中有声称“不接受单独采访”的美国国务卿基辛格，有“最神秘莫测的领导人”阿拉法特，有自诩为“一句话整个世界就能爆炸”的利比亚元首卡扎菲，有“带着冷漠和怒气生活，怀疑每天都是他生命的最后一天”的约旦国王侯赛因等。从这些人物的地位、名气和特点中，可以想象采访之难，然而，法拉奇不但一一完成了采访任务，而且把前南越“总统”说得痛哭流涕；伊朗国王巴列维当着她的面表示要摒弃女色；基辛格则后悔地说，接受她的采访是他“一生中最愚蠢的事情”。这是为什么？就是因为法拉奇尖锐犀利的提问技巧。她对这些政要人物的采访技巧是值得我们细细推敲并学习借鉴的。

（一）新闻采访提问技巧：充分准备，不同凡响的开场

如同高明的棋手重视开局，法拉奇的采访都有一个别致的开场。她曾说：“我的秘诀是开门见山，把气氛打开。例如，我去问霍梅尼前早就知道他是独裁者，于是我开场就说：你是伊朗的新沙皇……”这种开门见山的方式，单刀直入，迫使对方做出防御性反应，揭下人物面具，逼视其真实面目。采访阿拉法特这个“神秘莫测的人”时，她是这样开始的：“人们常常谈论您，然而对您却一无所知……”这句话既陈述了事实，又点出了矛盾。而在采访邓小平时则从邓小平的生日谈起，将严肃话题注入轻松自然的交谈中。

这些开场并不是灵机一动的小聪明，而是法拉奇刻苦劳动准备的结晶。在采访前一两个月里，她总是阅读大量的有关材料并作出相应的笔记，尽可能地熟悉与采访有关的国际政治、经济、社会及其他情况，精心设计采访程序。她说，采访前准备工作的紧张程度，“简直就像学生准备大考一样”。每一次访问，都是对她的“智慧和政治敏感的挑战，是不可能重演的事件，是消耗灵魂的一次人类实践”。

（二）新闻采访提问技巧：既予又取，巧妙处理矛盾

法拉奇说，采访是一场探讨事实真相的战争。探寻真相的过程是不断解决秘密与透明这对矛盾的过程。矛盾冲突在法拉奇的采访中随处可见，构成她采访提问中的锋芒。当那些政坛要员出于某种动机不愿讲明真相或闪烁其词时，法拉奇总能使之无法绕过问题。在采访基辛格时，她没有放过“基辛格是尼克松的助手，几乎比总统更出名”这一事实。她先是抛出这一事实，即“予”，抛砖引玉，使得基辛格虚荣心膨胀，说出自己“总是单枪匹马地行事”的话来。另外，法拉奇总是带着她的立场和感情投入采访，她与采访对象之间经常出现思想观念的矛盾，但她的可贵之处在于不回避矛盾，她甚至故意设置矛盾。在采访伊朗国王巴列维时，双方就专制民主问题激烈争论，交锋中法拉奇一层层揭去了巴列维假民主的外衣，把他真专制的面目暴露在世人面前。

（三）新闻采访提问技巧：追根究底，不达目的不罢休

当那些政界精英对法拉奇的尖锐问题虚与委蛇、回避躲闪加以敷衍时，法拉奇决不姑息模棱两可的回答，也决不会给对方任何逃跑的机会，她紧追不舍的发问经常把采访对象逼到不得不回答的境地。

例如采访阿拉法特时，抓住“是否对约旦和黎巴嫩宣战”“巴勒斯坦的边界在哪里”等关键问题两次提问。

再如采访基辛格时，基辛格因为担心泄密而拒绝谈越南问题，当法拉奇提问几次后，基辛格终于发出了警告：“够了，我不想再谈越南了！”法拉奇便从美国与阮文绍之间的停战谈判切入提问，使问题深了一步，逼得基辛格第二次警告：“请您不要再叫我谈越南了。”而法拉奇却激发式地问：“很多人认为您和尼克松接受那个协议实际上是对越南的投降，对此您也不愿意谈吗？”问题又深入一步，基辛格第三次发出警告：“我坚决彻底地抵制投降的说法，真的不要再谈论越南了。”坚韧不拔的法拉奇见目的尚未达到，机智地以守为攻缓和了一下气氛，把话题变成更大的主题“战争”与“和平”上，似乎从越南问题退却了，可谈了几句，马上又伸向主题：“基辛格博士，那么关于越南战争您有什么要对我说的？我觉得您从来没有反对过越南战争。”一句话将问题深入了一大步，逼得基辛格不能不对此表态了。法拉奇层层逼进的提问最终迫使基辛格就越南问题发表了见解。

（四）新闻采访提问技巧：巧设机关，分解问题“请君入瓮”

当采访对象正面拒绝时，她会采用迂回法，由远及近，引人落入圈套。比如采访南越“总理”阮文绍时，她想获得他对外界评论他是“南越最腐

败的人”的意见。当直接问他时，阮文绍矢口否认了这个说法，法拉奇就将这个问题分解为两个有内在联系的小问题，她先问：“你出身贫穷，对吗？”阮文绍听后，动情地描述了小时候他家庭的艰难处境。得到了肯定的答案后，法拉奇接着问：“今天，您富裕至极，在瑞士、伦敦、巴黎、澳大利亚有银行存款和住房，对吗？”阮文绍虽然否认了，但为了澄清这一“传言”，他不得不详细地道出他的“少许家产”。如此一来，阮文绍是否真的如传言中那么腐败，还是如他所言并不奢华，已昭然若揭。采访基辛格时，基辛格讳言使美国处于尴尬境地的越南问题，在法拉奇直接询问“如果我把手枪对准您的太阳穴，命令您在阮文绍和黎德寿之间选择一人共进晚餐……那您会选择谁？”没有得到回答后，她又把问题分解，提问道：“您喜欢黎德寿吗？”得到肯定答案后，她又奋起直追：“跟阮文绍的关系，您也作同样的评价吗？”基辛格谨慎的言辞中流露出他和阮文绍的关系已不能用“亲密”来评判。他的回答，已不难使人预见美国以后在越南问题上将要采取的态度。

看过法拉奇的《采访历史》一书的人总能感受到书中放射出的“法拉奇”精神力量，她尖锐的提问、刨根问底的追击、毫不客气的挖掘，从不同侧面向采访对象包抄靠近，采访不断深入具体，浑和圆满，如同一个舵手稳健地掌握着采访的“航行”方向，避开险阻，巧妙迂回地奔向“航行”的目标——采访的成功。

二、采访中的倾听

（一）倾听的含义

倾听属于有效沟通的必要部分，以求达到思想一致和感情的通畅。狭义的倾听是指凭借听觉器官接受语言信息，进而通过思维活动达到认知、理解的全过程。两者一唱一和有排解矛盾或宣泄感情等优点。

（二）倾听的要点

1. 克服自我中心：不要总是谈论自己

2. 克服自以为是：不要总想占主导地位

3. 尊重对方：不要打断对话，要让对方把话说完。

4. 不要激动：不要匆忙下结论，不要急于评论对方的观点

5. 尽量不要边听边琢磨对方下面将会说什么

6. 问自己是不是有偏见或成见，因为它们很容易影响你对对方话语的接受

7. 不要使你的思维跳跃得比说话者还快，不要试图猜测对方说的话

8. 注意细节：不要试图了解自己不知道的东西

（三）倾听的方法

1. 要体察对方的感受。

2. 要注意反馈。

3. 要抓住主要意思。

4. 要关怀、了解，接受对方。

三、采访中的观察

观察是人们有目的地，有计划地利用感官去认识自然界中各种现象的活动，它是人们获得经验知识的方法。采访中的“观察”是记者对客观事物所进行的一种查看体验活动，简单讲就是用眼睛采访。

首先，事前观察。

其次，同步观察。

最后，事后观察。

四、采访提问时需要的技巧

（一）拉近距离，投其所好

采访过程中需要我们了解被采访者的基本情况，尊重他们的风俗习惯，提一些对方感兴趣的话题，拉近与被采访者之间的距离，消除被采访者紧张拘谨的心态，营造一种和谐友爱的交谈气氛，促进采访的顺利进行。

（二）平心静气，欲速则不达

为了争取在最短的时间内拿到有效的新闻素材，一些记者经常会一开始采访就唐突地问采访者自己想问的问题，过于开门见山，多少会让被采访者反感。所以新闻记者要谨记欲速则不达，不要急于求成，循序渐进的采访方式有利于双方进行愉快的交流。

（三）学会随机应变

采访者要学会如何根据采访对象的情况来转换采访方式。在采访过程中，采访者要注意观察采访对象的情绪和态度。例如，采访对象性格内向，不善于表达，此时就需要耐心引导，循循善诱，适当放慢采访节奏；如果采访对象的性格比较外放，就可以抓住时机，适当问些大胆的问题和敏感的话题。

（四）注意场合和时机

新闻事件常常五花八门，发生的地点也各有不同。采访环节的差异性也是需要采访者注意的。例如，在采访重大自然灾害导致财产损失和人员伤亡时，采访者要尽量体谅被采访者的心情，需要格外注意自己的采访方式，注意自己的措辞，不要加重被采访者的痛苦。

（五）站在对方角度思考

学会换位思考是采访者需要具备的采访技巧。不仅要尊重被采访者的身份和地位，还要尊重采访者的情绪和心态，学会站在对方的角度来思考。记者和被采访者地位是平等的，要做到不因被采访者身份低微而瞧不起他人，也不因被采访者位高权重而过分谄媚。被采访者的情绪无论在何种情况下都应该被尊重。

（六）切忌不懂装懂

采访前应做好大量的准备工作，只有全面了解了采访对象的特征才能根据这些资料提出有建设性的问题，而当采访时遇到不曾涉足的领域或话题时，可以谦虚的态度向对方请教，切忌不懂装懂。

（七）控制自身情绪

要顺利地完成一次采访，需要采访者保持良好的情绪状态。过于紧张可能导致采访过程中错误频出，影响采访的质量；态度不够和蔼，用词不够恰当可能会影响到被采访者的心情，使采访无法顺利进行。双方只有在亲切和谐的氛围中，才能愉快地交流，也方便采访者在适当的时机引入更多的提问技巧。

（八）正确的提问方式

采访者在与被采访者的交流中，是通过提问这种方式来实现新闻的采访工作。提问就是采访工作的中心。学会正确的提问方式可以帮助新闻工作者们顺利完成采访工作。首先，要认识到采访者与被采访者是一种平等的关系。然而，在尊重被采访者的前提下，可以适当提出一些尖锐的问题。其次，提出的问题要直接明了，不要冗长复杂，这样既节约采访的时间，又不会让被采访者产生厌烦情绪。再次，提问不要带有个人偏见，要保证报道的公正和公平。最后，问题一般分为开放式问题和封闭式问题。开放式问题在大范围上将问题定义，使被采访者的回答有一定选择性；封闭式问题是让采访对象对问题进行详细具体的回答。采访者要合理利用这两种提问方式来进行采访。

新闻采访的时间虽然是短暂的，但它也是人与人交流沟通的一个过程，想要做好新闻采访工作，需要新闻工作者长期的经验积累，运用娴熟的采访技巧，具备独特的思维方式，同时表现出自己真诚与热情的态度，才能保证一份新闻采访工作的顺利完成。

五、采访中的记录

（一）记录的内容

每次去采访，内容都会很丰富，在没有录音工具的情况下，采访人员或记者光凭自己的脑子是不可能全部记得住的。因此，除非了使用录音工具，采访的主要内容必须当场用笔记下来。做采访笔记要注意做到以下几点。

1. 记具体

所谓记具体，不是把采访对象所说的话，原原本本地像录音机似的记下来，而是要记下他所说的具体内容。有的内容要当场问清，有些数字，对方口头提到了，要反复核对准确。对有关的事情经过也可尽可能记具体详细些。特别是对一些重要的事实千万不要只记个概况、印象，不然写成文章就容易出问题。

2. 记原话

采访对象所说的能反映他思想的关键语言，要原原本本记录下来，不要经过自己改造、概括后再写上笔记本。

3. 记疑难点

采访中，总会有疑难之处，这些疑难往往可能是问题的关键所在，也是要向读者说明的重点。对于这些疑难点，首先要问明白，然后记录清楚，事后才能很好地表达出来。

4. 边记边思考

另外，采访要做到口到、耳到、眼到、手到、脑到、边问、边听、边看、边想。特别是要边记录边思考，不要只顾着记录，不动脑筋。

5. 及时整理笔记

采访笔记要及时整理，时间久了，感觉和记忆就会打折扣。只有这样，才能充分发挥采访作用，才能心中有数。

（二）采访记录的基本要求

准确、详尽、清楚、精当的采访笔记，是加工新闻作品的“原料仓库”。

怎么记录采访笔记？归纳起来，好的采访记录要做到以下十点：

1.“眼见”要注意抓特征

新闻采访的“十八般武器”，“眼睛是最锐利的武器”。

2.“耳闻”要抓住重点

“耳闻”，即口头采访。不要只是听，还要问，与被采访者讨论。

3. 记“事”时不忘记“识”

“事”即事实；“识”即思想认识。

4.“人云”也要记“己思”

“人云”，他人所讲；“己思”，自己所思。

5. 记下被采访对象重要的、关键时刻的原话

原话是最珍贵的历史记录，新闻写作中，引用被报道对象关键时刻的原话，才能让人物性格更加突出，使作品更精彩。

6. 记下拨动心灵处

新闻不是纯客观报道，新闻要教育人，首先要感动人。感动人就需要有激情。新闻采写是一个带有强烈感情色彩的活动。

7. 记下疑问处

采访中，由于各种原因，被采访者提供的同一事实、细节、时间、情景等，有时候会有出入，甚至相互矛盾。

8. 记录要及时整理归类

记者和新闻采写人员应该养成及时整理采访笔记的习惯。

9. 记录要准确、详尽、清楚

记笔记，越准确越详细越好。

10. 掌握既快又好的记录技术。

掌握既快又好的记录技术，是新闻采访的一种特殊需要。

（三）记录采访的重点

做好采访记录，是新闻采访与写作人员采访过程中的一个重要环节。那么，如何记录采访中的重点呢?

1. 是要记要点。

2. 是要记特点。

3. 是要记易忘点。

4. 是要记难点。

（四）采访记录的格式

1. 每页纸要留出一定的空白。记录采访对象说话时的表情、动作、现场场景，也记自己的疑问、思考或感悟，还可以在整理记录时候写下相关的旁注。

2. 记录时，要分清段落，最好一个意思记录一段。主谈者的谈话与旁人的插话要分开。

3. 重要的记录，最好是做单面记录，这样便于随时查阅和过后的保存。

4. 记录时，尽量用双色笔，以便于随时画出重点，或做上各种标识。

怎样才能记得又快又好？主要还是靠平时多练、苦练、提高书写速度。另外记录时可以自由挥洒，顺其自然。有的内容可以跳着记，如一些固定段落，就记开头、结尾。

第五章 新闻结构和体裁

第一节 新闻写作的结构和新闻报道的结构

一、新闻写作的结构

（一）新闻的组成

新闻一般由五部分组成

1. 标题

标题应浓缩核心内容。新闻的标题就如人的眼睛，要能传情达意，表达出新闻的核心内容，帮助读者迅速了解新闻的主要内容。

2. 导语

导语应扼要揭示核心内容，先声夺人。导语是新闻开头的第一段或第一句话，他主要是告诉读者这条新闻的内容是什么，制造适当气氛，让读者乐意读下去。

3. 主体

主体必须内容充实，层次清楚，语言简明。主体是新闻的主干，它要承接导语，用真实的、典型的、具体的材料，印证导语中的提示，对导语的内容作进一步的扩展和阐释。

4. 背景

背景的作用是烘托和深化主题，但不能喧宾夺主。

5. 结语

结语要注意简要概括，进行评论或提出希望。

新闻一般由标题、导语、主体、背景和结尾组成。但不是每篇新闻都具有这五个部分，有的新闻就没有导语和背景。还有把新闻把背景和结语暗含在主体中。所以要具体情况具体分析。

（二）常见的新闻结构

新闻结构即新闻文体的组合形式。常见的几种新闻结构有以下几种：

1. 倒金字塔式结构

这种组合形式是把最重要的内容放在新闻的最前面，随后按照重要性一次排列。其优点是能迅速把最新鲜、最重要的事实，开门见山地让读者们一目了然。

2. 金字塔式结构

这种结构又称“逆转倒金字塔式”。即把最重要、最精彩的内容放在后面，按时间顺序，依次叙述。

3. 菱形式结构

这是一种“两头小、中间大”的结构。因为新闻的内容比较复杂，导语中容不下，也不能概括表达，适用于主体中分段叙述。

4. 车辐式结构

以一个中心事件或事物为纲，其他事实像车辐一样辐射出去。宜于报道比较散的事件。

5. 并列式结构

把众多主要事实并列叙述。适合报道事实各部分的重要性相等或相似性的新闻，多见于公报式新闻。

二、新闻报道的结构

新闻写作的结构主要是从文体框架的角度下的定义，而报道结构则更多从内容出发，考察报道客体与主题的整合。

（一）报道结构的特质

由于报道的客体、主题等不同，报道结构也不尽相同。其不同点主要体现在以下六个特质上。

1. 时间

时间指报道在时间延续方面表现出的特质。

2. 空间

空间指报道在媒介空间位置方面所表现出的特质。

3. 角度

角度指报道在反映客体的着眼点和侧重点方面所表现出的特质。

4. 广度

广度指报道在反映有关客体的横向信息方面所表现出的特质。

5. 深度

深度指报道在反映有关客体的纵向信息方面表现出的特质。

6. 符号

符号指报道用以展示客观的符号所表现出的特质。

以上六方面因素无计其数的组合变化，使报道结构呈现出千姿百态。

（二）常见的报道结构

1. 线性结构模式

这种模式的特点是选择某一个角度切入客体，反映客体的发展变化，直至客体变动告一段落。

2. 放射型结构模式

这种结构模式的特点是选择某一个角度切入某一个客体，跟踪反映这一客体的发展变化，但会随着报道的进展，拓展报道客体，转向对更多相关客体的反映，报道依时间延续呈现出由线到面的放射状特色。

3. 收束型结构模式

这种报道模式的特点是从多个客体切入，以多种形式的变动指向某一共同的主题，使这一主题得到深入挖掘和充分展示。

4. 网状结构模式

这种报道模式的特点从多个客体、多种角度切入，报道随时间延续的追踪或拓展，或沿着客体各自的方向发展，表现出相互烘托、交错递进的特色。

需要说明的是，以上四种模式，是我国常见的媒介报道结构的粗线条勾勒，因为构成报道结构的因素很多，某一因素又会有很多变数，报道策划者完全能够在这些模式框架中灵活变通，不拘一格为我所用。

第二节 报道体裁概述

一、把握新闻体裁的特点

尽管新闻的种类繁多，分类的标准各异，但是，它们都必须通过记者按不同的报道形式即新闻体裁（newsstyle）予以采写。由于新闻活动的范围是一个广阔多姿、变化无穷的世界，其间的客观事物也呈多样性，因而报道的内容是丰富多彩的，新闻体裁也在不断更新。就我国读者阅读英语报刊的基本情况而言，新闻体裁主要可分为四大类：消息报道（newsreportings）、特写（features）、社论（editorials）和广告（advertisements）。

要做到写稿时把握新闻体裁的特点，就要以适应报纸、电台、电视台的宣传需要，就应注意以下三点。

1. 要做到“量体裁衣”

写什么样的新闻采用什么样的体裁，内容决定形式。动笔之前，应当分析自己掌握的体裁内容如何，再确定选用哪种体裁核实。如果报道的内容只能写一条消息，却硬写一篇长通讯，因为材料不典型，只好堆积市例，添些空话、废话。

2. 要“抓住时机”

在采写各类新闻及运用体裁的时候，要抓住报纸、电台、电视台根据党中央一个时期宣传重点所提出的报道中心。

3. 要有针对性

一个报道体裁要不要写成新闻，改写成什么样的新闻，既要考虑到报道的具体内容及其新闻价值，又要考虑到报纸、电台、电视台的不容需要，以及当宣传的范围。这样写出的稿子，才能避免盲目性，做到有针对性、提高用稿率。

二、新闻报道体裁分类

（一）消息

1. 动态新闻

动态新闻以迅速简洁地报道新近发生的事件、反映事物发展过程中的新动态为基本特征。它的内容集中单一，一般一事一报，简明扼要，时效性强。动态新闻一般三五百字，具有新闻六要素（即何时、何地、何人、何事、何因、如何）。动态新闻中的“简讯”（又称“简明新闻”），则仅用一二句话交代新闻事件的概况，一般不交代事情的发生过程和背景情况。

2. 综合新闻

指的是对同类事物或一事物的多侧面的归纳综合报道。主要用以反映新动向、新成就、新问题等。综合新闻在写作上要求：尽可能揭示新闻来源，以证明“综合”的科学性与可信性；要尽可能做到点面结合，既有一般的面上情况的概括叙述，又有个性特点的细节材料给人以具体生动的印象；综合要有明确的意图，尽可能“用事实说话”，避免空泛的议论。

（二）浓度报道

1. 解释性报道

侧重于揭示和说明新闻事实的原因和结果，着眼于“新闻背后的新闻”，向读者解释事件的来龙去脉、事件的含义与社会影响，也包括对事件发展趋势的展望。

2. 述评新闻

是一种“关于新闻的新闻”。在报道新闻事实的同时，夹叙夹议，进行一些必要的分析评说。它以叙述新闻事实为主要任务，分析评说是紧紧围绕着新闻事实进行的，这就与新闻评论中的以新闻事实为例证而阐明观点的做法有明显的区别。

（三）通讯

1. 一般纪实性通讯。就其内容而言，又可再分为人物通讯、事件通讯、工作通讯与风貌通讯。

2. 新闻故事。以故事的形式反映新人新事。一般篇幅短小，内容集中，一篇报道仅叙及一二件事，然而刻画却又较为细腻，具有一定的故事情节。

3. 访问记。就某一重要新闻事件或众所关注的问题访问有关人士，然后以谈话纪实的方式加以报道。访问记专题性强，内容集中，注重运用多种表现手法，可读性较强。

4. 散文体通讯。大多数通讯以纪实为主，而且多以第三人称方式客观叙事。然而也有打破常规的，如近年来争雄报坛的“采访札记”“记者来信”之类，完全借鉴散文中的“札记”“书信”“散记”的写作方式，灵活自如地反映记者的所见所闻所思所感，突破了昔日“工作通讯”惯有模式。

（四）新闻特写

新闻特写是一种“再现”新闻事件、人物或场景的形象化报道。它强调视觉印象，以描绘为主要手法，往往截取事件发展进程中的某个片断或画面，绘声绘色，给人以特写镜头般的印象。

三、常见新闻体裁的特点

（一）消息

消息是以简要的文字迅速报道新闻事实的一种体裁，也是最广泛、最经常采用的新闻体裁。虽然消息通常由三个部分构成，即标题、导语（lead，常为全文的第一段）和正文（body），但正如常人所说，文无定法。消息的写作结构灵活多样，往往因人而异。特写与消息的区别在于报道的范围与目的不同。消息主要告诉读者发生了什么事情。为了把某件新闻事件交代清楚，消息往往需要写出新闻的各个要素，也就是说，消息所报道的范围一般具有全面性和完整性。特写则不需要照顾全面，而是侧重于某个方面，注重再现生活的画面，将新闻事实诸要素中最有意义、最有情趣和影响的一两个要素或片段，像电影中的特写镜头一样，既形象又突出地把它们再现出来，使读者如身临其境，如耳闻其声，如目睹其人其事，从而获得深刻的印象和强烈的感染。由此可见，消息报道勾勒出新闻内容的一幅全景画面，而特写报道则展现给读者新闻内容的片断或一组特写镜头的画面。因此，特写比消息读来更感集中、细腻、绘声绘色，所得到的信息更多，也更为详尽。

（二）通讯

特写的种类很多，不论是哪一种性质的特写，其写作形式或结构与消息报道不一样。它们一般没有特定的规律或格式可循。读者在阅读英文报纸时，可看到各种不同结构的文章，别开生面。有的略提一下整个会议程序和会场情景，专写一个问题的讨论，一个提案的提出，一次独特的会面，等等。还有的抓住时间过程中的某一个富有情趣或人情味浓厚的细节层层开掘，溯前追后，写出立体化的新闻。总的说来，由于将写文章的篇幅比消息长得多，少则几百字，多则成千上万字。为了要引起读者兴趣，吸引他们一直往下看，作者常以细腻的笔触，挥洒自如的笔调突出表现事件的精髓内容。就语言修辞而言，特写的文笔要比消息报道高深、讲究些，才能最恰如其分地把新闻内容栩栩如生地再现出来。可见，阅读特写文章不失为读者提高英文水平、丰富词汇的有效途径之一。

特写的结构虽无定格，但是英文报刊上众多的特写文章通常以一个概括性的导语或引言开头，点出部分事实要点；或从生动的情节、场面和引语入笔，但不透露大多，真正最重要、最精彩的东西，放在后面。

（三）社论

社论是报纸的灵魂。它代表着报社的言论，最集中地体现某种立场、观点，常常及时地评述当前社会上的重大事件或问题，以言辞明快犀利，论理深刻、透辟的特点来吸引和影响读者，起到感染读者的号召性作用。现代英语报刊常聘请资历深、声望高的老记者和名记者担任专栏作家（columnist），在言论版上辟一个专栏，每天或定期刊登他们的署名评论性文章。这些专栏作家不仅具有丰富的新闻工作经验、渊博的知识和相当的专业修养，而且还具备敏锐的分析能力和深湛的驾驭文字的功底。因此，他们笔下的言论，往往富有巨大的吸引力。如美国著名专栏作家沃尔特·李普曼（WalterLippman，1889-1974），就曾经接受《纽约先驱论坛报》（TheNewYorkHerald-Tribune）的聘请，撰写“今日和明日”（TodayandTomorrow）的专栏，每周两次，持续30多年之久，曾在资本主义世界产生过重大的影响。作为新闻体裁中的一个大类，社论不同于以叙述新闻事实为主的消息与特写。英语社论的篇幅一般较长，文字比较正式，语气较为严肃，语法结构烦琐的长句、难句也较常见，故初读英语报刊的读者常常会对大块大块黑压压的文字望而生畏，不敢问津。其实，以发表议论、阐明事理的社论文章，主要运用逻辑思维去说服读者。在篇章结构上，社论不同于消息或特写，却与一般的议论文颇为相似，即通常由“引论”

—“论证”—“结论”三部分组成。读者在实际阅读中，不妨先看一下社论开头的引论部分，了解一下全文的论点，然后浏览一下对引论逐段进行论证的部分，最后，在结尾部分再细看一下全文的结论。结论部分一般都会回答引论所提出的问题或重申一下全文的观点。若照此方法阅读，读者就容易抓住要点，消除“畏惧”心理，久而久之，便会觉得社论并不是过于高深难懂的。当然，读报习惯与方法因人而异，不宜机械效仿。

第六章 新闻语言

第一节 新闻语言的含义

通过新闻媒体，向受众传播（报道）最新发生的具有新闻价值的信息时所用的语言，叫新闻语言。它具有客观、确切、简练、朴实、通俗等特点。适合新闻报道要求、体现新闻特性的语言。

一、新闻语言的构成因素

新闻语言，随近代新闻事业的出现而产生，随长期的新闻实践而发展，从中反映了多种语言的痕迹。

新闻语言的构成，简括地说，它着眼于人们对事实的实用关系，以事务语言的精练、准确、严谨部分为基础，又从文学语言和评论语言中适当撷取富有感情和哲理的成分，特别是从既通俗又生动的群众语言中汲取营养。经融合多种语言成分而相对独立的新闻语言，质朴无华而有丰富的表现力，它与新闻的广泛传播相适应，为现代社会所通用。有一种看法，认为新闻语言是干巴、枯燥的语言，这是把新闻语言与一些报道中出现语言使用上的毛病混为一谈了。

新闻语言主要是由事务语言孕育发展而成。自古以来，处理国家事务或重要的个人集团事务所使用的语言，经历了长期的社会实践，具有精练、准确、严密的的优点。尤其是处理国家事务的语言（或称政务语言），政策性极强，爱憎观念明显，有些行文本身就是指令，稍有疏漏就会“差之毫厘，失之千里”。有时，词语略加改动，大事即被化小，坏事就变成好事。如清朝曾国藩镇压太平军屡吃败仗，其幕僚起草的奏文写“屡战屡败”，曾改成“屡败屡战”，文意截然不同了。可见文件的书写，历来注重遣词达意准确、严谨，并求言简意赅、主题突出。事务语言的这种精华部分引进新闻语言之中，对于准确无误地表示新闻事实实是极为重要的。

为什么说新闻语言又从文学语言和评论语言中融进适用的成分呢？文学是用语言塑造形象，反映社会生活，表达作者思想感情的艺术，所以也称之为“语言艺术”。文学语言无疑是人类宝贵的财富。表述实事的新闻语言，不仅应当力求精练、准确，而且通过事实的报道表露感情，这就需要从文学语言宝库里适当撷取富有感情的成分，以增加新闻的吸引力和感染力。至于新闻语言同时吸收评论语言成分，是由于评论语言富于哲理，具有严密的逻辑性，将此引进和丰富新闻语言，就更便于分析繁复纷纭的社会现象，解剖问题的实质，指明前进的方向，给人以启迪和激励，加强报道效果。

为什么新闻语言特别要从群众语言中汲取营养呢？语言来自人类社会，来自群众，又为群众所掌握、所应用。群众中蕴藏着最丰富、最生动的语言矿藏。群众语言是新闻语言取之不尽、用之不竭的乳汁。我国老一辈新闻工作者坚持到群众中去，学习群众语言，采集群众语言，从而使新闻语言为群众所喜闻乐见，这是我们的优良传统。

综上所述，作为独立的有自己体系的新闻语言，是集中了各种语言之长，以通用书面词语为基础构成的，并经不断实践、总结和完善，日趋丰富和充实，今后，随着科学技术的飞速进步，时代的需要，新闻传播事业的发展，必定会对新闻语言提出更高的要求。尤为重要的是，随着新闻传播事业的现代化，新闻传播覆盖面越来越广，它在给千千万万受众传播新闻信息的同时，也传播着新闻语言。这里说的新闻语言自然是指口头的语言和文字的语言。广大受众日积月累地接受新闻语言，潜移默化地改变自己的语言。新闻语言事实上在群众中起着语言教师的作用，其影响力是无法估量的。认清这一事实，看到新闻语言的重要作用，我们就应更好地正确把握新闻语言，不断丰富新闻语言，促进新闻语言的通用性和规范化。

二、新闻言语的特色

新闻语言，有着表述事实、传播信息的品质和风格，并由此形成自己的语言特色。新闻语言的特色可以概括为：客观、确切、简练、朴实和通俗。

客观

新闻所报道的事实是客观存在的，用来陈述、表达事实的新闻语言，它的特色之一就是选词造句的客观性。诚然，一个记者，对客观的事实总有爱憎褒贬之别，在语言的运用上难免增加了主观的感情色彩，但为了使新闻受众把握事实的本位信息，仍然不能不受词语客观主义的制约，消息报道更是如此。

新闻语言的客观性，并不排斥新闻倾向性，恰恰相反，客观的语言正是为新闻传播的主观意图服务的。毋庸讳言，新闻传播媒介代表一定的阶级或社会集团的立场和利益，它所传播的新闻往往带有某种倾向性，而表现倾向性的基础是客观事实，只有客观地再现事实的本来面目，才能适应受众心理，进而收到预期的传播效果。因此，新闻语言的主旨功能在于表达客观事实，而主观认识和感情的强烈外露，势必干扰读者（听众、观众）对事实原貌的了解和把握。

新闻语言的客观特色，通常表现在以下方面。

（一）中性词多于褒贬词

中性词并不直露记者的感情，褒贬词则明显表现爱憎倾向。新闻的写作，特别是消息写作，一般多用中性词，少用褒贬词，以求客观地叙述事实，并通过事实的报道去影响受众。请看下面这条消息的语言运用：新华社上海 1957 年 2 月 12 日电　这几天上海街头积雪不化，春寒料峭，最低温度下降到摄氏零下 7.4 度，上海人遇到了有气象记载的 80 多年来罕见的严寒。10 日和 11 日，这里出现了晴天下雪的现象。晴日高照，雪花在阳光下飞舞，行人纷纷驻足仰望这个瑰丽的奇景。　“前天一夜风雪，昨夜八百童尸。”这是诗人臧克家 1947 年 2 月在上海写下的诗篇《生命的零度》中开头的两句。这几天要比 10 年前冷得多，但据上海市民政局调查，到目前并没有冻死的人。民政局已布置各区加强对生活困难的居民特别是孤苦无依的老人的救济工作。为了避免寒冷影响儿童的健康，上海市教育局已将全市幼儿园的开学日期延至 18 日。

这条题为《上海严寒》的消息不到 300 字，整篇作品的语言，没有使用反映浓烈感情色彩的褒贬词，但我们透过记者对上海街头积雪的描绘和前后 10 年的对照，以及上海市民政局、教育局在严寒中采取的措施，看到了新旧社会出现的两种结局。记者行笔自然，语调平静，但谁也不能否认，作者思绪沸腾，爱憎分明，能使300字的报道展示出一幅真实的画卷：新旧社会两重天。如果作品多用了反映爱憎感情的褒贬词，它的感染力就不会有如此强烈了。

（二）修饰语的限制性多于形容性

为了客观地表述新闻事实，必须直接地、连贯地陈述事实的要素，诸如事实状态的指称、时间、处所、方位、范围、程度、过程、数量，以及事实相互关系的领属、因果等。这些要素主要由限制性定语、状语来表示，而尽可能减少由主要起描写、表述作用的形容词或由形容词性词组来作定语状语。《上海严寒》一文，在起修饰作用的定语、状语中，限制性多于形容性。如上海街头的积雪不化、气温下降到摄氏零下7.4度，被限制在电头上已标明的1957年2月12日前的“这几天”，出现晴天下雪景象是“10日和11日”，“前天一夜风雪，昨天八百童尸”是依据臧克家1947年2月写的《生命的零度》，如今没有发现冻死人是经“上海市民政局调查”得出的结论，民政机关发放救济限于“对生活困难的居民”，“特别是孤苦无依的老人”，等等。只有晴日“高照”，雪花在阳光中“飞舞”，行人“驻足仰视”“瑰丽的奇景”，属形容词的定语、状语。

选词造句的客观性，需要我们适当地多用限制性的修饰语言。限制性的词语可使新闻作品准确、鲜明、朴实无华地表述新闻事实。这里涉及事实的概念一定要明确，概念是反映事物本质属性的思维形式，它有内涵和外延两个方面，内涵是概念所反映的事物的本质属性，外延是概念所反映的事物范围。客观事物总是具体的，它有量的界限，也有质的界限，同时还要注意到条件、地点、时间的界限。这样，写作新闻就能使用限制性的词语了。如果不适当地多用形容词渲染，追求词藻华丽，就难以保持客观事物的本来面貌，会损害新闻的真实。

修饰语的限制性多于形容性，会不会影响读者的情感呢？这要看作者笔下遣词造句的功力了。喜欢“直”和“露”的作者，把主观意识和强烈的感情传给读者，多少反映了他笔力不够，未能驾驭新闻语言；老练的记者把情感融合在客观事实之中，由事实去说话，让读者在确凿的事实中去感受，产生读者自己的喜怒哀乐，让他拍案，让他流泪。这种效果自然要比前面那种高明得多。

法新社记者比昂尼克关于周恩来总理逝世的报道，值得我们借鉴：

北京电台于近日凌晨当地时间 5 时宣布周恩来总理逝世的消息，但是，大部分中国人还不知道他们的总理已经逝世。当新华社的电传打字机于当地时间 4 时过一点儿发出这条消息时，中国几乎所有街道都没有行人。在法新社所在的那所大楼里，当记者把消息告诉开电梯的姑娘时，她顿时放声痛哭。在对一位中国口译人员表示慰问时，他眼中含着眼泪，嘴唇颤抖地说："我们没有料到。我们非常爱戴他。他是一位杰出的革命家。"中国人民对周恩来极其爱戴，这样说并不夸张，他们感到与周恩来非常接近。预料全中国人都将表现出巨大的悲痛，就像今天清晨听到这个悲伤消息的那位中国少女所表现出的那样。

比昂尼克写的这条消息篇幅不长，但读来确实十分感人，充分表达了中国人民对周恩来总理逝世的悲痛。消息中形容性定语很少，只是客观地陈述了记者选择的镜头，而这些镜头是最感人的，如开电梯的姑娘听到总理逝世"顿时放声大哭"，口译人听到消息时"眼中含着泪，嘴唇颤抖"地表达对总理的爱戴之情，这些来自不同阶层群众的自发的悲痛表现，真实、亲切，读了催人泪下。

所以说，生动感人的报道不等于一定要多用形容性词语，而限制性词语写出的作品也不一定不感人。新闻语言的客观性与新闻的倾向性、可读性不仅不矛盾，而且常常会相得益彰。

（三）句子的陈述口气多于感叹口气

感叹语句往往带有强烈的情感语调，大升大降；陈述语句虽然也可以带上一些感情，但语调一般没有明显的抑扬，它主要用于陈述事实，以达到预期效果，而不是靠赤裸裸的赞扬或指责去达到效果。

新华社记者写出《上海严寒》的消息，是怀着浓烈的情感歌颂新政权，他对比 10 年前后上海的两次严寒，可说是感叹万千，但他在作品中没有使用感叹口气，只是平静而带清淡的陈述，却让读者听众感叹不已。法新社记者比昂尼克是外国人，他仅仅用陈述口气报道了中国总理周恩来逝世的事实，没有使用任何感叹语气，却使世界各国的受众领略到中国人民的巨大悲痛。这种社会效果并不是用感叹语气写消息所能达到的。所以，无论在叙述事实或运用人物谈话、对话时，在语气上要尽可能地掌握感情分寸，慎重使用感情色彩浓烈的感叹语气，以免干扰新闻的客观性。当然，在一些比较高亢的新闻作品中，为了表达作者壮怀激烈的思想感情，适当用一些感叹语气，也是必要的。

新闻语言的客观性，也是新闻美的特征。辩证唯物主义的美学观认为，美是客观的，是以真实为基础的。一切美的事物，都在活生生的现实里，而新闻语言的客观性，能够把客观现实的美，把社会实践的进步要求和内容，把人们精神生活中那些鼓舞大众为理想而斗争的高尚情操，以及美与丑的矛盾冲突和斗争，通过新闻载体给予客观公正的传播，引导大家对美的憧憬和向往，推动社会的进步。

确切

确切，就是准确、贴切。刘勰在《文心雕龙·章句》篇中指出："篇之彪炳，章无疵也；章之明靡，句无玷也；句之清英，字无妄也。"他说的"字无妄"，就是用词确切的意思。高尔基也说过："作为一种感人的力量，语言是真正的美，产生于言辞的准确、明晰和动听。"文学作品尚且不能容忍朦胧、含糊、混沌的描写，对于体现事实的新闻报道，其语言的准确、贴切，更应是它的一大特色了。这也正是新闻真实性原则对语言的要求。

在新闻语言使用上，要求精确性较高，力求消除语言的含混性，但并不完全排斥语言的模糊性。然而，其模糊程度又与文学创作截然不同。有位研究新闻语言的作者，取了两段都写"暴雨成涝"的文字，一属文学语言，一属新闻语言，对两者做了一番比较。

一段取自浩然长篇小说《艳阳天》：狂风暴雨摇撼着东山岛，雷鸣夹着闪电，闪电带着雷鸣。那雨，一会儿像用瓢子往外泼，一会儿又像筛子往下筛，一会儿又像喷雾器在那儿不慌不忙地喷洒——大一阵子，小一阵子；小一阵子，又大一阵子，交错、持续地进行着。 雨水从屋檐、墙头和树顶跌落下来，摊在院子里，像烧开了似的冒着泡儿，顺着门缝和水沟眼儿滚出去，千家百院的水汇在一起在大小街道上汇成了急流，经过墙角、树根和粪堆，涌向村西的金泉河。

另一段选自 1983 年 6 月 17 日《南方日报》刊登的消息《今天凌晨广州市降特大暴雨》：

昨晚午夜前后，广州市雷声隆隆，电光闪闪，倾盆大雨，下个不停。

据广州市气象观测站报告，仅今天凌晨一个钟头之内，就已降雨145.5毫米。这场特大暴雨，是广州市今年以来下得最大的一场雨。由于这场暴雨来势猛，雨量大，暴雨时间长，使得广州市地势低洼的一些路段渍水淹进了部分厂房、仓库和民房等，郊区一些地势低洼的菜地渍水成涝，造成了一定的损失。有读者来电，东风东路水均大街和水均南街有近200户住在大楼底层的居民房受水浸，室内积水深30多厘米，至2时发稿止，暴雨还在继续不停地下着。

这位作者研究后指出，两例在精确词和模糊词的使用和搭配上显然不同：

1. 语言效果不同。前段文字在于艺术地再现生活真实，因而不注重暴雨大到什么精确程度，成涝损失到什么精确程度，而是注重雨大成涝的形象画面，使形象更含蓄，形成意境，令人欣赏、品味，获得审美享受。而后段中，精确词和模糊词搭配效果是获得暴雨成涝的准确、科学的信息，精确程度较高。

2. 搭配关系不同。前段中，精确词和模糊词是沿着形象的动势连贯交错，结构关系自然流畅，组成完美的形象关系。后段文字二者结构界限明显。精确性语句往往与模糊性语句形成递进的说明关系。第三句是从时间纵向上对这场雨的程度又做精确比较。第四句是模糊地、概括地交代雨大成涝的因果。第五句又较精确地说明损失程度。模糊语句以抽象概括，精确语句以具体说明，体现了新闻语言中精确语句与模糊语句常见的搭配关系。

3. 定量要求不同。模糊语句偏重“定量分析”是一个总的特点，但文学语句中模糊词定量比新闻语言笼统，形容性强，如前一段中即有“大一阵子，小一阵子”“千家百院”“大小街道”等。而后段用模糊的形容词、副词、量词的定量要求相对精确，“昨晚午夜前后”，午夜前为昨，午夜后为今，这样地模糊使用比笼统地称“昨夜”要相对精确；“近200户”“30多厘米”，要比“几百户”“几十厘米”精确；“一些路段”“部分厂房”，要比“千家百院”“大小街道”精确。

4. 修辞方式不同。文学语言多用夸张、比喻、比兴、类比等想象的方式组织模糊词的搭配，使词与表达对象之间即真非真，若即若离。如前段“暴雨成涝”中把雨的大小比喻成“瓢泼”“筛洒”“喷洒”，比喻义不可能精确，但形象生动。而新闻语言则多要用与事实形态直接对应的修辞方式，这也是新闻语言重视精确性的表现。

新闻从总的来看，凡应该用和能够用精确语言的地方，应该尽量用精确语言或精确度比较高的语言。这是一方面。另一方面，人们在日常的社会交际中，语言的模糊性是普遍的客观存在。因此，新闻语言也保留有“模糊”的成分，而不必都像科技语言那样非常精确。比如说，今天早晨下雨，雨量较大，就说“今晨下大雨”，这是模糊语言。至于雨是在早晨 5 时 40 分至 7 时 23 分下的，雨量在赵家浜乡达 32.3 毫米，在范水镇则高达 37.5 毫米，那是科学研究用的，一般情况下，对群众只要“今晨下大雨”这个模糊语言就可以了。

新闻的模糊语言不是语言含混不清，而是相对于精确语言来说，其精确度较低，但又不失之于确切。为体现事实的真实，新闻语言在选词标准上，应多用精确语言，少用模糊语言，并使两者搭配适当。对于一些无法或不必高精度反映的事实，也要有相对精确的定量、定性（程度）表达，过于模糊则嫌笼统，以至于失真。

总之，就事实的报道而言，新闻语言的确切，它的严格含义应该是：

——确凿无误，不夸张，不走样，更不造假。

——恰如其分，叙事、状物、写人得当，不可滥用褒贬之词。

——清楚明白，使人一目了然，可信无疑。

简练

新闻以精练为贵，以烦冗为病。新闻语言应当简洁、洗练，干净利落，切忌拖泥带水。正如鲁迅所说：“简洁的文字，有着穿透读者心胸的力量。”

行文简练是我国纪实文体的传统。唐代著名历史学家刘知几，曾经从历史记载的角度，提出叙事“尚简”的主张，要求做到“文约而事丰”，用简练的文字写出众多的史事。所谓“文约而事丰”，这也是对新闻写作的要求。报纸上的消息一般篇幅较小，字数较少，而又要给读者以较大的信息量，语言上没有别的诀窍，只能靠“简练”二字。通讯、特写、解释性报道等新闻体裁，即使是篇幅较大，字数较多，语言也要尽量简练，不能因为容许字数而掺杂水分，信口开河。

初学新闻写作的人以为，新闻报道只要把事实迅速反映出来就可以了，怎么来得及讲究语言的简洁、精练。这是把传播的时效性与语言的简练对立起来了。其实，两者不但不矛盾，而且是相辅相成的，新闻要短、要快，就要语言简练。语言是信息的一种载体，应当用最经济的语言传输更多的信息。因此，作为信息语言的新闻语体，遣词造句，要能节省就节省，并求突出本位信息——主要新闻事实。

1979 年 1 月底，我国红十字会救济柬埔寨难民的一批物资运抵曼谷，当时国内外几家通讯社都发了消息。

一家通讯社的消息是：中国红十字会捐赠的一批日常必需品于近日抵达泰国，协助解除柬埔寨难民之困苦。中国远洋轮“华阴”号于当日下午在曼谷港口卸下药品、罐头食品和布匹。这批物资将由泰国红十字会分配给越过边境进入泰国的柬埔寨难民。

另一家通讯社的消息是：

中国第一批由货轮“华阴”号运给泰国红十字会的援助物资于星期五抵达曼谷。船上运载了值 7 万美元的罐头饰品和药品，前往泰柬边境的难民营。“华阴”号停泊在曼谷空堤港。

这两条消息的语言都比较简洁明快，相比之下，后一条消息的语言更为简练，而信息两个大，交代了救济物资的价值、运抵地点和准备运送的目的地。

那么，如何做到新闻语言简练呢?

首先，要把事理弄清，问题想透，能概括出一个鲜明的主旨，这是语言简练的基本环节。想得清楚，才能说得明白，也才能简练表述。新闻写作中遣词造句离不开推敲，推敲就是“想”，想得多，才能写得少；想得深，才能写得精。没有深思熟虑，就谈不上语言的简练、流畅。

其次，要说短话，写短句。不用过剩的抒情句，不用过多的形容词，不用不恰当的比喻和警句。一句话可以说清的就不说两句、三句，其中多余的词、字都不应保留，力求省字省句，惜墨如金。

鲁迅说过：写完后至少看两遍，竭力将可有可无的字、句、段删去，毫无可惜。他在写作实践中充分地体现了这种主张。如在《死》中有一段，初稿是:“在这时候，我才确信，我是到底相信人死无鬼，虽在久病和高热中，也还是没有动摇的。”到底稿时改为：“在这时候，我才相信，我是到底相信人死无鬼的。”鲁迅的这一删节使句子更为简洁而不损原意，既然初稿用了“到底”两字，足以表示态度的坚决，所以删除“虽”以下的那个分句，反而显得明快。

此外，在句子的结构上，要强调简洁直叙，少曲折迂回，尤其忌讳语言杂质，不要让复杂的结构和修辞手段、表情语言淹没事实。不少新闻的语言烦琐，空话、废话连篇。例如“在……的大好形势下”，“在……的鼓舞（推动）下”、“在……的基础上”，一连串令人厌烦的老套句式，不清理这些陈词滥调，语言就无法简练。又如一篇通讯写道：“不但在播种的时候，他天天在地边转，祝福年轻人播匀播齐；而且在麦苗出土后，他照样天天在地边转，见有缺行断垅的，就用随身带的种子，一一补齐。”一位同志把它改成：“播种时，他天天在地边转，嘱咐年轻人播匀播齐；出苗了，他又带着种子来到地头，把缺苗的地方补齐。”这样一改，字数不但减少了 1/3，而原稿的意思也未见损伤，其原因主要是修改稿没有用“不但……而且……”的句式。

朴实

质朴无华、具体实在，这是新闻语言的又一特色。

李白有一句诗：“清水出芙蓉，天然去雕饰。”这倒与新闻语言要求朴实相一致。新闻的语言讲究朴素，就要“有真意，去粉饰，勿卖弄”，不必追求华丽辞藻，尽可能少用形容词、附加语，不搞那种华而不实的花架子。新闻写作使用朴素的语言，自然而无造作，可靠而又不虚浮，也就更能吸引和取信受众。

新闻语言还以具体可感见长。客观存在的事实总是具体的，报道事实的新闻，它的语言就不能抽象，不能概念化，包括时间、地点、人物、事件，等等，都必须表述具体，言之有物，实实在在，让人觉得看得见、摸得着。

《人民日报》关于《北京医院出国人员努力节约外汇》的报道，全文对事实的表述，它所使用的就是朴实的语言。其中写道：到日本考察的人员，不讲排场，不摆阔气，不乱花一分钱。出国前做衣服，服装费都没有达到国家规定的标准。有的该做四件衣服的，只做了三件。到了国外，住便宜的简易旅馆，吃大众化的饭菜，外出坐公共汽车，有时干脆步行。为节省开支，他们给公家带的科学技术资料，全都放在个人的箱子里，上下飞机车船，全由自己搬运。他们出国花的全部费用，不到国家规定的一半。到加拿大、美国学习医疗电子计算机的人员，尽量少花美金，日常费用不到规定的三分之一。有一天，他们要去参观一个著名的动物园，到门口一看，一张门票2元5角美金，7个人就得花17元5角。大家对花这笔钱很心疼。有的说，咱们逛一次动物园，祖国农民得卖多少土特产？咱们节省一分美金，就能增加一分四化资金。大伙一商量，就改到别处参观了。

这则新闻没有豪言壮语，没有大而无当的华丽辞藻，而是按照新闻事实的本来面貌，朴素自然的表述清楚。特别是在动物园门口算账，把门票费用同农民出售土特产联系起来，反映了这些知识分子和农民心连心的精神境界，读了感到可亲可信，不由令人想起有些人出国大手大脚乱花外汇，与此形成强烈的对比。

新闻语言讲究朴实，不等于不能描绘，重要的是描绘适当。这种描绘不是文学作品的“创造性想象”，艺术地再现事实，而是实际生活的直观写照，朴实地反映客观事物原貌；它所描绘的“形象”是“事实形象”，而不是“艺术形象”。尽管客观事物的形、声、色、味自入新闻，受众可以感受得到它的千姿百态，但与那种凭主观想象去肆意渲染，堆砌形容词，是截然不同的。美国著名新文学家麦尔文·曼切尔说：“写作上的严谨就会形成语言上的简朴。”新闻语言的朴素自然，平实具体，不仅是新闻语言规律的要求，也是作者气质的反映。因此，要求我们加强修养，具备质朴的气质，用朴实的语言，写出影响读者心灵的好作品。

通俗

通俗，就是深入浅出，浅显明白，大家容易懂，具有社会通用性。作为大众传播媒介的新闻载体，面对千百万读者、观众、听众，唯有以通俗的语言传播信息，才能为大众所接受，并产生应有的传播效果。所以说，语言的通俗性，也是新闻语言的一个特色。

清代作家曹雪芹擅长引用当时通俗的群众语言，为《红楼梦》这部伟大著作增添了灿烂的艺术光辉。可以说，《红楼梦》的艺术成就，与曹雪芹吸取和运用时人的语言艺术相连相依。如描写贾宝玉和林黛玉成为知心朋友，借紫鹃之口对林黛玉说：“姑娘是个明白人，岂不闻俗语说的‘万两黄金容易得，知心一个也难求’。”读来上口，意味深长。书中俗语串串如珠，如“树倒猢狲散”，“瘦死的骆驼比马大”，“巧媳妇做不出没米的粥来”，“千里搭长棚，没有个不散的宴席”，等等，语言形象生动，读了令人联想，并能深记常用。

我国现代作家也是重视运用通俗语言的。老舍写文章总是改了又改，只要写出一句不明晰、不响亮，不像口头说的那样，他就换一句更明白、更通俗的，务期接近人民口语中的话。他认为，真实、简练、通俗、艺术性都是密切联系着的，真实不妨碍通俗与艺术性。

新闻载体是大众传播的工具，新闻作品唯有为群众喜闻乐见才能起到传播的作用。新闻语言如果离开通俗，就等于脱离千千万万读者和听众。所以说，新闻语言的通俗化，对于新闻写作，对于整个新闻传播事业，都是至关重要的。这里，我们来看看上海《新民晚报》刊登的一则新闻：3 月 13 日，南市区老西门工商行政管理所里来了一个操四川口音的外地人，要求把他随身带来的 15 斤牛肉干收购处理。 原来，他是四川省奉节县机械厂干部，名叫向友府。他这次来上海出差，联系业务，本来以为“圆图章不及熟面孔，不送礼办不成事”。为了让工作进展顺利，他特地在当地买了 15 斤牛肉干，作为联系工作时拉关系之用。可是他到上海两个星期来，去了化工局、农机公司等五六个单位，都拒绝收礼，15 斤牛肉干一斤也没送掉。向友府在要求收购的申请书上写着：“我已圆满地完成了任务，所带的牛肉干只得请你们协助，按照上海规定牌价处理。”南市区工商局决定按市价收购后，交给老西门中华食品店按牌价出售。

这则新闻寓意深刻，语言通俗易懂，读起来上口，和说话一般。新闻从抵制不正之风这一角度出发，结合陈述事情的缘起和经过，反映了人们的精神面貌，可说别开生面，引人入胜。

通俗的语言也就是群众的语言，要使新闻语言通俗，就要下决心学习群众语言。1942 年 2 月，毛泽东同志在延安干部会上作《反对党八股》的讲演时，号召全党要用很大的气力向人民群众学习语言。他说：人民的词汇是很丰富的，生活活泼的，表现实际生活的。他又说：如果是不但口头上提倡而且自己真相实行大众化的人，那就要实地跟老百姓去学，否则仍然“化”不了的。自然，群众语言也有高低粗细之分，我们要取其精华，去其糟粕，吸取群众语言的营养，丰富自己的语言词汇，为新闻语言增色。

新闻语言的通俗，要求从读者（听众、观众）的认识水平出发，运用群众熟悉的语言形式，即接近口语的书面语，广播、电视的新闻语言应该尽可能口语化。作品的句子、段落也宜短不宜长，广播稿更要通顺流畅，句型简短、琅琅上口。在报纸书面语中，可以使用倒装句，如“成本低、繁殖快、省饲料、多积肥、肉可吃、皮可卖。这是XX县XX乡XX村总结出的养兔六大好处”。要使成为广播语言，这样的倒装句，听众会感到莫名其妙，待听到最后才知道是在说养兔时，前面的六大好处已记不清了。因此一定要把“XX县XX乡XX村总结出的养兔六大好处”说在前面。在古代汉语中，基本上使用单音节词，现代汉语则绝大多数使用双音节或多音节词。像“但”“曾”“虽”“时”“因”“后”“应”“较”等，这在书面语里可用，在广播语言中都应改为“但是”“曾经”“虽然”“时候”“以后”“应该”“比较”。

新闻的语言还要避用生僻字和费解的词语，并节制使用专业术语、行业习惯语、方言、古词、外来词等，有必要使用时应作出解释和交代，帮助新闻受众理解语意。目前有一个值得注意的倾向，就是在农村题材的新闻报道中，特别是在口语广播中，往往使用“俺”“啥”“咋”一类的方言、土话，以为这样可以表现农村的特点和反映农民的泥土气息。其实，表现农村或反映农民的特点，并不在于用不用这一类方言、土话。在一篇报道中，整个新闻语言比较规范，中间冒出“俺”“啥”“咋”一类词语，会显得很不协调。有时，处于引用农民对话等特定语言环境的需要，适当使用土话，当作别论。

综上所述，新闻语言有客观、确切、简练、朴实和通俗五大特色。掌握这些特色，遵循新闻语言的规律进行写作，这必将有助于改进和提高新闻报道水平。

三、新闻语言的六“忌”

（一）忌含糊

语言含糊笼统，让人不得要领，这是新闻语言的大忌。

（二）忌矫饰

不要说新闻中，就是文学中那种强调语言的“陌生化”“反常化”的语境里，也就是所谓的雕琢过甚的败笔。

（三）忌堆砌

首先是不要有语言语意的重复，其次是不厌其烦地罗列细节和数字，这也恰恰就是语言的堆砌。

（四）忌混乱

一个伟人曾经提醒我们，说话和写文章都要注意语法、逻辑、修辞。通俗地说，就是逻辑乱的文章，别人很难看懂。

（五）忌空洞

在极“左”路线横行的时期，报纸广播上空话、假话连篇累赘，人民在学习、讨论甚至在生活中，也大量使用一些言之无物的公式化的套话。

（六）忌语病

或许新闻写作讲究“出手成章”，在言语上无限过细地推敲原因，目前在报刊广播中出现的语病实在太多，应该引起新闻界从业者的重视。

四、新闻语言的两“多”

（一）多用动词，用准动词

在新闻写作中妙用动词，能让新闻鲜活起来，形象生动文笔简洁，耐读耐看耐品。

动词的选用，是语言艺术化的一种重要手段。在写人、状物、叙事中，起着重要作用。要使新闻生动感人，必须运用确切有力的动词表现运动状态的事物，尽量避免把运动状态的事物写成静止状态，这样使所报道的新闻事件活起来，语调亦显得生动活泼。新闻正是注重选用精彩的语言描写事物动态，善用活跃的动词，使事态、物态、情态跃然纸上，给读者以动态美，特别是对现场新闻来说，更要求有动态感。我们试比较下面这两个句子：

舞台上，姑娘们身穿白纱裙，头戴小红帽，踩着节拍翩翩起舞，台下的观众不时爆发出热烈的掌声。

舞台上，姑娘们英姿飒爽、风度翩翩，欢乐的气氛感染了台下的每一位观众。

两相比较，不难发现第一段文字生动形象，真实再现了新闻事实，其中的动词“穿”“戴”“踩着”“爆发”都很有动感，让人有如闻其声如临其境的感觉。而第二段文字文绉绉的，缺乏感染力，更像是搞政治宣传。

让新闻真正亮起来，诀窍之一就是多用动词。动词用得得心应手，恰到好处，常常能使文句简练而传神。动词的运用必须仔细推敲，搭配精当，方能活泼逼真，富有动感，耐人回味.

《三峡工程实现大江截流》描述截流场景时，精选活跃的动词，如:“三颗信号弹腾空而起，上百辆自卸车轰鸣着冲上堤头，轮番将成吨的石料倾入江中，”这里，“腾空而起”“冲上”“倾入”一系列动词的使用，写活了繁忙的截流现场，又让人感到紧张中井然有序，忙而不乱，领略到劳动的动态美。

《家长与学校配合得越好，教育越会成功》一文中介绍过一篇外国短文，在一次儿童网球课后，不慎丢了一个小孩。等找到孩子后，孩子由于惊吓，哭得十分伤心。孩子的妈妈见此情景，蹲下来安慰孩子：“已经没事了，那位姐姐因为找不到你而非常紧张，并且十分难过，也不是故意的，现在你去亲亲她，安慰她。”4 岁的小孩靠过去，踮起脚尖，亲了亲蹲在他身旁姐姐的脸颊，轻轻地告诉她：“不要害怕，已经没事了。”我想，一个善良、宽容、善解人意的孩子就是这样教育出来的。这里的动词“靠过去”“踮起”“亲了亲”就用得非常传神。

动词，在新闻写作中起到至关重要的作用。它生动、形象，用得好，能使新闻事件活灵活现，让平淡的材料有生气，有画面，有色彩，有声音，让读者如临其境，触动心扉。

（二）多用子概念

在新闻写作中“白描”所要求的简洁与准确的线条勾勒，还需要以具体化的概念支撑。

目概念和子概念，是形容逻辑中的专有名词，如“食品”和“面包”就是具有母子关系的概念。母概念“食品”外延较大，而面包属于食品中的一种，是子概念，它虽然外延没有食品大，但它的内涵比食品具体丰富。“吐司面包”“麦香面包”“面包圈”……显然这些子概念比母概念又具象化了一层，人民会联想到某一种具体的味道或口感。

子概念的特点就是具体、丰富、形象。由于子概念的内涵总比相应的母概念内涵丰富具体，因此，多用子概念容易引起人民的形象思维。

第二节 新闻语言的正确使用

一、如何正确使用新闻语言

新闻语言指“新闻作品的语言”。一篇好的新闻作品，不但要选好主题、体裁，有一个清晰、完整的思路和充实的内容，正确地运用或使用语言文字，尤其是新闻语言更是至关重要。

判断新闻作品使用语言文字是否正确，是否恰当，主要看文字的运用是否符合新闻写作的要求。经过长期新闻写作的实践，新闻作品所使用的语言，已经形成区别于文学、科技、军事、经济、理论等其他作品的一些特点，它有自己特殊的概念、特殊的语言表现方法、特殊的语言结构方式。

新闻语言是从新闻的角度对全社会进行“选择”和反映时所用的工具，它的本质是信息传播的语言、报道事实的语言、解释问题的语言、快速交流的语言。新闻语言是新闻传播最基本的工具，它可以形象地揭示新闻内容，表达作品思想的准确性和深度。

首先，新闻语言要具体准确，忌抽象含糊。具体不是空洞，不是概括，更不是抽象。具体就是原原本本地说出或写出事物的具体情况。新闻要实事求是地反映客观事实，事实是具体的、真实的，不是抽象的、虚假的。因此，记者在写稿时要对新闻的要素，如时间、地点、人物、事件经过、事件原因、事件结果等，叙述、描写必须准确、恰当，能具体的要尽量具体，切忌抽象、含糊。

有的报道失实，就是由于记者对相关用语理解不透造成的。例如，某报刊登严厉打击偷税抗税活动的稿件，标题是《一无照个体户偷税36万被依法逮捕》。其中“无照个体户”用语不准确，按照有关规定，依法核准登记才为个体户，这就是说，凡个体户就应该有营业执照。这位偷税者“无照”，就不是“个体户”，应该称为“无照经营的商贩”。报纸上的文字一定要表述清楚准确，否则往往会引起误解。又如，某报刊登的宣传当地驻军的新闻，内容是：“在驻我国三亚市境内的某海军四连菜园里，官兵们经过半年多时间培植出一株首次结果竟达216枚的木瓜树……”其中“驻我国”和“某海军”在表述上就有问题。“驻”，意思是(军队)停留在(某地)，(机构)设立在(某地)，特指为军事目的或执行公务而驻扎、留驻，意思是一个地域的机构或个人因执行公务住在另一地域。例如，“哈尔滨市人民政府驻上海办事处”“中华人民共和国驻美国大使”、“路透社驻北京记者”等，都是从原来的地方到另一个地方常驻工作的。用“驻”有一必要条件，就是必须易地。海军本来就是中国军队，所以用“驻我国”是不合适的。具体、准确虽只有四个字，但这是一个很高的要求，需要编辑、记者下大力气才能做到。

其次，新闻语言要简洁明快，新鲜活泼。新闻要新就要快，它所使用的语言必须简洁明快，开门见山，切忌啰唆拖沓。新闻的内容是新鲜的，表达新闻内容的语言也应该是新鲜活泼的。生活是丰富多彩的，新闻也是多彩的，新闻语言也不应色调单一，枯燥无味。活泼的新闻语言往往能够起到吸引受众眼球的功能。

一般地说，任何文字作品的语言都要简练，惜墨如金，力戒大话空话，以便能达到言简意赅。正像任何人讲话都愿意听格言、警句式的语言，而不愿意听“车轱辘话”一样。所以，新闻作品的语言尤其应该崇尚“以一当十”的原则，不要空话、废话，要尽可能短小精悍，让人一目了然。要用最恰当的词汇和最精当的语言结构把新闻事实如实地表述出来，否则读者是没有耐心读下去的。鲁迅在介绍自己的写作经验时说：“写完后至少看两遍，竭力将可有可无的字、句、段删去，毫不可惜。”从新闻宣传的效果来看，倒是短的简练的语言和作品能够给人留下深刻的印象，产生好的反响。

写新闻，是记录这个时代发生的事情，在一定意义上说是写历史。因此，写新闻运用的语言，也应该是时代的语言，使这个时代的人都能明白。时代是变化的、前进的，新闻语言也应该随之变化、前进，随着国际、国家、社会环境的变化而随之变换。近几年来，随着改革开放的不断深入，世界科学技术日新月异的发展和人们生活的丰富多彩，人们的生活习惯和思想观念都发生了深刻的变化。这些变化反映在语言中就是大量的新鲜词语、新概念，尤其是自然科学领域里的一些概念、经济生活领域中的一些概念、互联网络中的一些语言，被引入到新闻作品中，使新闻作品的时代气息更加浓郁，也为新闻写作开辟了一条新径。

语言生动、形象，并不在于使用多少华丽的词藻或形容词之类。把事实如实加以记录，常常比堆砌形容词更为生动。正如鲁迅所说，“有真意，去粉饰，少做作，勿卖弄而已。”郭沫若也曾指出：“要使文章生动，我想，少用形容词是一个秘诀。”

最后，新闻语言要浅显明白，朴实通俗。新闻是新近发生的事实的报道，它为人们所普遍关心，有广泛的群众性。一篇新闻本身价值的实现，最后要通过读者来体现，而读者受教育程度、文化素养千差万别，高低不一，只有做到了新闻语言通俗化，才能吸引和服务尽可能多的受众，才有了媒体存在的基础。文章晦涩难懂，编辑、记者自以为高深渊博，见多识广，实际上读者不看，或者看不懂，新闻本身价值的实现就会受到影响。而新闻作品同文学作品、学术论文又不同，一般不需要细细咀嚼，不必慢慢欣赏。从新闻传播对象的广泛性来考虑，新闻语言要求通俗易懂、浅显明白，切忌古调洋腔，尽量避免使用生僻字词，少用难以理解的土语方言。某些新闻如果不用专业技术名词会影响表述的准确性，但也只能在非用不可的地方少用一些，并尽可能做一些必要的通俗解释。

新闻语言是传播的语言，传播是面向广大群众、广大读者的。如果不通俗，怎么为广大的受众接受呢？当然通俗也应该包括生动的内容。因为生动的东西往往可以被更多的人所接受，于是便有了群众性。因此，要尽量使用通行的、朴实通俗的语言来写文章。只有我们的新闻语言越来越精彩，才能给广大读者拿出好的新闻作品。

二、新闻语言的不良现象

我国的新闻媒体在新闻改革中获得了长足的进步，包括网络、广播、电视等多种媒体在市场经济环境中拥有了前所未有的发展空间，语言报道，写作风格等也日益多样化，但同时也出现了一些不良的语言使用现象。这些问题应引起传媒业的注意和防范。

（一）“新语言”的尴尬

随着网络日益深入我们的社会和日常生活，出现了一些新的语言和文字表达方式，它们随着新的生活方式正影响着许许多多的人。例如：应该怎么样面对“PP”“美眉”“版主”等这样的“网络语言”。

（二）报道语言文书化、僵硬化

中国的汉语原因在世界上最灵活、最富有弹性的语言，但是在当下一些新闻报道中则显得僵硬、冷漠，缺乏亲和力，尤其表现在某些机关报中的领导人合作。因此在进行这类报道时，要特别注意以下几点：

1. 处理好虚实关系

处理好虚实关系，关键在于选取生动的细节和语言，增加报道的实质性内容，避免一般化、概念化，从而使新闻内容实在而不空泛，丰富而不单一。

2. 要善于从受众的角度进行报道

从受众出发原本就是实现传播效果的基点，况且党的政策的制定与落实本身就是与大众密不可分。因此在进行相关内容报道时，其语言及内容都要贴近大众生活，使用群众新闻乐见的语言，在树立、保持报道的权威性的同时，增强语言的可读性、可听性、可视性，适合不同层次的受众阅读需求。

3. 结合社会热点问题、难点问题，深化报道主题

切实把人民群众普遍关心的问题及社会关注的热点问题和难点问题结合起来，对人民群众在党的领导下参与民主决策、民主管理和民主监督的生动实践进行宣传，积极营造健康、良好的民主与法制建设的舆论氛围，真正体现党为人民服务的宗旨。

（三）报道中的歧视性语言

我国《民法通则》第 101 条规定，公民、法人享有名誉权，公民的人格尊严受法律保护，禁止用侮辱、诽谤和公布他人隐私等方式损害公民、法人的名誉。《牛津法律大辞典》把名誉定义为 :" 是对道德品质、能力和其他品质 (名声、荣誉、信誉或身份) 的一般评价。" 名誉权，实际上是一种人格权，它是民法规定的民事主体所享有的获得和维持其名誉的客观公正评价的一种权利。然而，在当今社会的新闻传媒上，我们经常会发现一些新闻报道中带有较为明显的歧视性语言，而且这些歧视性语言均在不同程度上构成了对民事主体的名誉权的侵害。经过考察、分析后认为，这些

歧视性语言主要表现在对女性的歧视、对弱势群体的歧视和对被告或犯罪嫌疑人的歧视三个方面。

一是对农民工等社会阶层使用“歧视性语言”。例如，某市报头版登载的一条题为《农民致富跳龙门 高升成了城里人》的消息，新闻素材不错，可是其用词“高升”却似乎有弦外之音，农民办了城镇户口成为城里人就是“高升”？此外，一些媒体在报道民工、打工者这些处于城市较低社会阶层的人时，将民工描写为邋遢猥琐、令人望而生厌的形象，严重损害了民工作为普通劳动者的感情和人格。

二是对女性报道对象使用“歧视性语言”，主要表现为刻意强调女性的外在特征。一篇以17267的点击数高居网络新闻TOP100排行榜前列的新闻《藤原纪香“奶”谁能比》，而其新闻事实却是日本某文胸公司对演艺界胸部线条最美的女明星做了一份调查，女星藤原纪香名列第一。该篇新闻用语粗俗，体现了对女性的极度不尊重。

三是对不同地域的歧视。在我国的一些大中型城市，“外地人”是一种带有歧视性的词语，这样的词语也多次出现在有特殊语境的新闻报道中。北京某报在对小偷在公车上作案的目击新闻中，这样提醒读者：“要提防外地人模样的人”，似乎外地人与小偷必有一定联系。即使少数外地人的确扰乱城市治安，但大多数外地人仍是良民。他们远离乡土，其中痛苦、无奈与艰辛，没有亲身经历的人是很难体会的。另一种情况是对报道中曾经存在的崇洋媚外现象矫枉过正，前不久一家报纸在报道美国华盛顿邮报的女发行人、84岁的老人凯瑟琳·格雷厄姆女士去世消息时，标题竟然是“美国媒体‘大姐大’一跤摔死”。其语言体现出的幸灾乐祸心理不言自明。但是，我们的媒体是任由这种不负责任的语言自由发展，还是应该反省一下在今天这个全球化的开放时代，我们的新闻文化是否健康呢？

追究新闻报道“歧视性语言”产生的主要原因，不外乎三个：

首先，媒体定位不当，给弱势群体的话语权太少。传媒本应是倡导平等和民主的先驱，但是现实生活中，很多媒体都把自己看成是“第四权力”，是社会精英的代表。大多数新闻媒体都以城市人口作为主要接受对象，在新闻制作中，常常向特权阶层及高收入、高学历阶层灌输着优越感甚至精英意识，在对弱势群体的报道中，往往居高临下，缺乏真正的平民意识和亲民风格。这样的媒体定位忽略了弱势群体对媒体话语权的强烈需求，造成了媒体资源分配的不公平，从而使“歧视性语言”有了滋生的土壤。

其次，缺乏道德水准和正确的语言使用标准。语言是文化的一部分，而道德是文化的灵魂。歧视性语言的使用体现了文化传播者的道德低下和人文精神的缺乏。有一部分采编人员一味强调新闻的可读性、趣味性和煽情性，在新闻语言的使用上为了增加噱头而走上极端。例如，有些报道在新闻标题中过分追求“眼球效应”，甚至在报道对象的称呼上玩起了花样。某市一位环卫局清管站的负责人，被授予“全国五一劳动奖章”。新闻单位在对其进行宣传时，题目竟然是“粪头的情怀——记五一劳动奖章获得者某某”。使用尊重人的称呼，是对人格尊重的起码要求，而“粪头”这样的污蔑性词语，只会让读者徒添反感而已。

最后，法律意识淡薄。现在在媒体上出现的“介入式报道”，有相当一部分体现出主观倾向性严重，情绪化强烈的特点，歧视性语言也频繁出现。新闻监督的本质在于客观和公正地报道事件真相和揭露有关问题，通过曝光的形式来满足和维护公众的知情权和表达自由权，而不是去干预司法行为，进行所谓的“维护司法公正”。在前几年被国内众多媒体热炒的湖南蒋艳萍特大经济犯罪一案中，在案件的审理期间，一些媒体的报道硬称蒋为“犯罪人员”“三湘头号巨贪”，有的甚至还以“枪毙还少了”为标题，这些行为均违背了我国刑法、刑事诉讼法的“无罪推定”原则，是违法行为。

总之，新闻工作者不仅是普通的社会一员，也是社会文化的传播者，这样的双重身份与媒介的双重性是一致的。新闻媒体作为重要的社会子系统，影响着社会政治、经济、文化等诸多领域，并因此发挥其独特的、不可替代的作用。从这个角度讲，新闻工作者需承担更多的社会责任，其报道所用的语言也应为反映当今时代主题、创造积极向上的舆论环境、顺应并更好地推动社会潮流的发展而服务。新闻工作者只有牢记这一点才能成为社会风气的尝试者，才能不断滤出社会中落后、腐朽、不良的习俗，最终完成推介、倡导先进文化的历史责任。

（四）网络流行语在新闻语言中的使用与规范

随着网络的发展，网络流行语成为大众文化的一部分。在新闻语言中使用网络流行语非常普遍。人们在享受新闻中网络流行语带来的优势的同时，网络流行语使用中的弊端也在影响着人们的生活。本文着重介绍网络流行语在新闻语言中使用的弊端，并分析提出网络流行语的使用规范，以使网络流行语更合理地在新闻语言中使用。

1. 降低新闻的客观性

新闻的采写需要真实性、客观性，网络流行语大多是戏谑的、荒诞恶搞的话语，用在新闻中难免会使新闻的客观性有所降低。网民的文化素质多样，甚至会有些不健康的、低俗的、媚俗的网络流行语。比如："日了狗了""逗比""坑爹"等。这些词语在新闻中使用，会降低新闻的客观准确性。比如：《"女儿坑爹"是对"爹坑女儿"的回应》（新浪新闻 2016-03-19）。互联网的信息繁多，使用网络流行语确实能引人注意，但是有形式意味的和情感煽动性的词语会让公众不知所云，甚至扭曲了信息的内容。情趣低俗的词语一定程度上反映了网民畸形病态的心理，使用这些词语会产生歧义，而且使社会风气受到影响，媒体人在使用网络流行语时也应注意受众的接受程度，避免造成意义消解。比如：2007 年 12 月 27 日 CCTV 新闻联播播出的一则节目中，采访一位小学生张殊凡时，她说曾经打开一个网页，内容很黄很暴力，就赶紧关了。事件本身没有什么特殊性，"很黄很暴力"本不该被人关注，但是媒体人在使用时疏忽使得受众接受信息与传者编码不对称，导致心理上的对抗情绪，使其成为网络流行语，新闻本要净化网络视听，但是反成为公众的谈资。

2. 网络流行语不规范、简化的表达方式容易影响沟通

新闻事件是媒体人发布，信息直接被受众接受，错误使用的新闻语言会直接造成负面的影响。有歧义的、错误使用的网络流行语都会误导受众，甚至影响受众的价值观。

首先，网络流行语冲击了普通话的稳定性。普通话是情感的纽带，沟通的桥梁，是现代汉民族的共同语。网络流行语的使用使人们淡化了普通话的使用规范，比如："886"，这三个简单的数字是英语谐音"Bye-bye 了 / bai bai le/ 拜拜了"，表示聊天等最后的道别，有"拜拜了"，即为再见的意思。数字就能表达如此丰富的含义，网络流行语对普通话的冲击不容小视。在使用时更要注意公众是否能接受并理解。

其次，网络流行语会造成沟通障碍。比如：“然并卵”，指毫无意义。出自客家话“真系无卵用”，虽然活跃了语言文化，但不是通用的语言在使用时，让人一头雾水，甚至影响沟通，与此相比网络流行语的吸引读者，丰富语义的优点也黯然失色。比如：喜大普奔，是“喜闻乐见、大快人心、普天同庆、奔走相告”的缩略形式，指事件让人高兴，值得庆祝。在 2014 年 11 月 27 日广电总局发出《关于广播电视节目和广告中规范使用国家通用语言文字的通知》，不得使用或介绍根据网络语言、仿照成语形式生造的词语。网络传播迅速，网络流行语的影响力扩大，语义更新快。很多网络流行语生僻，使用起来会使公众不理解，甚至造成歧义。

3. 容易引发网络暴力

本文所说的网络暴力主要指通过网络传播追查个人的信息，聚集人群以暴力语言进行攻击。网络流行语的来源广泛，有外来语谐音构成的、有网民自发形成的、有源自于影视作品或者新闻事件等。网络具有匿名性、传播速度快的特点，这些特点会让网友更加肆意发表自己的观点，并产生影响力。针对新闻事件类的网络流行语，原事件以及当事人会被网友人肉搜索，网友在泄愤时不顾及是否伤及他人的人格权。比如“晕机女”，是一个 90 后的女生，在乘坐飞机时出现晕机现象，并在豆瓣网站上发布一篇《唉！真该买个私人飞机》的文章。被网络热传，并批评她炫富。随着网友的心理不平衡和发泄情绪，当事人也被人肉搜索，被公众进行言语攻击。媒体人在报道新闻事件时要提高自身职业素质，避免透露当事人个人信息以及谨慎使用相关网络流行语，以免引发网络暴力。一些网络流行语容易扩散负面信息。根据 CNNIC 网络发展统计报告，截至 2015 年 6 月，我国网民以 10 ~ 39 岁年龄段为主要群体，比例达到 78.4%。其中，20 ~ 29 岁年龄段网民的比例为 31.4%，在整体网民中的占比最大。与 2014 年年底相比，20 岁以下网民规模占比增长 1.1 个百分点，互联网继续向低龄群体渗透。所以网络语言在新闻中的使用更要注重规范，以免影响少年儿童的语言表达和“三观”的塑造。而且青少年的模仿能力强，对新事物传播好奇心重，一些官二代、富二代的事件会对他们造成影响。比如：“我爸是李刚”，是网友们嘲讽跋扈“官二代”的流行语，来源是李启铭的话语。在 2010 年 10 月 16 日晚，李启铭在河北某大学校园中开车接女友，在沿路中撞到两名女生，导致一死一伤。发生事故之后，他不但没有停车救人，还继续前行到校门口，被在校学生和保安拦住。事发时李启铭不但没有悔改，还叫自己的朋友帮助。在保安工作人员和学生们的阻拦下，李启铭大喊："我爸是李刚，有本事你们告去。"随着新闻事件的发展，"我爸是李刚"这句话被网友疯传，发泄出心中的愤怒，成为网络流行语。被贴上官二代、富二代的标签，影响了不少青年人对相关事件的不平衡讨论。

4. 网络流行语在新闻语言中使用的策略

网络流行语能够广为流传，除了其具有代表性，更是因为它所代表的社会文化现象、审美标准或群众看点典型地反映了群众的喜闻乐见或是观点看法。但是，网络流行语虽然能在一定程度上吸引大众注意、提升新闻被关注度，但在使用或筛选的过程中还应有一些要求。

（1）引用网络流行语要与新闻传播的内容相符

首先新闻媒体人为了吸引人眼球，用网络流行语夸大新闻事实，也就是我们通常所说的"标题党"。网络流行语作为能够体现社会热点的新载体，将它加入新闻中无疑会在一定程度上吸引大量的读者关注。但是，大众媒体在引用网络流行语时，一定要注意引用的词语要与文章内容相符，切忌做出"挂羊头卖狗肉"的行为。比如："关于一个女孩的惊天血案"，其实是《卖火柴的小女孩》。例子简单，意义广泛。夸张的使用手法容易引起读者的反感心理，不利于媒介发展。其次网络流行语毕竟是流行在网络范围，虽然一些网络流行语会走入大众社会生活中，覆盖率也不完全。大众媒体所要面对的人群可以说是范围甚广，但是对于很少接触，或者说是根本就接触不到网络的人来说，如那些中老年人群，他们对于这些网络流行语的理解程度绝对是非常有限的。为了避免这些人群在关注、阅读新闻中产生误解、不够理解的现象，大众媒体在引用一些时新的，或者是偏门的、冷门的网络流行语时，应在文章后或是文章中进行一些必要的解释。

（2）引用网络流行语避免低俗，引导正确的价值观

网络流行语的来源广泛，有出自网友自身、有出自热播影视剧、还有外来语的谐音等，来源带有一定的主观性，网友的素质不一，词语的规范程度或者价值取向性都有待考察。所以说并不是所有的网络流行语所反映的都是时代主流的积极一面，尤其是有些词语的引申义可能还会带有一定

隐晦色彩。这也就要求新闻工作者在日常写作中一定要广泛搜集素材，对于那些指意不明、艰涩难懂的词语要注意慎用、不用或者是改造后再用。新闻报道引用网络流行语时要把流行语当作有利武器，而不是拉低文章的价值。新闻工作者要想做到写出具有正确导向的新闻报道，筛选出符合报道背景、反映具体事件的网络流行语，加强媒体人自身的专业素质和职业道德，自身是良性过滤器，是传播正能量，引导正确价值观的方向标。只有在确保立场坚定的基础上才能选择出表意积极向上、褒贬明确的网络流行语。

（3）要争取做到规范使用、合理运用

网络流行语的流行具有周期性。有些网络流行语到后期其流行的热度会慢慢减弱，而大众媒体在进行词语选择时就要注意节制，不可乱用或者过度使用，以致受众审美疲劳。对于要引用那些不合逻辑、不合规范的网络流行语应该慎重处理，避免过分使用，明确词语的适用范围，结合客观实际，推陈出新，创造出更能够代表社会实际的、体现新闻现象的流行语。

第七章 新闻心理学

第一节 新闻心理学概括

新闻心理学属于新闻学和心理学交叉的边缘学科。它是研究新闻传播者和新闻受众（也称之为在新闻活动中的传、受双方或新闻活动认识主题）的心理现象及其规律的科学。

第二节 心理学与新闻如何结合

一、新闻心理学在采访中的研究对象

受采访者是新闻研究过程中的主体之一，若能把握住受采访者的心理，便可以快速高效地完成新闻任务。因此，几年来专门研究人的心理活动规律的新闻心理学受到了大家广泛的关注，该学科的研究对象主要包括：新闻提供者、新闻传播者以及新闻接受者。熟练掌握新闻心理学可以帮助新闻人更好地适应新闻行业，更好地服务于新闻行业，成为一个更好的新闻人。

二、新闻的主要服务对象

新闻的接受者作为新闻传播过程中最重要的对象之一，就相当于我们日常生活中的消费者一样也起着举足轻重的作用。因此，了解他们的需求才是新闻选材、撰写及传输过程中的关键。

三、新闻传播者是对新闻效率影响最大的因素

新闻部门在招聘工作人员时，需要对面试者进行充分的了解，除了具

备各行各业都需具备的责任感以外还需要对该行业具有浓厚的兴趣。俗话说得好，兴趣是最好的老师，哪怕一个人因为某种原因没有机会得到专业的培养，专业知识的掌握相对薄弱，但对记者这个行业有着极大的兴趣。如果我们能给他们一个机会，相信在兴趣的驱使之下，他能够迅速地适应这个行业，并且取得很好的成绩。相反的是，一个知名大学新闻专业毕业的大学生，对新闻没有任何兴趣，只是为了生存而选择这份工作，他的工作并不见得能够让人满意。此外，相关领导应该充分了解员工的需求，更好地调动其工作的积极性，如此一来必会得到事半功倍的效果。

四、重点研究提供新闻源的人

在采访的过程中，遇到的采访者无非是两种，一种是积极主动接受采访，这时记者就需要仔细地分析他们的动机，以防被人利用传播错误的新闻；另一种就是对记者具有抵触心理，这时就需要运用所学的心理学知识分析其心理活动并且进行合理的诱导，顺利得到所需信息。因此，新闻心理学在采访过程中发挥着极其重要的作用，只有用好心理学才能帮助记者得到准确的信息。

第三节 新闻心理学在采访中的实际意义

一、给采访对象留下一个良好的印象

在采访的过程当中，若能够给受采访者留下一个好的印象会有助于记者顺利地完成采访任务。一般来说，采访前记者会充分地了解被采访人群的相关信息，但是尽管如此，面对陌生的被采访者时也会出现各种意想不到的情况。中国人的传统观念中就抵触与陌生人接触，所以，被采访者往往会抵触接受采访。因此，记者需要想方设法给被采访者留下一个良好的印象，具体方法如下：

一是作为一个具有专业素养的职业记者，应该懂得调控好自己的情绪，即使生活上遇到不顺心的事情，一旦开始采访必须将自己调整到最佳状态，如果记者本身带有一定的情绪必然会对被采访者产生影响，从而影响采访

所得信息的质量。无论受采访者身份高低，作为记者都应该充分给予他们尊重，采访过程中语气一定要谦和，这也是一个专业的记者应具备的职业素养之一。

二是在采访过程中，着装要恰到好处，避免穿戴奇装异服。采访前记者应该对采访对象做足了解，尽量拉低穿着上的差距。若采访对象是普通工人，穿着打扮就应该以朴素为主，若采访对象是公司高管，那就应该穿着正式，让人看起来毫无违和感。这样会给被采访者留下一个好的印象。

三是采访前必须将必备的资料收集齐全。采访对象所涉及的行业比较多，即使是从业多年的专业记者也不一定能轻而易举地应对各种被采访对象。这就要求记者在采访之前必须认真地收集好与采访相关的材料，平日里也注意各种知识的积累。

二、用新闻心理学进行采访能营造良好的氛围

人与人之间的沟通本来就不是一件简单的事情，这之间存在着很多障碍，例如，职位的高低、教育水平的差别甚至种族的差异，等等。在这些困难面前，作为记者应该积极地应对，通过自己的专业知识消除这些障碍。在面对话筒、面对镜头的时候，大部分人都会紧张，使得无法流利准确地表达出自己的观点，这时候就需要记者及时的调节一下气氛，拉近与被采访者间的距离，让其心情放松下来，从而更好地完成采访。

记者说话的语气以及一些细小的动作都可能影响到采访的效果。有些敏感人群的情绪特别容易受到影响，采访过程中记者一个不经意的小动作就有可能影响到他们，因此，记者要十分注重自己的各种姿态并且时刻保持微笑倾听的状态，注意自己的语气，充分保护好被采访者的内心不受到伤害，这也是提高采访质量的关键之一。

采访前记者应该提前设定好需要提问的问题，采访过程中根据被采访者的状态抓住机会，把自己想问的问题一一提出。记者需要完全投入到语境中，设身处地地站在被采访者的角度来进行沟通，并且控制好聊天的方向，避免话题的偏离，要通过交流让被采访者自己说出你想要的答案。

一般来说，在被采访人说得感人至深的情况下，记者也会被打动，但是作为一个职业记者，为保证新闻的真实性，需要及时控制自己的情绪，

不能过度地表现出自己的感情，避免误导观众。

三、有利于观察采访对象的体态语言

肢体语言也是语言的重要组成部分，它可以表达出很多语言表达不出来的东西。一般情况下，低头代表有抵触心理，跷二郎腿代表优越感较强，到处张望表示不耐烦。此时记者就需要根据新闻心理学所学到的相关知识，采取恰当的办法及时调整尴尬的局面，从而保证采访的效果。

四、有利于改进记者提问的方式方法

针对不同类型的被采访对象的类型，记者应该收放自如地切换不同的提问方式。主要的提问方法有如下几种：正问法、侧问法、反问法、隐问法和激将法。假如被采访者以积极的态度应对采访，就会使采访变得相对简单，记者只需要采用正问法直截了当地提问即可，但通常情况下，被采访者都会有抵触情绪，就需要记者结合书本上学到的知识以及自己在实践总结的经验采用相应的方法，尽可能达到预期的采访结果。

第四节 新闻心理学有利于控制采访对象的心理

采用适当的方法会比较容易地将被采访者的心理状态调到最佳水平，在心理状态好的情况下，高效顺利地完成采访就不会是一件难事。调控被采访者心理状态的方式主要有如下几个方面：

一是采访过程中深刻理解被采访人的态度，并且通过自己的行为表现出来，给对方做一个示范，这样就会使面对采访紧张的被采访者更加明确地表达出自己的态度。采访过程当中，记者要充分表现出自己的诚意，拉近与被采访者之间的距离，让采访过程变成朋友间的对话般自然。俗话说得好，“己所不欲，勿施于人”，如果记者自己本身的态度就比较恶劣，就不能责怪被采访者不尊重他们。因此，采访过程中记者必须放低自己的姿态，平易近人，让被采访者真情流露，这样才能够有机会来调控被采访者的行为。举一个例子，前一段时期党内整风运动盛行，记者下乡去采访一位退休多年的老干部，起初老干部还心存芥蒂，慢慢地在记者的真情打

动下老干部打消了内心的顾忌，和记者就党风问题做出了深刻的讨论，采访超出了预期的效果。

二是运用好那些约定俗成的符号，包括语言性的和非语言性的，这样就可以强化采访过程中被采访者的观点，消除一些无关行为的干扰。一般情况下，被采访人如果持有赞成的态度，就会面带微笑地表达出对其的赞美之情；如果持有的是不赞成的态度，就会面带厌恶地吐露出对其愤恨之情。无论是哪种情况下，记者都应该成功地引导他们，得到肯定后被采访者往往会更加充满信心地表达出自己独到的见解，从而增加新闻的多样性。

三是说服在采访过程中也经常用得到，一般情况下说服的目的就是要通过带有建议性的语言劝告被采访人从而改变他们对事件的看法。主要是通过两种方法实现，其中一种就是通过感情的流露，例如，我们要改变被访问者的某种不恰当的行为，通常采用动之以情的方法更为有效；如果我们的目的是让被访问者放弃其某些信仰时，就应该晓之以理。

四是情绪激励，也就是我们平时所说的激将法，运用心理学的知识对被采访人的情绪进行相应的刺激，合理地进行诱导诱导，从而得到理想的信息。想必上学期间老师都给同学们举过这个例子，意大利的著名记者法拉奇在进行越南和平问题的采访时，先是放了被采访者基辛格鸽子，随后又对其视而不见，完全看不出来其专业记者的素养，在采访过程中完全没有给予基辛格充分的尊重反而多次恶语攻击，在其伤口上撒盐。就是这小小的伎俩刺激到了基辛格，使得他真实地表达出了自己对越南问题的看法。

五是受访对象产生抵触心理的原因和解决方法

（1）抵触心理产生的原因。通常情况下，大多数的被采访者会对抵触接受采访，其原因有很多种，有人认为事不关己，无须掺和；随着信息传播的发展，大家的防范意识都有所提高，有人会对记者的意图产生怀疑，怕上当受骗；还有一部分人害怕因自己的言论损害了某些人的利益而丢掉工作或遭到迫害，等等。

（2）消除抵触心理的方法。笔者认为，最重要的一点是记者应该明确自己的身份，被采访者没有必须接受采访的义务，另外即使接受采访也没有必须回答记者提出的全部问题的义务，因此，对于肯于接受采访的人应该抱以感恩的态度。进行采访时首先要以诚恳的态度征求被采访者的意愿，若其不愿意接受采访，记者应该耐心地诱导，表明自己并没有恶意尝试说服其接受采访；若其抱着无所谓的态度，愿意接受采访但是态度是并不积极，记者应该通过他们的言语来揣摩他们的心思，顺着他们的话题像平时跟朋友讨论问题一样进行讨论，同时在不经意间问出自己事先想好的问题；若能明显地感觉到被采访者心存芥蒂，害怕因接受采访而受到伤害，记者应该耐心与其沟通，向其保证不会泄露采访者的任何资料，尝试让其消除内心的阴影。

第五节 科学合理地运用心理学进行新闻采访

一、采访之前，一个优秀的记者除了对被采访者的资料做足了解之外，还应该让自己做好心理准备。不但要把自己所掌握的新闻心理学知识应用到被采访者身上，更重要的是用到自己身上。采访作为记者的日常，每次采访都会遇到形形色色的不同层次的被采访对象，采访过程中必然会遇到各种各样的问题，若自身没有一个良好的心理状态，不能够应对突发情况随时将自己的心态调整到最佳，怎么会优秀地完成一次采访？

二、记者的任务是报道真实有效的新闻消息，因此，不能随意乱用自己所掌握的心理学知识。有些记者为了尽快完成采访任务，利用心理暗示诱导被采访者跟着自己的思路回答问题，将自己的思想强加给别人，这样的行为是不道德的，违反了新闻采访的规则。为了确保新闻的真实性，作为记者一定要用好自己手中的工具，把它用到必要的时刻。

第六节 新闻心理学应用方式

采访心理学，是以普通心理学为基础，根据新闻采访的特点，研究新闻采访过程中的读者、记者和采访对象的心理活动的科学。本文笔者联系自己的采写实践，作一些粗浅的探讨。

一、事前了解被采访者所属的群体心理

由于生活经历、职业需要、所处环境、知识水平、兴趣爱好等等不同，采访对象既有群体心理，又有个性心理。所谓群体心理，就是某些身份、处境、工作相同的人群的共同心理。例如，一般干部善于归纳分析，谈话较有条理，遇到矛盾和纠纷，较能冷静处置，演员、教师善于言谈，语言流畅，较为热情有耐心，科技人员、专家态度严谨认真，讲话讲究分寸；普通市民群众初次与记者见面容易拘谨腼腆，熟悉后一般能热情倾谈，等等。所谓个性心理，就是每个人特有的心理。任何个体都是从属于特定的群体，对采访对象心理的分析与处理应是多方面的。这种对不同群体的心理共性认识，可以帮助记者在较短的时间内与受访者在心理上接近，建立交流的基础，为进行成功的采访做好铺垫。

二、初次会面善用“首因效应”

进入采访阶段，记者的表现会给对采访对象的心理发生“首因效应”。“首因效应”，也称“最初效应”，是人们交往中的第一印象，指“在人们交往中，这种比较重视前面的信息，据此对别人下判断，而在最初（原始）的印象形成之后，他对后来的信息就较不重视的现象。”记者能否在最初的几分钟内以自身形象获取采访对象的信任是十分重要的。良好的第一印象有助于双方建立和谐融洽的关系，有助于采访活动的顺利进行。除了天生的外貌之外，得体的着装、和蔼的态度可以使对方对你产生好感。接下来很重要的就是你内在的东西，你的学识、气质、修养等，通过你的言谈举止，成为对方对你印象形成的重要因素。这种学识、气质、修养不是刻意打扮出来的，是要长期培养的，也是优秀记者应具备的素质。

要产生良好的“首因效应”。拉近与采访对象的心理距离十分重要。通过采访准备中对人物特点的把握，在采访开始时就对方感兴趣的或者双方有共同点的话题进行交谈。也就是说寻找接近点作为开场话题，有利于拉近彼此的距离，使采访顺利进行。

三、注意观察受访者的心理变化

交谈中，记者要对受访者的细微表情或者一举一动时刻关注，并能“察

言观色”，随机应变。在记者与受访者的采访交谈中，彼此的一些神态、表情、细微动作等，都是传递心理活动的信息。这种信息在心理学上称为非语言信息或“微表情”。

微表情，是心理学名词。人们通过做一些表情把内心感受表达给对方看，在人们做的不同表情之间，或是某个表情里，脸部会“泄露”出其他的信息。“微表情”最短可持续 1/25 秒，虽然一个下意识的表情可能只持续一瞬间，但很容易暴露情绪。

记者要对这些表情或者细微动作传递的信息有所了解，才能掌握采访的主动权，如受访者两手不自觉地不断搓动，表示他情绪比较紧张面对这样的情况，记者可以用说笑或者适当的肢体接触来降低其紧张程度。如果受访者在回答时下意识地瞟一眼记者手中的笔记本，表示他可能是没有自信，或者是对自己的回答没有把握，这时，记者可以肯定地点头或者用肯定的眼神来鼓励对方。

四、用情可更好更有利地沟通

“共情”指能设身处地体验他人的处境，在与他人交流时，能进入到对方的精神境界，体验对方的感受，并对对方的感情作出恰当的反应。

心理学上的“共情”法，要求记者全身心地聆听对方的表达，不仅听取其口语表达的内容，还包括观察非语言的行为，如动作、表情、声音语音语调，不仅如此，还需要有适当的反应，表示听了并且听懂了。这种倾听要全神贯注，不打断对方讲话，不作价值判断，努力体验对方的感受，并及时给予语言和非语言反馈，这样，可以使对方感到自己被接纳、被理解和被尊重，从而产生一种愉快感，有助于相互进一步深刻地理解和沟通。

一代名记者穆青被人尊称为“人民的记者”，许多人向他讨教采访的技巧，他总说：“有感情，没技巧。”穆青的采访许多时候就是通过与被采访者的“共情”来完成的。例如，他采访植树模范潘从正时，与他一起植树；他采访被打成“黑劳模”的任羊成时，未等任羊成讲完自己的故事，他早已泪水盈眶……这种对劳动人民深深的感情，不仅为他采访到许多真实感人的情况提供了可能，也使他与许多采访对象结下了深厚的友谊。

五、突发事件采访要注意运用心理学

突发事件通常会给人视觉上、精神上造成很大的冲击，因此记者在赶去采访时要首先做好一定的心理准备，掌握一些调整方法，使采访基本上应在一种平和又不失紧迫的心理状态下进行。另外，通常情况下，突发事件的当事人因精神受到强烈刺激，情绪不是很稳定，此时，一定要掌握好当事人的情绪特点和心境，才能与当事人更好地沟通，也才能设身处地地感受当事人的心理，提出能被对方接受的采访问题，使采访顺利进行。

媒体要放在首位的就是将人文关怀贯穿在整个采访活动中。采访时要依据当事人或当事人亲友的不同情况选择合适的采访时间、地点与方式，与此同时，还要结合受众的特点，选择与之相适应的采访方向，培养他们正面健康的心态，安抚其不稳定情绪。媒体既是社会的守望者又是社会舆论的导向者，身兼重任的记者在采访时必须站在人文关怀的立场，从人性化的视角出发，即使在报道灾难、危机和战争时也不能例外。

总之，在新闻采访中，记者要注意心理知识运用的技巧。这有利于顺利地完成采访任务。当然，对采访中心理学知识运用的技巧，具体更详尽的需要新闻工作者在实践中进一步揣摩，根据实际情况，运用新闻心理学原理，随机应变，才能使新闻采访工作取得好的效果。

六、有度使用新闻心理学

对于记者来说，心理学是一把“双刃剑”。在使用得当的情况下，会大幅度提高采访的效率，更加容易地得到准确真实的新闻信息；在使用不当的情况下，不但会伤害到被采访人，长此以往会使群众对采访产生怀疑，从而抗拒采访。因此，滥用心理学害人害己。要避免这些，首先，新闻工作者应该提高自身的道德素质，不能为了一己私利而影响整个行业的发展；其次，国家和政府应该制定相应的法律或者政策，约束新闻工作者滥用心理学、报道虚假新闻及破坏新闻秩序等行为。只有这样才能使心理学发挥它应有的作用，才能使我国的新闻工作更加高速有效地进行。

第八章 新闻标题

第一节 新闻标题的概念

新闻标题，是在新闻正文内容前面，对新闻内容加以概括或评价的简短文字，其字号大于正文，作用是划分、组织、揭示、评价新闻内容、吸引读者阅读。接不同的分类标准标可以分不同的种类，包括主题、引题、副题、插题、提要题、边题、尾题、栏目题和通栏题 9 种。

新闻标题既不同于公务文书的标题（它一般由责任者、事由和文种组成，如《某某单位关于加强安全生产管理工作的通知》），也不同于文艺作品的标题（它可以简约到一个字，如巴金的激流三部曲《家》《春》《秋》），它的种类较多，结构较复杂，而且还存在着内在的逻辑关系。因此，无论记者还是编辑要想制作一条准确、简约、传神的新闻标题，非得花费一番心思不可。邓拓同志生前曾诙谐地说过："谁要给我想出一个好标题，我给他磕三个响头"，可见，研究和探索新闻标题的制作对于作者和编辑多么重要。

第二节 新闻标题的历史

一、新闻标题的含义

通常位于新闻正文之前的对新闻内容加以提示的简短的文字，而且字号一般要大于正文。

新闻标题根据表现方法与表现重点的差异，可分为实题和虚题两类。实题以叙事为主，着重表现具体人物、动作和事件；虚题以说理为主，着重说明原则、道理和愿望等。实题可以单独使用。凡写实题已能使读者明白新闻的含义，编辑就无须再作虚题。标题如果采用虚题，必须与实题相配全，否则，只有虚题，标题不全，读者就无法理解新闻的具体内容。

二、新闻标题的产生与发展进程

（一）类题始于清代是新闻标题的胚胎阶段。

（二）单行题即采用一文一题的编辑方法，大约出现于19世纪70年代。国内最早采用这种标题的是《上海新报》。《上海新报》是鸦片战争以后，外国人在上海办的第一张中文报纸。

三、现代标题的出现与发展

现代标题出现于20世纪初期。主要表现为：

一是标题的版面排列形式发生变化，标题的字号增大了；

二是多行题的出现；

三是标题确定性增强了；

四是标题评价新闻内容。

第三节 新闻标题的结构

新闻标题按其结构来分，有单一式和复合式两种。单一式标题只有主题而无辅题，主题可以是一行题或两行题（又称双主题）。复合式题有主题和辅题，辅题包括引题和副题。引题又名肩题；副题又名子题。在标题中，可以同时具有引题和副题，也可以只有其中的一种。

一、主题、辅题、引题、副题的含义

从内容来说，主题说明新闻中最重要的事实和思想，是标题中最主要的部分。从结构来说，主题是标题中最主要的部分，是标题的枢纽，引题和副题都是直接与主题发生关系的。

引题是位于主题之前的辅题，主要作用是引出主题。引题文字宜简洁，最好不要超过一行，否则，喧宾夺主，不利于主题的突出。

副题位于主题之后，主题不能完全包括要表述的重要内容，往往由副

题来承担。副题主要起补充和解释主题的作用。

辅题包括引题和副题。引题又名肩题、眉题、上辅题；副题又名子题、下辅题。在复合式标题中，可以同时具有引题和副题，也可以只有其中的一种。

二、主题与辅题的关系

从内容来说，主题说明新闻中最重要的事实和思想，是标题中最主要的部分。从结构来说，主题是标题中最主要的部分，是标题的枢纽，引题和副题都是直接与主题发生关系的。

引题引出主题，可以有多种方式。最常见的是，通过交代和说明相关的背景、意义、目的、原因、结果以及具体事实等引出主题。

副题对主题起补充和解释的作用。主要分两类：第一类是主题不写事实，只提出一个论断或疑问，标题要提示的新闻事实，全部写在副题中。第二类是主题已经承担部分叙事任务，副题则补充交代其他事实。

三、安排标题结构应注意的问题

（一）必须正确体现辅题与主题之间的逻辑关系。主辅题之间存在在着一定的逻辑关系，如因果关系，目的与手段的关系等。制作标题时要注意把这种逻辑关系正确清楚地表现出来。

（二）主题的分行要自然，便于阅读。

第四节 新闻标题的形式

新闻标题从结构上来分，有两种形式，即单式题和复式题。

一、单式题

单式题一般由一行式主题构成，也可以由双行式主题构成。

二、复式题

复式题一般由两个或两个以上新闻标题按一定的规律组合而成，常见的有四种题型：引题与主题的组合式、主题与副题的组合式、引题、主题与副题的组合式、引题、主题、副题与边题（或尾题）的组合式等。

新闻标题从内在的逻辑关系上来讲，引题说理，宜虚不宜实；主题叙事，宜实不宜虚；副题是对主题的解释、说明和阐述。

第五节 新闻标题的制作

一、题文一致

即新闻标题必须与新闻内容相一致。这种相一致包括两方面含义：

（一）标题所提示的事实，要与新闻内容一致。具体来说，其一，标题所写的事实应是新闻中本来就有的，不是虚构的。其二，标题可以从新闻中选择某一事实，但是这种选择不能不顾及事物全貌，不能歪曲整个新闻的基本事实。

（二）标题中的论断在新闻中要有充分依据。标题可以具体描述新闻事实，也可以对新闻中的事实进行概括，作出论断，但所作概括和论断一定要有充足的新闻事实作为根据，而不能片面、夸张、拔高。

二、修辞运用

（一）比喻，是用现实生活中具体的、浅显的、熟知的事物来说明和描写那些抽象的、深奥的、生疏的内容。

（二）比拟，是把事物当作人来描写。

（三）借代，是改换名称，不直接把人或事物的名称说出来，而用一个跟它有密切名称或事物来代替。

（四）引用，就是把现成话如诗词佳句、成语、俗语等写入标题之中，用来叙事、抒情或议论。

（五）仿拟，是指模仿句子格调，创造一种意义相反或相近、相似的词句，以取得讽刺、幽默的修辞效果。

（六）对比，或称对照，是把两个相反相对的事物或一个事物的相反、相对的两方面放在一起加以叙述，突出标题中对比的内容，使其更为鲜明。

（七）对偶，即选用字数相等、词性相当、结构相同或相近的两个语句表达相关或相反的内容。

（八）排比，就是把三个或三个以上的结构相似的词句排在一起，表达同一性质、同一范围的内容，使整个标题铿锵有力，气势贯通。

（九）拈连，即用表现这一事物的词语拈来表现另一事物。

（十）反复，即把同一词语反复陈述，以突出内容，加强语气。

（十一）联珠，即把前一句末尾的词语作为后一句的开头。

（十二）双关，即用同一词语关顾两种不同的事物，产生言在此而意在彼的效果。

（十三）反语，即有意将反话正说，或将正话反说，具有幽默、风趣的特点，通常用于讽刺揭露。

（十四）设问，即在行文中故作无疑之问。有的作答，有的不作答。15 呼告—即撇开读者，直接对第三者说话。

（十五）呼告，即撇开读者，直接对第三者说话。

三、制作程序

一般都要经过读稿、命意、立言、修正四个步骤。

（一）读稿，即精心阅读稿件，这是制作标题的第一步。认真阅读导语及全文，提炼出最重要、最新鲜的内容。

（二）命意是对标题内容的酝酿与构思过程，目的是在通读原稿的基础上，把新闻中最具有新闻价值和社会意义的事实提炼出来。

（三）立言是在标题制作过程，把命意阶段已经确定的标题的内容和表现方式用适当的文字把它表达出来。标题立言要注意力求深入浅出，通俗易懂，生动引人。

（四）修整是制作新闻标题最后一个程序，也是必不可少的一个程序。只要时间允许，编辑应对标题进行仔细推敲。

四、制作要求

题文一致，突出精华，准确鲜明，言简意明，易读易懂，生动活泼。

（一）题文一致

即新闻标题必须与新闻内容相一致。这种相一致包括两方面含义：

1. 标题所提示的事实，要与新闻内容一致。

2. 标题中的论断在新闻中要有充分依据。

（二）突出精华

1. 将新闻中的精彩部分作为标题的写作内容。即将新闻中最具有新闻价值和社会意义的事实写在标题之中。

2. 将标题所写内容中的精彩部分放在主题之中。

（三）准确鲜明

新闻要准确地宣传马克思主义，宣传党的各项方针政策，所以新闻标题须切实做到表意要准确，表态要鲜明。表意准确：标题表意要准确；评价事实要准确；运用文字要准确。表态鲜明：即指标题报告事实有鲜明的倾向性，笔下带有感情。态度可分为肯定、否定和中立三种。实题表态主要是通过叙事中对事实和词语的选择以及表现方式的运用来表示。虚题表态则主要采用议论的方式来表现。

（四）言简意明

简洁明快的标题使读者一瞥就能了解其中的意思，被读者接受。要使标题简洁明快，应做到善于省略、锤炼语言、善于利用标题之间的关联性。

（五）生动活泼

标题要把新闻中的精华告诉读者，还应讲究生动性，以优美的形式吸引读者。

1. 巧用富有表现力的事物表现标题的内容，如比喻、比拟、借代。

2. 巧用诗词佳句或模仿句式格调表现标题内容，如引用，仿拟。

3. 利用词语、语句之间的各种联系，表现标题的内容，如对比、对偶、排比、拈边、反复、联珠。

4. 巧用词语的多重含义来表现新闻内容，如双关，反语。

5. 巧用提问和呼唤的方式表现标题内容，如设问，呼告。

要想纠正新闻标题制作中存在的问题，进而制作出简洁醒目的、能在“三步五秒”内吸引读者阅读下去的新闻标题，必须要大量阅读古典文学作品，增强自身的文学修养；要多读新闻业务书籍，从理论上明确各种新闻标题的确切含义；要注意浏览各类报纸，博采众长，为我所用；要勤于动笔善于用脑，努力在实践中学习，在实践中提高；还要解放思想，转变观念，牢固树立创新意识，不断培育创新精神。

俗话说“秧好半年禾，题好一半文”。一个好的标题，可以激起读者内心的波澜，拨动读者的心弦，磁石般吸引读者去读新闻，而且能够增强文章的可读性和艺术感染力。反过来说，一个不好的标题，也许会使一条极有价值的新闻从读者的眼皮底下溜过去。因此说，制作好的新闻标题不仅仅是编辑的职责，也是记者、通讯员的职责。让我们共同研究和探索新闻标题的制作技巧，为我们的报纸提供更多更好更能抓住读者心弦的新闻标题。

第六节 标题制作误区

从理论的角度来衡量，在新闻标题的制作方面常见问题也不少，大致可以归纳为五种类型。

一、位置颠倒型

是指新闻标题中的引题与主题的位置颠倒。例如，《省地矿局建设和谐队伍出实招（主题）以发展地矿经济为基础 以提高生活水平为目的（引题）》（见《甘肃地质矿产报》2006年1月4日第一版）；《省地矿局工作会议在兰州召开（主题）实现找矿重大突破 构建和谐地矿系统（引题）》（见《甘肃地质矿产报》2006年12月27日第一版）。以上两例，均为引题与主题位置互换，不符合复式标题的制作规律。

二、引题重复型

例如，《党政工齐心协力谋发展 人财物深化改革需做实（引题）某某某在邓家山铅锌矿地质灾害项目检查指导工作时强调（引题）全院干部职工要有忧患意识紧迫感（主题）》。此标题散见于通讯员、特约记者所来的稿件中，属于随意独创，任何报纸及新闻专业书籍中似乎并无这样的先例及相关介绍。

三、虚占其位型

指新闻标题中的引题虚占其位，没有发挥引题的说理作用。例如，《甘肃煤田地质局2005年（引题）新发现煤炭资源量2.2亿吨（主题）》（见《甘肃地质矿产报》2006年3月1日第一版）。此标题实际上只有主题，没有引题，如果将其做成单式题中的双行式主题反而更加贴切。

四、逻辑松散型

例如，《人勤春来早 政好岁时丰（引题）张掖市国土资源局积极布（部）署今年工作（主题）》（见《甘肃地质矿产报》2007年2月7日第三版）。引题与主题之间好像没有什么内在的逻辑关系，而且在导语中对引题也无任何阐述和解释，在标题中还出现了一个别字，有“部署”之说而无“布署”之说。

五、人云亦云型

是指新闻标题制作中的因循守旧，亦步亦趋，人云亦云。这种标题在报纸版面上屡见不鲜，如《病魔无情人有情》《群雁高飞头雁领》《于细微处见精神》《梅花香自苦寒来》，等等。俄国19世纪文学批判名家伯林斯基有句名言：“第一个用鲜花形容女人的是天才，第二个是蠢才”。我们在新闻标题的制作方面，为何不多来一点创新、创意，使之别出心裁、别开生面、别具一格呢？

第九章 新闻导语

第一节 新闻导语的概念

就是以简要的文句，突出最重要、最新鲜或最富有个性特点的事实，提示新闻要旨，吸引读者阅读全文的消息的开头部分。

第二节 新闻导语的历史

晋代陆机曾说“立片言以居要”，明代的谢榛也谈到“凡起句当如爆竹”。

作为新闻的开头，导语具有非常重要的地位。人们历来都重视导语写作。美国哥伦比亚大学新闻系教授麦尔文·曼切尔“用一半甚至更多时间琢磨导语”，他认为“写好导语等于写好了消息”。英国新闻学家赫伯特·里德甚至强调：“导语是新闻的生命所在。”（摘自《应用写作》2006年第6期《浅谈新闻导语中的动词巧用》）

一般说来，以凝炼的文句提示新闻要旨、吸引受众的第一段或第一句话就是导语。但也有复合导语，即两个或两个以上自然段落合成的导语的变种。

新闻消息的导语就像一个故事的开头，有趣、生动、形象、丰满就令人不能释手，就能吸引受众。所以我们写导语时，可以充分运用不同的表现手法———比喻、拟人、白描等，使导语更加好懂、好记，从而使受众在对导语产生兴趣的基础上，接受新闻信息

第三节 新闻导语的分类

新闻导语按照其表现形式，大体可分为硬式导语、软式导语、复合导语等几种，由于其表现形式不同，因而在写作上所运用的手法也就不同。

一、硬式导语

所谓“硬式导语”，是指那些“六要素”导语、归纳式导语等比较规范直观的导语，它常被用在动态消息，政策性强、内容单一的短消息以及突发事件等新闻当中。如：

新华社驻美国记者任毓骏王如君报道：2001年9月11日上午9时48分，一架飞机撞到了纽约世界贸易中心大楼，飞机把大楼撞了个大洞，在大约距地面20层的地方冒出滚滚浓烟。就在楼内人员惊惶失措之际，18分钟后，又有一架飞机撞上了世贸大楼，这架飞机是从大楼的一侧撞入，由另一侧穿出，并引起巨大爆炸。

这一类导语开门见山，一语中的，把最重要的信息首先传递给受众，满足受众渴望获得信息的需要，是最常用的导语表现形式。硬式导语在写作手法上突出写实，用词凝炼、笔法简约，很少运用感情色彩强烈的词句。

硬式导语曾被前人奉为新闻导语写作的典范，然而由于它的局限性，容易使文章听来呆板、苍白，陷入“千篇一律”的格式里，因此，软式导语也就应运而生了。

二、软式导语

其实是与硬式导语相对而言的，由于它形式多样、写作手法灵活而被新闻工作者广泛使用。

软式导语常以描写式、反问式、仿写式、悬念式、隐喻式、引语式、背景式等表现形式出现，其中以描写、抒情、说明手法最为常见。

描写型的软式导语多用一些散文的笔法，导语的结构松散，构思巧妙，或以写景、或以写人、或以一个故事为开头，它不是对全部新闻事实的概括，而是找出富于吸引力的一点，将读者注意力集中，用几个轻松的段落组织一个富有戏剧性的开头。

如《纽约时报》的理查德. 塞弗罗采写的有关去纽约市后失踪的几千名妇女中的一名妇女的故事的报道，他以小故事为导语开始他杰出的报道：

这毕竟是乔安妮. 巴肖德不快活的半年中最快乐的一天：在她二十四年的生活里，她的家人从未见她这样高兴过。九月二日，乔安妮在纽约市的贝勒弗尔医院的某个地方的公共电话亭打电话时宣布说："昨天我生了个女孩。"她的妹妹巴巴拉在俄亥俄州柯特兰的巴肖德住处接到这个电话时大吃一惊。全家人谁也不知道乔安妮已怀孕，甚至连她住在哪儿都不知道。

打电话的四天后，这个婴儿就死了。婴儿是在乔安妮称之为家的东哈莱姆贫民窟里被乔安妮宠爱的、唯一的伴侣———一条饥饿的德国牧羊狗咬死吃了……

这类导语的特点是欲扬先抑，使读者一开始就感受到某种强烈的气氛，产生如临其境的现场感，或是作者所预期的某种情绪效应。

软式导语与硬式导语比较而言，硬式导语开门见山，而软式导语则更加含蓄，表达方式更为曲折委婉，多用藏头露尾的方式。

三、复合式导语

就是将硬式导语的准确性、客观性、快捷性与软式导语的可读性、可视性、可听性、感人性等特点进行有机结合的一种导语。比较流行的"流线型"导语就属于复合导语的一种表现形式。

写好新闻导语是创作新闻体裁稿件的基础。那么在开始导语写作前该如何展开工作思路？美国明尼苏达大学教授丹尼斯说："好的导语可以简短而明快，可以细细道来，将读者徐徐引入正文，也可以热火朝天、气势如虹。导语可以产生悬念，也可以蓄力而发，导语应当适应稿件的特殊需要。它之所以重要，不仅因为可以传达信息，而且可以为稿件确定情绪与基调。"因而导语在其写作手法上应灵活多样，切忌陷入程式化、公式化的框框，使一些套话、空话、老话充塞其间。浏览国内外的优秀新闻作品，大多都有一个形象、生动、有血有肉的导语，这些导语或抒情、或描写、或政论，其灵活多变的笔调紧紧抓住读者，使受众欲罢不能。

第四节 如何写好新闻导语

“立片言以居要”，新闻人历来重视导语写作。虽说“文无定法”，但新闻导语终究有一定的结构形式，导语写作也有一定的规律可循，重要的一条就是“开门见山”，把最重要、最新鲜的事实放在最前头。在新闻稿件中，导语可以说是灵魂，一篇稿件中最重要、最吸引人的内容必须包含其中。导语虽然只有一两句话，几十个字，但是要概括一篇新闻中最重要的信息，使人看到导语就可以了解整篇稿件的要点。俗话说“万事开头难”，导语看似简单，写起来却并不容易。

新闻导语写得好坏，最重要的是看对读者的吸引力如何，能不能让读者过目难忘，像钓鱼钩上的诱饵吸引鱼儿那样吸引读者非一口气读完文章不可。

一、导语要先声夺人，构思巧妙

明末清初戏曲和小说家李渔在《闲情偶寄》中写道：“在开卷之初，当以奇句夺目，使人一见而惊，不敢弃去。”俄国作家托尔斯泰也说过：“成功的教学所需要的不是强制，而是激发学生的兴趣。”推而广之，新闻报道亦如此。一个精彩的导语，不仅能吸引读者的眼球，而且会先声夺人激发读者的阅读兴趣。也就是做到“未见其人，先闻其声”，短短一段文字就能够做到开门“闻声”，以“声”引人。

新闻导语不是任意从新闻中选取一段文字安置在新闻开端就可以了，而必须截取新闻中最能激发读者阅读兴趣的那部分。新闻导语可能由几十个字所组成，前十几个字必须能吸引读者读下去。如果导语前十几个字不能激起读者的阅读激情，那这则导语就失败了。新闻导语与新闻主体必须有效衔接，要衔接得合理、得体、顺畅，而不可生硬、难读、不顺当。新闻导语要讲究技巧，特别是导语与标题不要重复。

二、导语要突出精华，抓住重点

写作导语时需要审慎衡量报道的事实，准确判断报道中的精华是什么，重点之处在哪里。初学消息写作的人，比较易犯的一个毛病就是“眉毛胡子一把抓”。对于新闻的何时、何地、何事、何人及如何等要素，要进行一番审慎衡量，突出真正令读者关心的重要事实，较完美地体现新闻价值，揭示新闻主题，并起到良好的导读作用。要做出正确的判断，需从报道的诸多内容中找到信息量最重、新鲜度最强、重要性最大的事实。

在新闻导语中应多采用主谓宾或主谓结构句式，进而力求句子清晰简练，便于读者阅读与理解。选择要素时应掌握一定的技巧，虽然导语中离不开新闻五要素的良好辅助，但不应面面俱到。利用过多篇幅交代新闻要素，这样反而会模糊新闻事实，无法突出重点。应通过有效精心的选择，利用简练语句，明确交代读者想知道以及感兴趣的新闻细节，这样新闻导语方能更加吸引人，更为具体。

三、导语要简洁明了，活中见奇

由于新闻消息一般只有几百字，顶多是“千字文”，所以，导语要力求简洁凝练，不拖泥带水。导语要打破单一化、程式化的模式，向多样化、形象化、生动化发展。消息的导语就像一个故事的开头，有趣、生动、形象、丰满，就会令人爱不释手，就能吸引读者。

好的新闻导语要做到“抢眼”，用最短的文字一语破的，无疑会起到开门见山、立竿见影的效果。这就需要删掉冗余信息，为导语“瘦身”，尽量减少导语字数，最长不宜超过100字。同时要做到“活”：尽量用短句、简单句，少用复合句，用生活化的语言加以表达，力避报告文体。一条动感十足、生动活泼的导语往往能抓住读者的目光，而一条刻板老套的导语则可能使读者失去继续阅读的兴趣。

一位外国记者说过：“你可以把马牵到水边，但你无法强迫它饮水。”同样的道理，只有在导语的创作上下工夫，才能像吸铁石一样，散发着无形的引力和魅力，自然而然地吸引读者的阅读兴趣。在当今信息传播量大、传播快的社会中，相当多读者在接受新闻时是随意性的、仓促的、浏览式的，如果导语不能像“风头”那样吸引读者，读者会马上转移注意力。尽管目前导语的写作方法有许多类型，但不管哪种类型，共同的特点都是以“最重要者最先”、“最新鲜者最先”、“最引人注目者最先”。

第五节 导语写作“四个必须”

新闻导语，就是在一条消息的开头，用最简明扼要的文字写出消息中最重要、最新鲜、最吸引人的事实或者反映出新闻事实中最重要的思想及意义，以便读者迅速了解主要内容，并吸引他们进一步读完全篇。新闻导语是消息这一新闻体裁特有的概念，也是消息区别于其他文体的又一重要特征。笔者认为新闻导语写作必须做到“四个必须”。

一、导语里的事实必须是最重要、最新鲜

新闻事实是有重要性的等次之分的，不能把一般化的过程、措施和泛泛而谈的经验体会写进导语里，以免把最重要的、实质性的内容掩盖了。事实的实质性内容往往最有特色、最受读者关注，也最有吸引力。只有最重要的，才是最有意义的；只有最新鲜的，才是最有吸引力的。

毛泽东同志在抗日战争和解放战争期间，为新华社写了许多闻名中外的新闻，在新闻导语写作上为我们树立了光辉的典范。《南京国民党反动政府宣告灭亡》这条著名消息的导语是：“在人民解放军百万大军攻击之下，千余里国民党长江防线全部崩溃，南京国民党反动卖国政府已于昨日宣告灭亡。”南京国民党政府的灭亡，无疑是解放战争中最重要的也是最新鲜的事实，不但全国人民关注，世界各国也关注。这一事实的重要程度是战役前后的其他任何事件不可比拟的，最振奋人心，最有意义。因此，将它写在最前面的导语里，是最吸引读者的。

不能要求将新闻的六要素全写进导语里，但可以根据每条新闻的特点，从六要素中选取一二个最重要最能激起人们阅读兴趣的要素，突出地写人新闻志语之中，其余的要素则分散到新闻的正文部分去交代。

请看这样一条新闻导语：“用假的案件数字来表明‘治安形势明显好转’的地方，不但不能得到表扬奖励，反而要被追究责任！广东省委副书记陈绍基严厉警告那些在案件数字上做文章的基层公安部门。”(2000 年 9 月 12

日《羊城晚报》）这条导语很别致，很富吸引力，但它只交代了“人物”和“事件”两个要素，而将通常放在导语中的“时间”要素放到了第二段才交待，何也？事实的重要性之故也。不成功的导语则让人不知所云，如坠五里烟雾。请看这样的长新闻导语：“最近，泉州市文管会在开元寺殿前左边宋代方形石塔下发现一座五代石经幢，这座石经幢建于南唐保大 4 年（公元 946 年）3 月 18 日，经幢用坚细太湖石刻制，雕工精致，主体是八角形，直径四十六厘米，高一米二十八厘米，各边长为二十厘米，顶盖及基座都雕刻形态优美的飞天和其他图案，石刻文字基本完整，字迹清晰可辨，是泉州地区目前发现的年代较早，文字保存又最完整的一座石经幢。”这条新闻导语竟有 163 字，作者把不必要的背景、数字以及繁冗的描写不加选择地塞进导语里，不但使读者喘不过气来，理不清头绪，而且使最主要的事实掩盖在一般化的烦琐的事实之中，让读者不得要领，莫名其妙。

二、导语必须简明扼要、短小精悍

新闻导语不能含糊不清，模棱两可，拖泥带水。导语给读者的印象一定要眉目清楚，一目了然，使读者“看得见”、“摸得着”。这就是说，导语必须简明而扼要，言简而意赅。只有这样，才能使导语写得具体、肯定、准确，才能使导语写得短小精炼、干净利落。

请看下面这条导语：“本报武汉专电　3 日下午，武汉市江岸区发生一起液氨泄漏事故，造成数十人不同程度受伤。(2000 年 9 月 5 日《湖南日报》)”这条导语只有一句话，31 个字，它把新闻事实中的时间、事件、结果三要素十分清楚地作了交待，没有一个多余的字眼，让人一目了然，明白无误。可谓简明扼要，言简意赅。为了达到这一要求，许多著名的通讯社都作出了具体规定，如美联社先是规定导语只能在 27 个字以内，后又规定了能超过 23 个字。

新华社对向外报道的导语规定，最好不超过 25 个英文字。这就要求导语写作中，要尽量用最简单的方法结构：主语———谓语———宾语或主语———谓语，尽量不用复合句、从句、公句等。

请看这样一条导语：“本报福州讯　日前，福州九星集团公司正式向福州市中级人民法院提出诉讼，对武汉市技术监督局在该公司与其他公司的专利侵权案中，向法院及国家专利局出具虚假文件，导致其巨额损事件，要求武汉技监督局在媒体上赔礼道歉，并赔偿500万元的经济损失。作为国家打假的监督行政机关，因涉及在专利侵权案中作证被推上被告席，为全国首例。”(2000年9月7日《羊城晚报》)这条导语，未含标点符号就长达147个字，几乎占了整条新闻的一半。读者在阅读之时，一下子难以弄清作者想要表达的意思。这样的导语，不能引导读者把握消息的主旨，完全丧失了导语的作用，称之为“瞎导语”是恰当不过的了。作者试图一口气把所有的事情都交待清楚，于是将本应放在正文中叙写的新闻背景、新闻的主要内容都硬塞了进来，反而适得其反，让人无所适从，让原本可以出彩的新闻失去了诱人的光彩。导语要尽可能地只突出一个方面，方能简明扼要，达到毛泽东同志所提出的“立片言以居要”的境界。简明扼要的导语是提炼、概括出来的。新闻中是不容许那些可有可无的字词存在的，导语是如此，累赘的语言必须走开。

三、导语必须生动活泼，引人入胜

导语要把读者的兴趣逗出来，就需要依靠新闻事件的重要性影响的广泛性、后果的严重性、地点的接近性及事情的特殊性、知识性、趣味性等。但是不是所有的新闻都具有这样的特性。如果新闻事实比较一般，怎样才能使导语写得生动活泼，引个入胜呢？这就需要选用形象的事实，用富于文采的语言来写导语。

请看下面一条导语：“克罗地亚主攻手芭芭拉从后排高高跃起，一记重扣打在中国女排自由人李艳的下巴上，李艳倒在地上半天没有起来。这一幕被悉尼奥运7号台当作花絮滚动播放着。”这也正是中国女排目前在世界排坛的真实写照。“二进宫”的主教练胡进执教下的中国女排惨败悉尼奥运，写得淋漓尽致，入木三分。何以如此？读者的胃口被吊了起来。在接下来的新闻正文中，记者才交待其原因———胡进教练“能力一般，魅力不够，战术思想没有形成特点。”

再看一条成功的导语：“今天下午，记者终开见到了陆蓓英。撩开门帘进来的，是一个身材瘦小的年轻妇女。她一头披耳短发，遮住了瘦削的脸庞，只有两只眼睛透出神采来。”(2000年7月8日《文汇报》)这条导语用“身材瘦小”，“瘦削的脸庞”，“只有两只眼睛透出神采来”，来描写被拐卖妇女陆蓓英的外在形象是最富有特色的，因而让人读之便欲罢不能。

其实，形象描写关非文学作品的专利，新闻导语的写作是完全可以“借用”的。毛泽东同志曾说过：“我看新华社的消息看第一句，第一句看不下去就不看了。”这既说明了导语的重要，更说明了必须生动活泼，引人入胜。只有这样，方能激起读者“探知”的欲望和好奇心，诱惑和吸引读者继续阅读下去。

四、导语必须创新，不能墨守陈规、死守教条

新闻导语的写作，经过一百多年的演变，已形成了一些新闻界公认的基本要求和规范。但我们在写作新闻时，不仅要有独特的角度，新鲜的内容，还必须注意表达方式上的刻意求新，力求写得和别人不一样。俗套的表达，往往会使本来具有新意的新闻事实明珠暗投，失去光泽，达不到应有的传播效果。因而要敢于创新、敢于别出心裁和标新立异。在导语写作上尤其如此，新闻导语讲究出语不凡，尤其是导语开头的那几个字，一语定意，对于整个新闻导语，乃至整篇消息，影响巨大，不能等闲视之。

请看新华社著名记者郭春玲写的新闻《金山同志追悼会在京举行》的导语：“新华社 7 月 16 日电　鲜花、翠柏丛中，安放着中国共产党员金山同志的遗像。千余名群众今天默默走进首都剧场，悼念这位人民的艺术家。”导语构思奇特，打破了追悼会消息的传统格式。追悼会消息的导语，过去往往是“某月某日某人追悼会在某地召开”，几乎是千篇一律，刻板至极。这条导语则一反常规，一开始就把读者的视线引向“鲜花、翠柏丛中”，“金山同志的遗像”，让读者如临其境，感同身受，耳目一新。

下面是消息《墙外种菜墙内香》的导语：“本报讯　白生生的萝卜、红通通的辣椒、紫莹莹的茄子……近日，从龙山县八面乡运来的高山无公害反季节蔬菜，在长沙马王堆蔬菜批发交易市场上市，走进了星城的千家万户。”(2000 年 9 月 4 日《长沙晚报》) 这则导语采用了白描的手法，用简炼的语言，描写也新闻内容中最富有特色的事实，给读者以鲜明、深刻的印象，从而紧紧抓住读者的心，让人产生强烈的欲望。这就是创新。墨守陈规，死守教条，对导语写作是没有前途的。

必须不断探究，不断创新。散文式、白描式的导语，在优美的文字中，把重要的新闻的事实、记者的观点倾向等，都溶进去，逗起读者的阅读兴趣，让其按照作者的意图去理解新闻事实。当然，创新须在规范的基础上进行，特别是新闻记者队伍中的新朋友，首先是掌握规范，熟练之后方可去实践创新。

第六节 导语写作的“五要”与“四防”

导语的写作既要从新闻事实的实际情况出发，又要有创造性。写法因事而定，因人而定。但是无论采用什么写作方式，都必须照顾全篇的统一、完整、和谐。导语要突出观点，点明主题，力求生动，尽可能写得简要明确，使读者知其要领。总之，写新闻导语时，要尽可能做到“五要”与“四防”。

一、导语的五要：一是要事实新；二是要事实最重要；三是要有新闻根据；四是要简短扼要；五是要文字生动。

二、导语的四防：一是防公式化、概念化，不能用空洞的议论代替事实；二是防一开头就用很多的名、机构和衔称，一连串枯燥的数字，难懂的技术名词；三是防不分主次、轻重，把太多的事实塞进导语里；四是防一开始就写旧闻。

第十章 新闻背景、主体和结尾

第一节 背景的穿擦

一、新闻背景介绍

（一）什么是新闻背景

新闻背景指对新闻事件发生的历史、环境与原因所作的说明，新闻背景对受众更完整、更全面、更充分地认识新闻事实的本质，突出新闻事实的新闻价值发挥着不可替代的重要作用。

与一般新闻不同的是，深度报道对于新闻背景的重视与依赖更为突出。在写作中，除常用的用事实说话外，还要求有分析、有解释、有评论，说明来龙去脉，讲清原因结果，并能预示事物发展的趋势和方向。

通过对新闻报道中新闻背景的作用、类别进行阐释，根据新闻写作体裁的特点，对消息中新闻背景与深度报道文体中新闻背景进行比较，进而探讨深度报道中运用背景材料的要求和原则。新闻背景的作用

（二）新闻背景的作用

每个人都有不同的答案，我们也在写作中有意或无意地运用过新闻背景。笔者认为，写新闻时交代背景，目的在于帮助读者深刻理解新闻的内容和价值，起到衬托、深化新闻主题的作用。

因此，新闻背景是新闻报道的有机组成部分，是补充、反衬或烘托新闻事实和新闻主题的重要材料，对新闻报道起着不可或缺的作用，所以有人说，新闻背景是新闻中的“维生素”，是新闻写作的“敲门槌”。

在多数情况下，如果没有新闻背景，新闻就会差点“味”，主题不那么突出，内容不那么完善。

那么，新闻背景到底有哪些具体作用？有以下五种作用：

1. 说明新闻事件的起因。任何新闻事件的产生都有一定的原因和条件，因此，要交代清楚新闻事实，搞清新闻事实是如何发生、发展的，就必须说明原因和条件。

2. 帮助读者理解新闻事件的重要性。这一类新闻背景着眼于给新闻主题提供时间或空间的“旁证”材料，即让新闻事实及其意义向时间或空间方面延伸，使新闻事实更为充分，也帮助受众更全面、完整地理解新闻事实。

3. 突出新闻事件的新闻价值。在新闻写作中，我们往往遇到这种情况，若孤立地看一个新闻事实，它并没有较大的新闻价值，但是将它放在一定的背景中去，它的新闻价值便会陡升。例如，胜利日报的报道《特殊考验》，就是把物探施工放在全国都在确保上海世博会成功举办这个大背景下进行创作的。

4. 表明记者观点。巧妙地运用有关的背景材料，可以自然地流露记者的观点、政治倾向、思想感情。

5. 增强新闻报道的知识性和趣味性。随着知识经济的到来，读者的求知欲望愈发强烈，如果新闻能给受众提供更多的他们从未涉猎过的知识，受众就会对新闻发生更大的兴趣，乐于读下去，这是提高新闻可读性的重要一环。

二、背景材料要用得“巧”

任何新闻事件和社会问题都是在一定的环境和历史条件下产生的。与新闻人物及事件形成有机联系的一定的环境和历史条件就是新闻背景。新闻背景的含义双重，指向不一。简而言之，就是我们平时所说的新闻背景有广义和狭义之分。

狭义的新闻背景是仅就写作过程中直接涉及到的背景材料而言的。而广义的新闻背景涉及到新闻报道的全过程，包括：

（一）宏观上，即新闻事件发生、发展的广阔时代与社会背景。

（二）微观上，即与新闻事件、新闻人物直接有关的背景材料。有历史、地理、数字、知识、新闻人物和新闻事件等多方面背景。

在新闻报道的实践中，凡是一些好的深度报道，都成功地运用了新闻背景，对各种新闻事件和社会问题，进行纵横追踪，探索透析。例如，1999 年 1 月、2000 年 6 月和 2001 年 6 月胜利日报，2011 年 6 月中国石化报分别刊发的“思考九八”系列报道、“关注广利河”系列报道、“关注放心肉”系列报道和“胜利油田发现 50 年产油 10 亿吨”大型报道，就是综合运用多种新闻背景的范例。

在消息写作上，常常涉及到新闻背景的运用问题。新闻背景的运用，在某种程度上起到了解释新闻、阐明主题、表达观点等作用。比如，2002 年 5 月胜利日报刊发的“胜利人在塔里木”系列报道，就是运用时代背景的范例，通过对上个世纪 80 年代末，中国石油在“稳定东部、发展西部”的战略政策下，新疆、四川、中原、华北、大庆、胜利等 6 大油田钻井队伍进军塔里木市场的交代，使读者清楚地了解到胜利油田人置身于西部石油市场经受的严峻考验，它同塔里木石油市场按照国际石油公司模式运行的背景材料一道，深化了胜利油田人占领西部石油市场制高点的意义，为通篇报道增加了分量。

消息求“快”，目的在于在最短的时间内将最新鲜的事实公开传播出去，真实的、新鲜的事实是消息的核心，相对于事实而言，背景是从属的，只是对新闻的局部加以解释，一般对全文的主题不会产生决定性影响。

而深度报道以“深”为优势，它要求对新闻事件发生的前因后果进行解释、分析和预测，阐明事件的因果关系，预测事件的发展方向。因此，深度报道不仅仅像消息一样，需要新闻背景的介入以产生生动或全面的阅读效果，而且由于深度报道强调“意义”，对于新闻背景的重视与依赖，要远远超出消息。

三、新闻背景运用的原则

一般来说，记者首先应在宏观的新闻背景中把握新闻事件以及由此产生的各种问题的重要性，然后依据主题和实际需要综合运用多种背景材料，通过对不同形式、不同内容的背景材料的组合运用，将深度报道全方位、多角度、立体的特征彻底表现出来。具体讲，有以下几方面的要求：

（一）紧扣主题，不要脱离题意。应当明确这样一个概念，新闻报道运用背景材料，目的是为了更好地说明主题，表达主题，帮助读者理解新闻的主要事实和意义，而不是为交代背景而交代背景，更不能冲淡主题或冲击主题。因而在运用背景材料时，切不可游离主题，那些与新闻主题和主要事实没有关系或关系不大的背景材料，都应毫不可惜地删除。例如：运用历史背景时，不要一味地展开那些宏大的历史背景，上纲上线，而忽视想解释的对象。如果这样做，就会造成手段与目的的错位。

（二）简明扼要，不可喧宾夺主。在新闻报道中处于从属地位的背景材料，一般作为新闻的概述部分，应该言简意赅，抓住最能说明问题的实质性事实，寥寥数语，颇有分量地点明要害问题，而不能展开细写，以致造成主次不分，喧宾夺主。在有限的篇幅里，背景材料一多，势必会冲淡、影响主要新闻事实的连贯和展开。所以，背景材料一定要精选精写，决不可过多过长，真正做到“嫩绿枝头红一点，动人春色不需多”。

（三）联系自然，防止生硬脱节。文中运用的背景材料，务必要同新闻事实有本质的、内在的联系，或互相映衬，或互相对照，或互相依存，或互相制约，而且在表达时要自然、严密，有机结合，水乳交融，背景和事实完全融为一体，方能收到好的效果。切不可生搬硬套，牵强附会，故作姿态。另外，由于交代背景材料往往是一种插叙，叙述新闻事件的主线因而暂时中断，插叙过多也会由于主线中断太久而影响行文的畅达贯通，因而打乱了文章的节奏。因此，背景材料最好分散在事件叙述的过程中去交代，做到灵活穿插，避免材料堆积。

（四）区别对待，有的放矢。不同的报刊拥有不同的读者群，他们对事物的接受能力、关心程度、了解程度也各不相同，新闻背景的交代也应有的放矢，区别对待，这就要求我们研究读者对象，懂得读者心理，运用背景材料要有明确的目的性，注重回答大多数读者所关心的问题。比如，胜利油田各二级单位的新闻如在本单位报纸、电台上播发，因为读者一般都熟悉，就不一定写背景；但在胜利日报、胜利电视台上播用，有些需要写一点背景；倘若在面向全国的中央报刊、电台上播发，那就应当交代必要的背景。总而言之，要考虑到读者对象是否能看懂，对大多数读者不清楚、不理解的内容，就要利用背景材料加以说明或解释，尽量让外行人看得懂，内行人不厌烦。

总之，记者和通讯员应当充分认识到背景材料在新闻表达中的重要作用，要选取科学恰当的方法运用背景材料，使之为新闻报道的表达服务。只有把握好新闻背景，才能胸装全局，站得高、看得远、挖得深、跟得紧，才能洞察新闻事件在全局中的意义。

诚然，新闻背景材料的运用，没有也不应该有固定的模式。选择哪些东西做背景材料、以什么样的形式表达，完全取决于新闻主题的需要。也就是说，选择新闻背景，既要与主题有关，又要便于表达主题。因此，应在服从新闻主题的基础上，不拘一格、灵活机动地选择、布置背景材料。

第二节 主体的丰满

一、主体概念

主体是新闻的主要部分。它承接导语，阐述导语所揭示的主题，或回答导语中提出的问题，对新闻事实作具体的 叙述与展开。写主体要注意如下几点： 主干突出。新闻的主体是主干，典型材料要用在主干上。要去头绪，减枝蔓，与主题无关的要舍弃，次要材料要简略。 内容充实，回答导语中提出的问题，其内容必须具体、充实，这样才有说服力。导语提出什么问题，主体就要回答什么问题，这样才能紧扣中心，突出重点。结构严谨，层次分明。要恰当地划分段落，有条不紊地展开叙述。

安排层次有以下几种顺序：一是时间顺序，按事情的发生、发展、结束的先后顺序安排层次；二是逻辑顺序，就是根据事物的内在联系来安排层次；三是时间顺序 和逻辑顺序相结合，这样写严密而有条理，活泼而不紊乱。

二、新闻主体常见的结构形式

（一）倒金字塔结构

是最基本的报道形式。而且这种结构的适应性也非常广泛，平面媒体，广播电视，在线报道和新闻通稿基本都适用。最常出现的，是突发性新闻，在线新闻。

重要性递减－重要性之前我们讲过，每个人对重要性这个要素的判断都不一样，所以最终这个判断的权利还是在大家手中。在判断之前考虑如下问题可能会更科学有效：哪些信息会对读者造成最大的影响？导语提出了什么问题需要得到立刻回答？哪个支持性引语最强有力？

（二）华尔街日报型结构

这种结构的文章开篇使用软导语，将焦点放在一个人物，场景或事件上面。他的整体思路是什么呢？逻辑就是从特殊到一般。在开头选用特殊的人物和场景，这些场景都是受到核心段所阐释的问题影响最多的人或事物之一，都是跟新闻主题直接相关的、非常有代表性的人也好，场景也好。

所以说这种结构的开头第一部分应该是轶事式的描写式的或者叙事式的导语。紧接着的就应该是核心段。

然后是关于这个新闻事件的叙述，包括支持导语和核心段的各种材料。

接着是关于此事件的原因探查及评析。

文章的结尾通常会照应开头，可以使用导语中提到的人物的引语或故事，也可以使用文章前面提到过的某件事情的未来发展情况。

（三）沙漏型结构

跟倒金字塔结构非常相似，在报道的开头就给出最重要的硬新闻信息，然后按照时间顺序叙述其余的部分或全部报道。

并不是所有的新闻都适合采用沙漏型结构，因为有的同学可能会说，任何新闻事件的发生发展都是有时间线可以追溯的，为什么不可以都用沙漏型来写呢？通过这两个例子我们就能够看出，并不是所有新闻都适合用沙漏型来写，只有当一个新闻事件具备按照时间顺序叙述出来的戏剧性情节时，才可以用。

这种结构多被用于灾难性事件或者犯罪报道来重现新闻事件。

这种方法可以增加新闻的故事性，但是叙述的部分可能会重复提到开头的内容，所以相对于倒金字塔结构，沙漏型结构会更长一些。

（四）列举型结构

报道中有几个要点需要强调的时候。

（五）问答型结构

是一种平面和网络媒介报道的常用技巧，对新闻通稿而言也是一种非常有效的方式。

三、新闻写作主体写作方式的新表现

（一）静态报道转为动态报道

传统的新闻写作是单篇报道为主，一篇文章说明整个事件的来龙去脉，详细过程等等，这样往往会造成事件报道的不及时，读者在了解新闻事实的时候已经是隔天，网络新闻写作改变了这一情况，动态报道成为事件报道最快速最直观的方式。

传统的新闻写作，因为报道的版面有限，并且只能每天报道一篇，网络新闻完全不受这个限制，滚动的跟踪报道比单篇报道快得多，并且不受截稿时间影响，拿起笔一记本电脑甚至手机上网马上发报道。因为时间的限制，新闻应该是现在进行时的写作，所以网络新闻可以全面地跟踪报道，各个阶段不放松，那就是时滚动式的报道。

新闻网站将一篇新闻报道的的过程这样描述：

当事件发生开始的那一刻：马上发快讯

十多分钟之后：多条的跟踪报道，用滚动报道的方式发表快讯。

然后：补充相关的背景资料。

最后：合理开展对事件的评论。

事件进展的每一个环节都跟进地很快，报道及时。

这种写作手法，都是以快讯的手法，进行详细的跟踪报道，现发布即时消息，一旦有新的进展马上跟进报道，事件的每一步进展，都要在最快的时间马上发稿，事件的转折经过也要迅速公布于众，可以说在这样的情况下事件发布更快速了，事件的曝光率也更多了，少了过去的前思后想，例如一些比赛，在过去我们只能通过一篇详细的新闻了解赛事全过程，但是在互联网时代，每一局都可以发布一篇报道，滚动的报道满足了人们想要尽快了解新闻事实的需求。

如果的新闻能与事件发生同时发出，而且频率高且密度大，那就成为一个实时的滚动报道，一种直播的形式就出现在了文字当中。新华社报道，在 2000 年悉尼奥运会，中国队抵达悉尼的报告，在互联网上做了现场的直播。记者严格跟踪报道，中国代表团下飞机就有记者跟随，代表团进入奥运村也全程记者跟踪，这也是记者和代表团的互动，时刻把自己的消息告诉广大体育爱好者，让人们在阅读的一条条滚动新闻的时候就感觉身临其境，感觉就像在悉尼与中国队同行。

新浪网则对一些人们感兴趣的比赛，如中国女子曲棍球队，中国女子垒球队的机场赛事，都做了文字现场直播，其中中国女子垒球队对美国队的第一场比赛，持续了 14 局，一直打到晚上九点三十分，新浪网文字现场直播跟踪到底，并在比赛结束后，很快作出了完整夹叙夹议的全貌性报道。

在一场举重比赛中记者采用了滚动的报道，首先报道各个运动员的详细背景，当有运动员取得优秀成绩时马上写报道，对于本国运动员的成绩也是时刻跟进，基本一次挺举就发布一条消息。从晚上到早晨，因为举重比赛持续很长一段时间，多角度的网＿仁直播的方式运用，在任何时间报道实地考察报告和意见，一记者与运动员的父母，姐姐和他的队友通过电话保持联系，不断插入现场直播，创建一个类似以电视直播的方式报道。

因此，实时滚动的写作，新闻写作所需的内容将有后续报道，和良好的后续行动，用详细的报道和评论，以及其他方式报道新闻。这也给新闻写作主体提出了更高的要求。

（二）互动式写作

互联网的新闻传播在几年间突飞猛进地发展，尤其体现在全民参与，在微博时代，每个人的微博账号就是一个新闻写作平台，当你看到一则新闻，马上就可以将其转发并加以补充说明，这时候你和原创就成了一种互动的关系，你们相互补充、评论，甚至激烈地争执，这个过程其实都是在传播新闻，这就是一种互动式的写作，这使得新闻的内容更加完整，参与人数更多。

西方学者关于网上新闻写作的互动，提出了这样一些观点：他们认为网上新闻是一种与某个特定群体之间的对话，是一种关于可大可小话题的交流，因此新闻写作主体在写作新闻的时候，要选择一个相应的读者群，然后成为这个新闻话题的专家，你要力求提供给网民更多的相关新闻信息，甚至利用网络媒体本身具有的超大型新闻信息库，给读者提供无穷无尽的资源帮助。

因此，在互动式写作中，记者要始终保持与读者的交流，要有强烈的信息服务意识，如你要定期组织一些电脑聚会，在互动交流中了解读者的问题与需要，如你在撰写新闻时，需要从读者的需要或根据读者的喜好来撰写新闻。

可以这样说，互动式写作就需要新闻写作者做好把关和掌舵人。互联网上的信息数以亿计，再加上网络新闻写作主体的素质和水平参差不齐，读者在选择的过程中会有很大的困难，并且信息真假难辨，互动式的写作解决了这一问题，运用这一方式可以深入到读者的群体当中，并成为他们的发言人，经过修改和查找，整理出对于读者来说最有价值的信息，以供读者们交流。

在互动式的写作过程中对新闻写作主体提出了更高的要求，新闻写作主体的道德水平，写作技巧，都将是写作过程中的关键，所以迫切需要在这个时期努力提高写作主体各方面的素养。

四、新闻主体注意的问题

主体是消息的主要部分。它承接导语，阐述导语所揭示的主题，对消息事实作具体的叙述与展开。写主体要注意以下几点：

第一，主干突出。消息的主体是主干，典型材料要用在主干上。要去头绪，减枝蔓，与主题无关的要舍弃，次要材料要简略。

第二，内容突出。回答导语中提出的问题，其内容必须具体、充实，这样才有说服力。

第三，结构严谨。层次分明。要恰当地划分段落，有条不紊地展开叙述。安排层次有以下几种顺序：一是时间顺序。二是逻辑顺序。三是时间顺序和逻辑顺序相结合，这样写严密而有条理，活波而不紊乱。

第三节 结尾的点睛

新闻结尾，是新闻写作艺术中容易被人忽视的一个领域，实质上它是新闻 5 个重要组成部分之一，是新闻写作一书中必不可少的内容。

在新闻写作中，特别是在倒金字塔结构中，导语是最重要的部分。新闻界公认“导语是记者展示杰作的橱窗，读者和编辑以及新闻学教师都会自然地设想，如果记者未能在导语中表现出水平，那么他就是没有水平。”!

所以导语写作理所当然最受重视，耗费的心血也最多。但是，新闻结尾对于受众接受心理的影响并不亚于导语。美联社记者马利根对此深有体会：“一篇报道既要有好的导语，也要有一个有力的结尾。事实上，我常常在最后一段下的功夫比在第一段下的功夫大，因为我希望那真正动人的最后一行话将使编辑高抬贵手，不致砍杀我努力的整个成果……一条使人激动的引语、一件概括性的趣闻、一段将最后一次打动读者的情感，即引起读者悲伤或大笑的有趣材料，可以使一篇报道生辉。这样，这篇报道看起来就是一个统一体、一个完全的整体。”

“凤头、猪肚、豹尾”是元曲作家乔吉写作的六字箴言，陶宗仪把它解释为“起要美丽，中要浩荡，结要响亮”。其中，开头和结尾尤其值得讲究。文章起头起得好，才能抓住“眼球”；结尾收得好，才能有回味。所以，明代诗论家谢榛在《四溟诗话》中提出：“起句当如爆竹，骤响易彻；结句当如撞钟，清音有余。”

结尾被称为永恒的印象。对于许多写作者来说，结尾同报道的开头一样重要，遗憾的是，许多读者不会读到结尾，但是如果他们读了，就应该用一个值得怀念的结尾来回报他们。下面来介绍几种新闻的结尾方法。

一、循环式结尾

当你以一种绕圈子的方式返回导语以求获取一个想法用来结尾时，你就已经在使用循环结尾方法了。

二、用引语结尾

特定报道和硬新闻最普遍的结尾样式是引语结尾。

三、用未来行动结尾

许多报道以一个事件的下一步发展情况来结尾。但是只有在报道本身具备未来元素时这种技巧才有效。

四、用高潮结尾

这种类型的结尾出现在类似小说写作手法的报道中，读者把悬念一直带到结尾。

五、用悬念结尾

悬念在谈到神秘的中间部分那一节时已有过描述。但是悬念技巧更普遍地用于结尾，尤其经常用在连载的系列报道中，这一技巧也能用在分节式报道中，每小节的结尾都设置一个悬念，这样就迫使读者继续阅读下去。

六、用事实结尾

这些事实是强有力的事实陈述，它们有时可取代导语，它们是总结了报道基调、口吻或总体特征的陈述。它们比引语结尾更难写，但是如果处理得好，它们会给读者以强有力的震撼，它们才是真正的结尾。

七、燃气用完式结尾

你可能总是在你没话可说时结尾，这个方法适合于硬新闻报道，尤其是使用概括式导语和按重要程度降序排列支持要点的报道，结尾可以是一句引语、未来行动或报道中的其他事实。

一篇好的报道在形式上应当是具有对称美的。如果说新闻的导语是“凤头”，那么结尾就必须是“豹尾”。我们既要在导语上呕心沥血，也要在结尾上殚精竭虑。无论如何，新闻不能狗尾续貂，要避免使人在结尾时失望。写好新闻结尾，不仅可以使新闻在形式上更为完美，而且可以画龙点睛，使新闻的主题得到进一步的深化和升华，引起读者回味与思索。

第十一章 引语写作

第一节 新闻话语中引语的结构及话语表现形式

新闻报道是一种对新闻事实的陈述，先有事实后有陈述。新闻报导的交际对象是广大的新闻受众，交际方式是报纸和网络，交际的目的是传播信息，满足受众获取信息的需要。而新闻相关人物的话语的交际对象往往是各类媒体的记者，交际场合是特定的采访场所，新闻人物的话语作为引语出现在新闻报道中时必然会发生语境的变化。新闻话语中引用语必须经过引导语才能进入新闻话语，因此，新闻话语中引语一般由引导语和引用语两部分来构成，引用语往往要通过引导语才能出现在新闻报道中。引导语的构成形式和引用语的引用方式对引语都有着直接的影响。

一、引导语的结构及完整性

引导语指的是叙事者对被引用者的言语行为进行描述的那句话。引用语往往要通过引导语才能进入新闻话语，才能实现其交际的目的，而引导语只有借助引用语才能存在，两者互相依附。在新闻的采写中，新闻人物的言语是不同于新闻报道的一次独立的言语行为。新闻报道和新闻人物的言语发生于不同的时间，新闻人物的话语一般发生于新闻报道之前，任何言语行为的产生都有着特定的说话人、说话时间、说话地点和说话的对象。引导语就是根据交际的需要对言语行为的要素加以介绍。

引导语的构成形式多种多样，根据引导语中是否含有引述动词，我们把引导语分为两类：带引述动词的和不带引述动词的。

二、引语的引用方式及还原性

引语的表述主要有两种方式，一种是直接引用原话，一种是转述。在新闻叙事中，对人物话语的表述主要有两种方式：一种是直接引用原话，一种是由叙事者转述人物的话语，也就是我们传统语言学中所说的直接引语和间接引语。作为新闻话语中一个重要的构成要素，人物话语的表述方式对于新闻话语的建构是极为重要的。所谓直接引语，是指叙述者选择人物的某些话语基本不加删改地直接引用，在外部形态上用双引号加以确认。这种方式一般来说能较真实地还原讲话人的语义，真实可信，使受众在面对直接引语时有一种面对面的真实感，凭借受众原有的认知框架，加以联想，还原性较强，因此，直接引用在新闻叙事中也是备受新闻工作者推崇的一种引用方式。

三、引语中的指称和主观性

无论是在引导语中还是引语中，人物指称的使用有很明显的特点。引语中涉人指称的使用情况与新闻话语的主观性有一定的关系。

四、引语的形态标记

在实际交际中，说话人为了帮助听话人更快地理解自己的意图，会运用一些手段来使话语更易被正确处理，促使听话人识别其交际意图，使双方交际得以成功，其中一个重要手段就是使用话语标记。一般情况下，在话语理解时，说话人必须有理由相信听话人可以即刻获取一定语境信息，产生正确的语境假设，能恰当地理解交际信息和发话者的意图。如果说话人认为听话人不能产生所期待的语境假设时，他会自然地使用话语标记手段，提供一些即刻可以理解的语境假设，从而引导听话人对该话语的正确理解。引语是新闻话语中一个特殊的结构元素，它和新闻话语的其他结构范畴既互相依存，又相对独立，在外在形式上有一定的标记形式，以显示自己独特的身份。

五、引语在新闻语篇中的位置变化

（一）引导语的位置变化，引导语的位置是相对于引语而言的，它具有很大的灵活性。归纳起来，在新闻话语中一般有三种情况：

1. 引述语位于引用语之前，是引导语最常见的位置。

2. 引导语处于引语后面，在这个例子中，如果没有引导语，引语的内容就难以理解，引导语在这里起了一个阐释、补充的作用。

3. 引导语处于引语中间，引导语放在引用语的中间，使得引用语有了层次性，显示语言表达的变化。

（二）引语在新闻话语中的位置的选择

引语既然是新闻事实的一个组成部分，那么，在新闻的叙事结构中，引语的位置也是非常重要的，和其他的新闻事实一样，引语可以放在新闻叙事结构的任何一个位置：标题、导语、正文、背景等。不同的位置的确定显示了作者对新闻事实的不同看法，不同的位置会产生不同的表达效果。可以说不同的位置的选择是一种叙事策略，也是一种修辞技巧，是由作者的认知状态决定的。

第二节 对新闻引语的认识

根据心理学研究，人的视觉、听觉能够把接收到的外界信息划分为两部分，一部分作为背景信息加以淡化或舍弃，一部分作为注意的焦点信息突出、保留。背景信息是所有帮助受话人理解新信息和焦点信息的统称，包含两部分，一是内部显性背景信息，指句子内部用明确语言形式表现出来的，发话人假定受话人能了解的信息；外部隐性背景信息指句子内部没有明确的语言形式，但说话人认为受话人根据语境可以了解的信息"。

认知学的注意观认为，我们用语言所表达的实际上只反映了事件中引起我们注意的那一部分。焦点信息是一个语言结构的语义重心所在。受到人脑认知结构的制约，言语信息在一定时间空间的布局中，只能凸显一个信息点，信息单元。因而，交际中一次也只能凸显有限的信息元，将信息链中的某一点、某一部分作为焦点信息。在新闻话语中对新闻事件的叙述有着不同于一般叙事的特点，其叙述不是按照事件发生的时间顺序来写，而是打破时间顺序，按照事件的重要性来安排，即核心内容在前，非核心内容在后，依据内容的重要性依次排列，通常称为倒金字塔结构。

第三节 新闻引语的作用

我国当代新闻研究领域普遍忽视对直接引语意义的研究，我国记者在新闻报道中也普遍忽视对直接引语的使用，而在西方新闻界，几乎到了没有直接引语便不成新闻的程度，西方新闻学者也普遍重视对直接引语问题的研究。直接引语是新闻的重要组成部分，意义重大，许多情况下必不可少。直接引语是新闻中用引号引起来的新闻中人物（包括新闻人物）说的话，直接引语要真实、准确、一字不差，完全忠实于新闻中人物的原话。

中西在使用直接引语方面的差距

我国记者在重视使用间接引语的同时，普遍忽视对直接引语的使用，尤其是对于重大时政新闻的报道，常通篇采用间接引语来报道某某领导人的重要讲话、重大会议以及外事会见活动，并且形成了几乎一成不变的报道模式。报纸读者对于僵化的报道（宣传）一定不陌生，在一些本可以故事化的新闻中却看不到人的影子，听不到人的声音。李希光教授就认为中国新闻文风的癌症是没有直接引语。

我们看看全国性大报《人民日报》《中国青年报》在2006年3月21—25日头版新闻中使用直接引语的情况。此外，笔者对2005年3月1—11日《纽约时报》头版新闻中使用直接引语的情况也作了调查，结果如下：

由此可见，我们的新闻从业人员在新闻报道使用直接引语方面与西方同行存在着巨大差距，这也成为我们的报纸新闻枯燥呆板、僵化生硬、可读性差、真实感弱、核心传播力式微的一大原因。

我国新闻缺乏直接引语的原因分析

刘其中教授在《诤语良言》一书中认为，“官员们（包括像天津外办负责人那样的官员）之所以不愿提供直接引语，不愿记者直接引述他们已经说过的话，主要原因是怕负责任，害怕他们的话带着引号见诸报端后，一旦有错而被上司追究。”依笔者愚见，我国的主流媒体普遍忽略直接引语甚至有意把直接引语改为间接引语，有着意识形态层面的深层原因，因为新闻的写作是新闻本质理解的最直接体现。我们的主流媒体过于强调新闻报道的宣传功能，强调指导性和组织性，更多地体现为一种话语强势、灌输姿态，总愿意消除新闻中的个性色彩，把新闻内容上升为一种带有普遍性不容质疑的“放之四海而皆准”的集体意识。于是乎，带有新闻中人物个性色彩的直接引语便被更改为乍看似乎更为“客观公正”“不露声色”的间接引语，久而久之，这种做法竟成为一种报道规范、宣传模式，结果在我们的报纸上很少能看到直接引语，并且越是重大新闻越是缺少直接引语。

直接引语在新闻中的作用

直接引语是新闻的重要组成部分，在新闻报道中到底有何重要作用？

一、增强新闻人情味、感染力

言为心声，在新闻中，直接引语最能传达出说话者的心情感受，感染读者。新闻中人物怎样说的，说了什么，有无隐含意思，恰当的直接引语完全能够表达出说话者的情感心态，即使这种情感比较复杂。可是，现在，随便翻开我国一份主流媒体报纸，便可发现越是重大的时政新闻，越是重要讲话，越是重要的外事报道，越是缺乏直接引语，越没有人情味、感染力。政治新闻难道就写不出人情味吗？请看《人民日报》1988 年 4 月 17 日报道邓小平会见菲律宾总统科·阿基诺的消息：

“欢迎你！你的两个女儿呢？”邓小平一见到阿基诺夫人，就亲切地问道。当姐妹俩走上前来时，邓小平慈爱地说：“可不可以叫我一声邓爷爷？”看到她们含羞点头答应，邓小平发出爽朗的笑声，说：“好，那我们就认亲了！”步入人民大会堂福建厅后，邓小平特地同阿基诺夫人和她的两个女儿照了张合影。姐妹俩兴奋地说：“谢谢爷爷！”

中菲两位领导人的会见，就是在这种亲如家人的气氛中开始的。

……

会见过程中，邓小平拿起一支烟，对阿基诺夫人说：“我能抽烟吗？”阿基诺夫人含笑回答：“我不能对您说不可以抽，因为我不是这个国家的领导人。”“但是在菲律宾，我们内阁开会是不允许吸烟的。”

听到这番话，邓小平笑着向客人们透露：“这次开七届人大会议时我违反了一个规则。我习惯性地拿起一支烟来，结果就有一个代表递条子提出批评，我只好马上接受。”

他的话引起了满场的笑声。

……

相比“某日，某某在某地会见来访的某某，双方展开友好交谈。某某说，某某指出，某某强调，此外某某也指出。某某、某某等出席了会见”的外事宣传模式，上面的新闻报道怎能不吸引读者？

二、增强新闻真实性、现场感

哥伦比亚大学新闻学院的梅尔文·门彻（旧译：麦尔文·曼切尔）教授认为：“报道新闻应该进行‘展示’而非‘陈述’的定律就是：必须把直接引语写入新闻的重要部分。……此外，它还是一种帮助记者做到真实报道的手段，能使读者直接感受到新闻事件是否真实。总之，如果新闻中使用了直接引语，读者就可以这样推断：既然新闻事件的参与者在直接说话，那么这件事必定真实无疑。”

三、展示人物个性色彩

路透社曾有篇报道前南斯拉夫总统斯洛鲍丹·米洛舍维奇在海牙国际法庭受审的新闻，其中有一部分是这样写的

米洛舍维奇说：“就请您按照您接到的指示宣读判词吧，您不必让我把一份用 7 岁孩子的智力写成的判决从头听到尾。”

这位 60 岁的前南被黜总统还说：“请允许我自我纠正一下：那个 7 岁孩子是个 7 岁弱智孩子。”

四、深化新闻主旨

有经验的记者在报道新闻时，往往引用一两句直接引语来回答读者强烈欲知而未知的事情原委和展示人的心路历程、情感，来弥补陈述事实的不足。记者能通过深入采访，用直接引语来阐释当事人的一些内心想法和行为背后的深层原因。重要、著名人物说的重要著名的话必须用直接引语凸显，这样不仅增强新闻报道的权威性，还能给读者留下深刻的印象和无尽的思考空间。阿姆斯特朗（第一个登上月球的人）登上月球后说的话（报

纸用直接引语报道）：“这对一个人来说是走了一小步，但对人类来说是迈出了一大步”已成经典。“9·11”发生后3个月，布什总统在白宫发表讲话纪念遇难者，“每一个生命的消逝都熄灭了一个世界”的直接引语回荡在耳旁，发人深思。美国新闻学者弗莱德·费德勒在《报纸新闻写作》一书中说：“引语能为新闻增添深度和细节。你可以先扼要地陈述一个观点，然后引用有关人士的话予以具体说明。”一些记者在报道新闻尤其是突发性新闻的过程中，往往引用一些专家或者当事人的话来直接点明新闻的主旨，如此，直接引语在保证客观报道的情况下又能起到画龙点睛的作用。

五、借口说话，涵化立场

在新闻中，媒体利用直接引语可以表达出希望表达但又不便直接表达的立场和观点。列夫·托尔斯泰在形容其名著《战争与和平》的力量时，他说：“我不讲述，我不解释，我只是展现，让我的角色替我说话。”海湾战争爆发后，美联社作出报道，其中有两句雷·戴维斯上校的直接引语：“这是一段正在谱写中的历史”和“我们已经在这里等了5个月，现在我们终于能做派我们来做的事情了”。这两句直接引语不仅说出了战争的意义，而且表达了美军官兵的喜悦心情。

六、活泼版面，美化新闻

恰当使用直接引语能够美化新闻的篇章结构，在一大堆黑压压的陈述文字中穿插几句直接引语或对话能使新闻错落有致、活泼多姿，适当缓解读者的阅读压力，提高新闻的传播效果。直接引语能改变新闻的节奏和韵律，使板着的面孔骤然“多云转晴”。在内容方面，个性化的群众语言闪烁着或智慧或幽默的光芒，能使新闻事件更具戏剧化色彩，极大丰富新闻内涵。新闻老前辈穆青曾说：“我们的新闻报道如果充满了群众生动活泼的语言，文章就像加了味精一样，立即透出美味来。”人民群众是历史的创造者，自然也是语言的创造者，新闻中大量引用群众的带有生活气息的活泼语言不仅可以彻底改变新闻的八股文风，而且有利于汉语言的创新发展。活泼、睿智、幽默、生动语言的巧妙使用增强了新闻的动感、美感，使报道读起来齿颊留香。“把报道和引言的关系想成巧克力小甜饼或许有帮助：面饼是给予报道躯体的信息和转述，而引言则是你的采访对象的观点、深入看法、幽默或伤感所形成的美味的巧克力粒儿，星星点点散布在各处。”

第十二章 消息写作

第一节 消息概论

一、消息的含义和特点

（一）消息的含义

消息常被人们称为新闻，或者狭义的新闻。它是报纸、广播、电视新闻中使用得最广泛的一种新闻体裁。消息的具体特点不一，因此可分为不同的种类。

消息通常被人们称为新闻。“新闻”一词有广义和狭义之分。广义的新闻是指各种新闻体裁的总称，包括消息、通讯、特写、调查报告等，狭义的“新闻”指的是消息。我们这里所讲的消息，指的就是狭义新闻。

消息是报纸、广播、电视中最广泛、最经常使用的新闻体裁，它是报纸的主角，是新闻报道数量最大、最常见的新闻形式，据统计，美联社、合众社每天发稿300多万字，其中三分之二是消息。新消息的定义是：用简洁明快的语言及时报道新近发生发现的有价值的实事的一种新闻文体。

（二）消息的特点

消息，也叫新闻。新闻这一概念有狭义和广义之分。狭义的单指消息；广义的指消息、通讯、报告文学、特写、评论，等等。消息是用概括的叙述方式，比较简明扼要的文字，迅速及时地报道国内外新近发生的、有价值的、群众最关心的事实。

消息特点：

1. 内容真实，事实准确。真实是消息的生命，是力量的所在。事实是它的本源，也是它令人信服的基础。真实，就是事实真实，所写的人物、时间、地点、事情发生发展的经过不能虚构。准确，就是每个事实，包括细节在内都准确无误。如果一条消息失真或有差误，不仅会减低其新闻价值，失信于民，而且还会损害党和人民的事业。

2. 内容新鲜，有价值。新闻贵在新，而且有认识意义、启迪和指导意义。消息只有新，才能引起读者的注意，先睹为快。新，不仅要把新人物、新事件、新经验报道给读者。而且要选择有意义、有价值，给人以启迪，有指导性的事物。那种一味追求猎奇的“狗咬人不是新闻，人咬狗才是新闻”的观点，是我们所不取的。

3. 要迅速及时，有时效性。迅速是消息的价值，消息报道速度迟缓便会降低消息的价值，“新闻”变成了“旧闻”。时效，就是速度要快，内容要新。对新人、新事、新情况、新问题，要敏锐地发现，尽快地了解，迅速及时地反映。

4. 简明扼要，篇幅短小。简短是消息区别于其他文体的主要标志。所谓简短，就是“三言两语，记清事实，寥寥数笔，显出精神，概括而不流于抽象，简短而不陷于疏漏”，用笔要简洁利落，内容集中精练。

二、消息的种类

（一）动态消息

动态消息是迅速而准确地报道新近发生的国际、国内重大事件、重要的活动和各项建设中最新出现的新情况、新动态、新成就、新问题的一种文体。它是报纸上使用最多的一类。

重大新闻的简讯都属于动态消息。重大新闻，指事件重大，其意义深远，报道时在报纸上占显著位置的消息。例如，《我国多种应用卫星齐头发》（《光明日报》）1993 年 5 月 13 日）。简讯内容第一，篇幅简短。例如，“国际要闻简报”“学术动态”“市场漫步”等。

（二）典型消息

典型消息也叫经验消息，它是对一些具体部门、单位、行业的典型经验、成功做法集中报道的一种文体。这种消息是在介绍经验、做法之后，总结经验，揭示规律，以达到以点带面，推动工作的目的。例如，《一切依靠群众自己的创造——首钢十年改革的一条基本经验》（《人民日报》，1988 年 12 月 26 日）。

（三）综合消息

综合消息是把发生在不同地点、不同单位、各具特色、性质相同的事实综合在一起，并体现一个主题的报道。它的特点是在综合、概括事实的基础上，进行分析，提出见解，揭示规律。例如，《滥砍树木南亚三国水灾仍频，亡羊补牢印北方帮助员植树》（《光明日报》，1993 年 7 月 25 日）。

（四）述评消息

又称“记者述评”“新闻述评”，是一种兼有消息与评论作用的新闻。它是在陈述事实的基础上，穿插评论或抒发感慨，从而分析说明所报道事实的本质和意义。它的特点是边叙边评，要求以国家的方针政策为依据，针对事实进行评说，要观点正确，评论得当。例如，《分清主流与支流，莫把“开头”当“过头”》（《辽宁日报》，1979 年 5 月）。

三、消息的写法

（一）标题

消息的标题，分眉题（又称引题、肩题）、正题（又称主题、母题）和副题（又称辅题、子题）。出现在报刊上有如下几种情况：

1. 多行标题。多行标题，一般有三行，即中间一行是正题，是标题的核心，用来揭示主题或提示重要事实；正题上面一行是眉题，用来引出正题，说明事实，交代背景，烘托气氛，揭示含义；正题的下面一行是副标题，用来补充说明情况或说明正题或依据。例如：

经贸部负责人发表谈话（眉题）

希望海峡两岸实现直接贸易（正题）

愿与台经贸主管部门接触协商解决双方贸易中问题副题）

其一，双行标题。出现正题和眉题。例如：

真正幸福要靠自己劳动去创造（眉题）

杜芸芸将十万元遗产献国家（正题）。

其二，出现正题和副题。例如：

成都电讯局花钱“买”批评（正题）

在报上登“公告”欢迎群众对通讯服务工作进行监督（副题）

2. 单行标题。单行标题只有正题。例如：

XXX 接受《朝日新闻》社长采访 消息的标题，力求言简意明，平易亲切，准确新颖，富有吸引力。采用哪种标题，要酌情而定。

（二）导语

消息的导语，就是消息的第一段或第一句话。它是由消息中最新鲜、最主要的事实或精辟的议论组成，以吸引读者。平常所说的消息的结构是“倒金字塔”式，原因就在于此。

导语常采用以下几种写法：

1. 叙述式。简明扼要地写出主要事实、经验，或对全篇事实材料进行综合概括，揭示主要内容。例如：“全国第一家由个体户与港商合资经营的企业——大连光彩实业（合资）有限公司，经国务院批准，1985 年 4 月 13 日正式开业。”这是《经济日报》1985 年 4 月 18 日发的消息导语。

2. 提问式。把消息中要解决的问题或要介绍的经验、做法以设问的形式提出，然后再用事实作答。例如“亲爱的读者，你知道灯芯绒可以做夏天穿的裙子吗？上海绒布厂新生产的许多灯芯绒中，就有这样新奇的品种”。（新华社 1980 年 7 月 16 日新闻稿）

3. 描写式。对富有特色的事实或有意义的一个侧面，用简练的笔墨进行形象描绘，给读者以鲜明的印象。例如“一盆盆翠绿欲滴的麦冬、松柏、万年青和盛开的鲜花装点在人民大会堂的大厅里，全国妇联今天下午在这里举行联欢会。中外妇女 1500 多人欢聚一堂。相互握手问好，亲切交谈，共同庆祝‘三八’妇女劳动节”。（新华社北京 1988 年 3 月 8 日电）

4. 评论式。是对所报道的事实先作出评论性结论，然后再用具体事实来阐明。例如“今天，新中国颁布的第一部专利法正式生效了。从此，脑力劳动成果被无偿占用的历史在我国宣告结束”。（新华社北京 1985 年 4 月 1 日电）

5. 引用式。引用消息中人物深刻而富有意义的语言作为导语。例如“女青年杜芸芸到上海司法机关，要求将继承的十余万元遗产捐献给国家，她说：‘我还年轻，应该靠自己的劳动来生活，我愿意将这笔钱来支援国家的四化建设’”。（《文汇报》1981 年 9 月 29 日）

（三）主体

主体是消息的主要部分。它承接导语，阐述导语所揭示的主题，或回答导语中提出的问题，对消息事实作具体的叙述与展开。写主体要注意如下几点：

主干突出。消息的主体是主干，典型材料要用在主干上。要去头绪，减枝蔓，与主题无关的要舍弃，次要材料要简略。

内容充实。回答导语中提出的问题，其内容必须具体、充实，这样才有说服力。导语提出什么问题，主体就要回答什么问题，这样才能紧扣中心，突出重点。

结构严谨，层次分明。要恰当地划分段落，有条不紊地展开叙述，安排层次有以下几种顺序：一是时间顺序，按事情的发生、发展、结束的先后顺序安排层次；二是逻辑顺序，就是根据事物的内在联系来安排层次；三是时间顺序和逻辑顺序相结合，这样写严密而有条理，活泼而不紊乱。

（四）背景

背景是指事件发生的历史环境和原因，它说明事件发生的具体条件、性质和意义，是为充实内容，烘托和突出主题服务的背景，既可在主体部分出现，也可在导语或结尾部分出现，位置不固定。

背景材料一般有三类：一是对比材料，即对事物进行前后、正反的比较对照，以突出事件的重要性；二是说明性材料，即介绍政治背景、地理位置、历史演变、生产面貌、物质条件等；三是诠释性材料，即人物生平的说明，专业术语的介绍，历史典故的解释等，以帮助读者理解消息的内容。

（五）结语

结语是消息的最后一段或一句话。阐明消息所述事实的意义，使读者对消息的理解、感受加深，从中得到更多的启示。消息的结尾方式有小结式、评论式、希望式等。有的消息事实写完，文章就止住了，结尾就在事实之中。

第二节 消息写作的要点

一、消息必须迅速

迅速是消息的基本特征，是消息的竞争条件，是消息的质量体现。以下是消息不迅速闹笑话的例子：

例 1、某年某市下了一场雪。在下雪当天，市场蔬菜没涨价，两天后，价格上涨，而且缺货。记者却在第三天写了一条“大雪纷纷下，蔬菜没涨价”的消息，引起群众强烈不满。有人反映说：“大雪纷纷下，蔬菜没涨价，记者说瞎话，市长该挨骂。”

例 2、2001 年某天凌晨，深圳海域一油轮发生大火，有电台在当天 7 时进行了报道，说“到 6 点 40 分，大火还没扑灭”。但到正午 12 时依旧是一字不改地重播，这就使人不得不怀疑，过去近 6 个小时了，大火究竟扑灭了没有？

例 3、1990 年 11 月 22 日，中央电视台在晚间 7 点 28 分报道了当时英国竞选首相的情况，说：“撒切尔夫人决心要保持保守党的领导地位，决不放弃竞选，辞去首相职务。”而当晚 6 时，外国广播电台已经报道了最新消息，说：“撒切尔夫人已宣布放弃竞选，并辞去首相职务。”

二、消息必须准确

消息不仅要真实还要准确。一是对事实的认识要准确；二是对事实的表达要准确。否则的话会使人产生怀疑，失去新闻的权威性，失去消息的宣传和教育功能。美国现代报业的奠基人普利策曾说：“准确！准确！准确！”“要让他们（记者）相信，准确对于报纸就如同贞操对于妇女一样重要。”下面是不准确的例子：

例 1. 某记者采写了某村养牛的消息，说：“这个村由于多养了牛，粮食也丰收了。今年和去年相比，这个村牛的存栏数增加 338 头，粮食亩产增加 440 斤，总产增加 60 万斤。”

养牛能增加有机肥，促进粮食增产，但不是光养牛就一定能丰收。养 300 多头牛就增产 60 万斤粮食，一头牛就增产 1000 多斤，谁信？

例 2. 某记者采写了某省决心解决给农民“打白条”问题的消息，说：“最近，××省委、省政府对农业和农村工作进行了部署，制定了在 1993 年 1 月 12 日之前全部兑现收购农副产品的欠账、彻底解决打“白条”问题等 9 项措施，作为送给农民的“新年礼物”。

买东西交钱，天经地义，打了白条还说是“新年礼物”，农民怎能不气愤？

例 3. 1993 年 12 月 12 日，某报刊登了这样一则消息：

千百年来传统的“爱情市场”走向疲软，山东昌邑县的农家姑娘追求的是科技型的婚姻结构。“不图腰缠万贯，只求一技之长”，已成为这个县农家女新的择偶观。多年来落后的劳作方式使她们的祖辈尝够了贫穷的滋味，农业科技的迅猛发展，让她们懂得了“没有知识端不起富裕碗”这一道理。姑娘们在奋发学科技的同时，迅速把目光转到“科技小伙”身上。著名绸乡柳疃镇的小伙子，身怀技艺闹经济，引得天南海北“凤求凰”。几年来几百名省外女郎飞到柳疃成双配对，夫妻双双比高低。今年以来，全县有 1000 多对“科技鸳鸯”喜结良缘。

不准确之处：1. 爱情怎能是市场？2. 昌邑县的农家女都改变了传统择偶观，难道无一例外？3. 她们真的都在“奋发学科技”的同时，迅速把目光转到“科技小伙”身上？4.“著名绸乡柳疃镇的小伙子，身怀技艺闹经济，引得天南海北‘凤求凰’。几年来几百名省外女郎飞到柳疃成双配对，夫妻双双比高低。”这柳疃镇是否在昌邑县？从“省外女郎”来看，是外省姑娘转变择偶观而不仅仅是昌邑县的姑娘们了。

例 4. 某公司周末组织职工去博物馆参观，碰巧这天又有温泉开放，公司决定分男女进行，于是出了个通知：“今天的活动这样安排：上午，男同志洗澡，女同志参观。下午女同志洗澡，男同志参观。请注意，参观时候只许看，不许摸！

三、消息必须明了

因为消息传播的目的、受众的广泛性、生活的节奏决定了消息必须明了。例如 1993 年 3 月 10 日，某报记者采写了《北京国际语言中心稳步提高教学质量》的消息，全文如下：

北京国际语言中心成立5周年来，摸索出一套适合成人特点的灵活多样的教学方法，教学质量稳步上升，已培训中外学员千余人。

该中心是由北京市经委智力引进办公室、北京市经济管理干部学院、北京东方经济技术开发公司和日本蓝古陆+株式会社、东京国际学院共同创建的，目的是培养具有专业技能和语言交际能力的专门管理人才，促进中日两国及与其他国家之间的经济技术交流。他们已经先后举办了10期日语脱产强化班，并接受了来自日本、美国、澳大利亚等国家的汉语学生。

这条消息不明了，稳步提高教学质量究竟表现在哪里？灵活多样的教学方法是什么？读者一头雾水，记者自己都不明了。

消息不明了的原因主要有两点。一是记者自己不明了。例如1994年3月12日，某省电视台播出了一条“假药救了两条人命”的消息，说的是一对夫妇因赌博输了钱，便到药店买了6瓶河南驻马店制药厂生产的“佳静安定片”吃下，以图了此一生。谁知，这对夫妻睡了一夜后，却安然无恙。记者在消息中断言：他们服下的是掺有大量淀粉的假安眠药，因此欲死却生。消息播出以后，正值“3·15”国际消费者权益日，这家制药厂受到了很大的压力。但事实上这种安眠药是该厂从国外引进的最新科技产品，具有作用强、安全范围大等优点，必须一次吃50瓶以上才会丧命。

二是记者自己明了，就以为他人也明了。例如，1992年3月8日有一篇报道“美国著名作家、记者埃德加·斯诺30年代的200多件珍贵遗物，在西安八路军办事处纪念馆‘安家落户’”的消息，其中没有一个字提到斯诺与中国革命及八路军的关系。读者就会问斯诺是个什么人，为什么他的遗物要放在纪念馆？另外，部分人明了了，记者以为大家都明了，以为曾经报道过的事大家都还记得，也是产生这种现象的原因。西方新闻界对新闻写作的要求是：“解释！解释！解释！不要让读者去猜。”美联社的写作手册上强调：“尽量使用常用词汇。记住，美联社的工作并非在于扩大读者的词汇量。如果你不得不使用一般读者可能不熟悉的词，那就必须加以解释。”

1994年9月18日，太原市有线电视台在播出正常的节目时，突然在荧屏上打出一行字幕：“敬告市民：据悉‘四不像’从雁门关进入本地区，不日将进入千家万户，请大家关好门窗、留心观察。金鑫广告策划。”结果，谣言四起，说某地某地已被“四不像”吃了好多人，在市民中造成强烈恐慌。

四、消息必须简短

只有简短才能新鲜，才能迅速，才能民主。1815年创办于马六甲的世界上第一份中文近代报刊《察世俗每月统记传》，曾明确要求编者注意该刊所刊登的各种文章：“每篇必不可长”！创立于1848年并在世界上具有广泛影响的美国最大的通讯社——美联社，在它的编辑守则中明文规定：“学不会写得简洁有力的人，不必想为美联社写作！”大多数学者和记者都认为消息的篇幅应该在500字以下，其上限可到800字，但必须注意“压缩压缩再压缩”的精神。现在消息越写越长，原因主要有，一是以稿件的长短论水平；二是以稿件的长短计稿酬。俗话说“有话则长，无话则短”，我认为应该是“有话则短，无话则免”。

第三节 消息的写作范例

范例一

救援直升机成功救出3名被困昆仑山区地震科考人员

（倒金字塔结构——事件类）

新华网乌鲁木齐9月5日电（记者贺占军）经过1个多小时空中飞行，5日10时50分，新疆军区某陆航旅一架救援直升机进入昆仑山区，成功将3名出现高原反应的地震科考人员救出，并开始返回和田市。

（直接用援救结果做导语）

新疆维吾尔自治区人民政府办公厅副主任、新疆应急救援总队副总队长依利·司马义说，5日上午9时07分，新疆军区某陆航旅一架直升机从和田机场紧急起飞，前往昆仑山区实施营救。10时50分抵达营救点，并将3名出现高原反应的科考人员成功安置在直升机内，其中1名随行记者出现昏迷和口吐白沫症状，病情十分严重，另2名队员的高原反应也呈加重趋势。（具体展开营救的细节及被救人员情况）

与此同时，和田地区组织的地面救援队携带救援物资，正继续前往昆

仑山区实施地面救援。（同步）

（以上两段是事情的经过）

依利·司马义说，由于昆仑山区气候环境恶劣，自治区应急办与地震部门协商，决定中止这次科考行动，待天气好转、条件适宜时，再次实施科考。地面救援队抵达营救点后，将带领其他科考队员撤离昆仑山区。

（事后处理）

由中国地震局地质研究所和新疆地震局共同组成的一支30人科考队，因运送给养车辆出现故障，有3名队员出现高原反应，3日晚间被困于新疆南部海拔4829米的昆仑山区。接报后，新疆维吾尔自治区党委、政府、新疆军区5日上午紧急出动救援直升机，与地面救援队共同前往昆仑山区营救被困人员。

（背景介绍，事件起因）

范例二

中国500强9年之变勾勒中国经济前行轨迹（经济类）

新华网合肥9月5日专电题（记者杨玉华、詹婷婷）2010中国企业500强榜单4日在安徽合肥发布，新出炉的榜单显示，2010中国企业500强的营业收入总额和资产分别超过27万亿元和91万亿元，刷新历史纪录。平均营业收入、平均利润、平均资产等各项指标也都达到历史最高水平。500强企业中科技创新企业不断增多，产业结构逐步优化。（凸显了此次排名的重要特色所在）

中国企业联合会副理事长李建明指出，中国企业500强已经成为中国经济的“晴雨表”，中国500强的9年之变其实就是中国经济的一个缩影。未来中国还需要营造更有利于企业发展的政策环境，提升企业竞争力，提升国家竞争力。（引用权威人士的话来总结意义）

9年利润增长近5倍，成为中国经济“中流砥柱”（采用9年前与9年后的资料对比形式展开）

中国企业500强评选始于2002年，企业规模小、盈利水平低是当时500强企业的突出特点（2002年情况）。而时隔9年，中国企业500强的整体实力较以往已发生巨大变化（目前情况）。（特点比较）

记者从 2010 中国企业 500 强发布会上获悉，此次 500 强企业营业收入在 1000 亿元以上的企业达 63 家，中国企业千亿元俱乐部进一步扩大，而这一数据在 2002 年首届中国 500 强评选上仅为 10 家。（收入比较）

500 强准入门槛翻了几番。2002 年首次评选中国企业 500 强时，入围门槛只需企业营业收入超过20亿元即可，而2010年则已经提升至110亿元。（进入门槛比较）

从经济总量看，9 年来，中国企业 500 强无论是营业收入还是资产规模都“扩容”了几倍。2010 中国企业 500 强分析报告显示，2010 中国企业 500 强平均营业收入为 552 亿元；实现平均利润为 30.4 亿元；平均资产为 1833 亿元。与 2002 年第一次排名相比，平均营业收入增长 4.5 倍，平均利润增长 4.9 倍，平均资产增加 3.5 倍。（经济总量的比较）

范例三

鑫诺六号通信广播卫星升空 鑫诺三号曾发生故障（倒金字塔）

据新华社电 9 月 5 日 0 时 14 分，我国在西昌卫星发射中心用“长征三号乙”运载火箭，成功将“鑫诺六号”通信广播卫星送入太空，并将接替鑫诺三号开展工作。正在驻西昌部队调研的中共中央政治局委员、中央军委副主席徐才厚观看了发射。（发射的结果）

火箭飞行约 26 分钟后，星箭分离，卫星成功进入近地点高度为 213 公里、远地点高度为 42061 公里、轨道倾角为 25.2 度的地球同步转移轨道。（发射升空后）

“鑫诺六号”通信广播卫星由中国航天科技集团公司所属中国空间技术研究院为主研制，用户为中国卫星通信集团公司。卫星设计寿命 15 年，具有大容量、高可靠、长寿命等技术特点，主要用于开展广播电视直播传输业务。它的成功发射，将进一步改善我国广播电视的直播条件，丰富广大人民群众特别是边远山区群众的文化生活。（六号的背景、特点、作用、意义）

用于这次发射的“长征三号乙”运载火箭，由中国航天科技集团公司所属中国运载火箭技术研究院研制生产。这是长征系列运载火箭的第 129 次飞行。（长征研制的背景）

今后一段时间，西安卫星测控中心和“远望”测量船将对卫星实施测量和变轨控制，最终将卫星定点于东经 126.4 度赤道上空，并建立正常工作姿态。（卫星升空后的进一步动作）

范例四

袁隆平：90 岁时要攻关亩产千公斤

“杂交水稻之父”80 寿辰，称亩产 900 公斤有望提早实现（人物消息）

据新华社电 （记者周勉）7 日，在首届中国杂交水稻大会上，袁隆平表示，到 90 岁时我还要向亩产一千公斤攻关。9 月 7 日，是袁隆平 80 岁生日。（时间，地点，人物，背景）

袁隆平：没有遗憾

精神矍铄的袁隆平，心态更是丝毫不见衰老。记者问他，研究了一辈子的杂交水稻最大的欣慰是什么，他说，是看着杂交水稻的产量一直在稳步上升，看着中国的杂交水稻播撒到世界的许多国家。

“有什么遗憾吗？”

“没有遗憾，只有追求！”曾有人形容他是“洞庭湖的老麻雀”，他觉得这个称谓还不算贴切，“我是太平洋上的海鸥。”

在 7 日的大会主题报告上，袁隆平表示，超级稻专用肥加上超级杂交稻是一对如虎添翼的组合，2015 年亩产 900 公斤的第三期目标也因此很有可能提前实现。

国内有一支强大技术团队

“超级稻专用肥 2009 年冬到 2010 年春在三亚的试验结果表明，比常规施肥方法增产 22%。”袁隆平说，这种增产效果是综合性的，即株高、穗数、粒数、粒重均有所提高。2010 年在湖南溆浦的测试产量已经达到每公顷 15.9 吨。

这次大会主题是加快杂交水稻科技创新。袁隆平表示，目前国内拥有一支强大的技术团队，国家发改委提出在 2020 年增产 500 亿公斤粮食的计划，按照水稻占 40% 的比例，即增产 200 亿公斤计算，从技术角度说，这个任务可以完成。

（几乎全部引用袁隆平的话语，末尾简要介绍大会主题）

范例五

生前一身傲骨 死后魂归故里（人物简要点评）

台湾作家伯杨叶落归根（新闻事实）（人物消息，倒金字塔机构）

本报讯（记者张弘）记者从中国现代文学馆前副馆长、柏杨研究中心总干事周明处获悉，柏杨先生的骨灰昨日安葬于郑州新郑的福寿园陵园，这位华人世界的著名知识分子去世两年后终于魂归故里。

周明称，安葬仪式昨天上午 9 点在河南新郑福寿园陵园举行。柏杨先生的夫人张香花，儿子郭本城，以及女儿郭素萍、崔渝生等亲属参加了仪式。（安葬过程）

周明介绍说，2007 年，中国现代文学馆成立柏杨研究中心时，曾经请柏杨先生题词。柏杨写下了“重归大陆真好”六个字。2008 年柏杨去世后，自己赴台参加了在绿岛附近海域，将柏杨骨灰撒入大海仪式。“撒骨灰那天起了很大的风，我突然想到柏杨先生的题词，觉得应当保留一部分骨灰安葬到大陆。后来，就由柏杨在大陆的女儿崔渝生带回了小部分骨灰。”（伯杨先生骨灰为何会回归大陆）

柏杨祖籍河南省辉县，1920 年出生于河南省开封市通许县，2008 年 4 月 29 日病逝于台北。柏杨代表作《中国人史纲》《丑陋的中国人》等。柏杨生前显示出中国知识分子的道义担当和铮铮傲气，在海内外华人中享有极高声誉。其诗句“不为帝王唱赞歌，只为苍生说人话”深受世人推崇，并成为了柏杨墓的墓志铭。（背景介绍：伯杨先生是何人）

范例六

全球绿色增长大会在哥本哈根开幕

新华社哥本哈根 11 月 7 日专电（记者杨敬忠 报道员吴波）2010 年全球绿色增长大会 7 日晚在丹麦首都哥本哈根开幕，会议旨在探讨如何更好地在全球范围内促进绿色经济和就业机会的可持续增长，并就未来绿色经济发展的政治框架、商业和金融条件等交流意见和提出建议。（时间地点会议目的）

这次为期两天的会议由丹麦气候联盟主办，来自欧洲、亚洲和美洲的近 200 名国际政要、商界代表、专家及学者出席了这次会议。（主办方，

参与人员）

欧盟负责气候事务的专员康妮·赫泽高在当天的开幕式上说，人类目前面临的气候挑战比以往任何时候都更为严峻。气候变化问题事关能源供应和能源安全，事关清洁空气和清洁水源，事关人类能否实现可持续发展的经济模式。她呼吁各界共同努力，采取负责任的行动，遏制全球变暖。（为什么开会，会议关注问问题）

她指出，虽然要在年底的墨西哥坎昆会议上达成一项有约束力的应对气候变化全球协议仍困难重重，但取得实质性进展的希望令人鼓舞，达成各方利益均衡的一揽子协议的可能性依然令人期待。

丹麦首相拉斯穆森对本次会议的召开表示欢迎。他此前对媒体说："我们当前面临的主要挑战是促进全球经济增长和创造新的就业机会。环保和节能在促进绿色经济增长和扩大就业机会上具有很大的潜力和合作空间。对于丹麦气候联盟提供这样一个平台，就全球性挑战的解决方案进行国际交流与探讨，我非常支持。"

丹麦气候联盟成立于2008年6月，是丹麦为筹备2009年哥本哈根联合国气候变化大会而建立的一个合作组织，旨在加强丹麦在能源、气候适应、环境等领域的技术能力和解决方案的全球推广。（会议的背景）

范例七

京沪高铁拟提前通车

初定明年"十一"通车；昨日铺通全线钢轨，将转入联调联试阶段

本报讯（记者刘泽宁）京沪高铁昨日在安徽蚌埠南站铺完最后一根钢轨，标志全线铺通，将转入联调联试阶段。据悉，京沪高铁初步确定提前至明年"十一"建成通车，投入2012年春运。（最新的讯息）

昨日9时10分，随着安徽蚌埠南站全线正线装上最后一根钢轨，京沪高铁全线铺通。而据施工人员介绍，京沪高铁北京段10月底已经进入铺设工程精调阶段，目前正在进行接触网电杆设立、站线（停车线路）的铺设、站内地下通道建设等工作。（目前建设情况）

据悉，京沪高铁于2008年4月18日开工，2010年11月15日铺轨完成，初步确定提前至明年"十一"建成通车，投入2012年春运。从北京南站

出发终止于上海虹桥站，总长度1318公里，全程共设24站，用时4小时。（铁路的建设全面概况）（背景资料）

京沪高速铁路的全线铺通，标志着以线下工程和铺轨为主的站前工程全部结束，下一步将全力推进以牵引供电、通信、信号、电力“四电集成”施工和站房建设为主的站后工程施工，展开全线联调联试。（未来建设工作）

范例八

“嫦娥”有望绘制最清晰“全月图”
分辨率比嫦娥一号提高近20倍

据新华社电 继传回月球虹湾区域局部影像图之后，嫦娥二号今后还将有望完成约7米分辨率的全月影像图，这将是全世界最清晰、分辨率最高的一幅“全月图”。

据中国科学院国家天文台月球与深空探测科学应用中心主任、嫦娥工程地面应用系统总设计师李春来在28日召开的“中国宇航学会2010年学术年会”上介绍，目前，嫦娥二号正在距离月面100公里的轨道上运行，对月球进行约7米分辨率的CCD图像数据的采集工作，预计11月29日将完成月面数据采集的第一次“合拢”，在今后的半年内，再逐步对数据进行补充采集后，有望完成约7米分辨率、覆盖全月球的影像图。（简短三句话补充导语）

“2008年，我国嫦娥一号曾成功完成了120米分辨率的全月图，此次根据嫦娥二号传回的数据制作的月球影像图，分辨率将提高近20倍，月球上的许多细节将更为具体，这将是目前乃至将来较长一段时间内，全世界最清晰的全月球图像数据。”李春来说。（引用人物原话说明此次意义、突出新成就）

据李春来介绍，目前，我国嫦娥二号所确定的四大科学目标———获取月球表面影像、获取月球物质成分、探测月壤特征、探测地月与近月空间环境正在按计划顺利进行中。（背景介绍）

范例九

2012年年底将实现高铁电子客票

功能类似机票电子客票，支持多种售票、支付方式，提供“一条龙”票务服务

本报讯 2012年年底，电子客票将在全部高铁线路中实现。昨日，第七届世界高速铁路大会在北京举行，这是高铁全球盛会首次在欧洲以外的国家举办。铁道部运输局客专技术部副主任詹子宁向大会提交的报告中指出，将建设包括票务系统在内的高铁客运服务系统。

电子客票将提供全程服务

报告中说，中国高铁客运服务系统要为铁路旅客提供出行前、进站、候车、登乘、中转、出站和换乘等各环节中查询、订票、购票、旅行指南等全过程、全方位、层次化的信息服务。

其中，新一代票务系统将实现票务业务的集中处理，支持多种售票方式、多种支付方式，提供自助票务服务，将铁路客票服务流程电子化。在旅客出行的全过程中，电子客票可通过多种渠道、多种形式，提供出行规划、订票、购票、支付、退票、改签、检票等全面的票务服务，同时实现铁路旅客运输、收入、统计、清算等业务管理和组织的电子化。票务系统采用全国集中式架构，担负高铁售票服务。

新系统在沪宁线试点成功

铁路电子客票的功能，将车票作为乘车凭证和票据的两个功能分开，为旅客提供个性化服务创造条件。未来的铁路电子客票与现行的机票电子客票功能类似。

新一代票务系统将确保支持每年50亿人次的日常票务服务以及峰值交易量，系统已于7月1日在沪宁线试点成功。随着票务系统的进一步完善和推广，到2012年年底，将形成具有全网络的旅程规划、全旅程的票务服务、全范围的灵活定价、全方位的常客服务、全功能的电子客票等功能现代化的票务系统。

将与泰国老挝合建跨境高铁

在第七届世界高铁大会上，泰国及老挝官员透露，中国和泰国、老挝已签订合作协议，建一条连接三国的高速铁路。预计明年开工，2015年建成。

泰国副总理素贴称，泰国国会已经批准这一项目。他透露说，中泰两国政府已经就高铁建设计划签署了框架协议，相信连接三国的铁路明年即

可动工。

老挝常务副总理宋沙瓦在会上表示，老挝将通过建立合资公司的方式，开通由老挝首都万象至中国北京的高速铁路。目前中老双方已签订合作协议。

第十三章 通讯写作

第一节 通讯的概述

一、通讯的含义和特点

（一）通讯的含义

通讯，是运用叙述、描写、抒情、议论等多种手法，具体、生动、形象地反映新闻事件或典型人物的一种新闻报道形式。它是记叙文的一种，是报纸、广播电台、通讯社常用的文体。

（二）通讯的特点

通讯的特点及与消息的区别

通讯最基本特征是新闻性，其中真实、时效、思想性及典型意义构成了它的不同层面。

报道对象必须真实，不能虚构或想象，并且报道对象不是一般人物，一定要有典型意义。报道对象可以是人物、事件，也可以是工作情况、社会风貌，还可以是工作经验与工作成果等。

报道时效上通讯不如消息，因为细致的报道用时较长，但也必须及时，仍然有很强的时效概念。

除开真实、时效的新闻性特征，通讯还有以下几个主要特点。

1.生动性

这一点和消息有较大区别：通迅可以用描写、抒情、对话等表现手法，用比喻、象征、拟人等修辞手法。也就是它可以使用各种文学手段。

而消息在表达上主要为平面叙述，语言简洁、明快、准确。

所以通讯尤其是人物通讯具有一定的文学色彩，读起来更生动，更形象。此外，通讯虽然一般以第三人称叙述为主，但在“见闻”“采访记”

一类的通讯中，也采用第一人称。不过其中的“我”主要起见证人或采访线索的作用，在效果上第一人称的使用也增加了一些亲切感。

2. 完整性

通讯会详尽具体地报告事件全程，情节会充分展开，细节和场面描写丰富。而消息侧重写事，叙述简明扼要，一般不展开情节。

因此，通讯须相对完整、具体地报道人物或事物的过程。通讯可写人物也可写事件，其材料比消息丰富、全面，其容量比消息厚实、充足。

3. 评论性

通讯则要求在报道人物或事件的同时，表露记者的感情与倾向。而消息是以事实说话，一般不允许作者直接发表议论。

值得注意的是，通讯中的评论要紧扣人物或事件，依傍事实作适时的、恰到好处的评价点拨，特点是以情感人，理在情中。这一点不同于议论文中的论证。

二、通讯的分类

（一）按形式分

通讯分为一般记事通讯、访问记（专访、人物专访）、小故事、集纳、巡礼、纪实、见闻、特写、速写、侧记、散记、采访札记。

（二）按内容分

通讯一般分为人物通讯、事件通讯、概貌通讯、工作通讯。

（三）人物通讯

人物通讯是用来展示新闻事迹与形象的一种新闻体裁。人物通讯的报道对象主要是那些能体现时代精神的先进人物。

宣传先进人物是我们社会主义新闻媒体的一项重要任务。我们熟悉的一些先进人物如黄继光、雷锋、焦裕禄、张海迪、孔繁森等，都是通过通讯报道宣传开来的。在对先进人物的宣传报道中，人物通讯一直占有十分突出的地位。

人物通讯以先进人物为主要报道对象。但也不排除对一些有争议的人物或正处于转变中的人物的报道。有些人物通讯甚至还是揭露干坏事的丑恶人物的报道。这些方面的报道，虽然不是人物通讯的主流，但还是对时代的某个侧面的记录和反映，大大地丰富了人物通讯的内容。

人物通讯以展示人物的事迹和表现人物形象为己任。人物的事迹和人物的形象是两个不同的概念。人物的事迹主要是指人物做了什么，是以“事”为主的；人物的形象主要是指人物是什么样的，是以“人”为主的；诚然，在人物通讯中，事和人是不能截然分开的。人物形象是通过一系列的事件来显示的，事件是人物活动的舞台；人物事迹是人物行为的生动记录，积淀着人物的思想和品德。

人物通讯的首要任务是要把人物写活。而要把人物写活，首先要抓住人物的特点，写出人物的个性。有经验的作者总是在对人物的描写中努力挖掘人物的个性特点，抓住其与众不同之处。老记者田流曾说：“譬如，报道一个劳动模范，他做了很多事情，特别是那些老劳模，事迹更多，我们总不能把他的事迹都写进去呀……我们应该研究这位劳模和别的劳模有不同之处。一定要找出这个‘不同’来。有了这个‘不同’，那些最能表现这个劳模本质的材料、事迹，就站到前列来了。哪些别的劳模都会做、都要做的事迹、材料——对我们要报道的这个劳模说来是次要的事迹、材料，就容易被区别开来，就容易淘汰了。这样我们虽然只写他一两件事，反而更能表现这个劳模的特点，使这个劳模更生动形象地站立在读者面前。相反，如果抓不住特点，把一大堆材料、事迹堆上去，写出来的文章，既不是这个劳模，也不是那个劳模，而是一个人的名字加上一大堆事件，是不会感人的。”实践证明，抓住了人物的特点，人物就会“活”起来。

努力表现人物身上的时代特征。这是人物通讯与人物传记的一个重要区别。新华社记者穆青曾说过：“能否高瞻远瞩地提炼出能够反映时代特征的主题，并且从这个高度来表现英雄人物的革命精神和思想风貌，就成为决定人物通讯成败、优劣的关键。”表现人物身上的时代特征，最重要的是要解决好针对性问题，也就是说要同现实生活中广大群众最关心的问题或最迫切需要解答的重大课题联系起来。针对时代的实际情况来挖掘人物的精神世界，有助于对人物的时代特征的把握。

（四）事件通讯

事件通讯就是详细地报道具有典型意义的新闻事件的通讯，是报刊上常见的一种通讯体裁。

事件通讯报道事件一般都比较详细，能全面地、客观地介绍事件的来龙去脉与发展过程，具体地、形象地描述其细节，即使是那些篇幅短小之作，也要求把事件叙述清楚，使读者对整个事件能够有比较完整清晰的印象。

事件通讯的报道题材是十分广泛的。依其性质与作用而言，大致可以分为三类：一类是以表扬、歌颂为宗旨，对那些能体现时代主旋律、社会新风尚和人们新的思想境界、道德水准的重大事件的报道，能起到鼓舞、激励和倡导等方面的作用。例如60年代传诵一时的通讯《为了六十一个阶级兄弟》就是这方面的名篇。另一类是以批评或揭露为目的，对社会生活和工作中出现的一些弊端予以曝光，起催人猛醒、驱邪扶正等作用。还有一类是介于表扬、歌颂与批评、揭露之间的报道，即通过报道某一内涵较为丰富的事件，揭示现实社会与生活中存在的问题、矛盾、热点，作者对此加以评论，揭示其实质或意义，起到活跃思想、启发思路等作用。

事件通讯是以记叙事件为主的，因此对叙事有比较高的要求。首先，叙述要清楚，既要将事件演变线索描述清楚，还要将事件内在的因果关系弄清。

关于事件的演变线索。线索比较单一的比较好把握，大体按时间顺序叙述即可；对那些头绪比较多的事件，叙述时要特别注意多头绪之间的分和合，事件如何开端，如何分成多头绪多线索叙述，如何又将它们合为一体，拧成一股绳等。《为了六十一个阶级弟兄》在这方面做得非常成功。它以时间的进展为基本叙事线索的同时，分头并进地记叙北京和平陆两地的有关事宜，时空交错，画面宽广而不杂乱。

关于事件内在的因果关系。事件通讯所报道的事件是“果”，但“因”一定要注意交代清楚，一个结果，要能有一个原因，更多的情况是可能有多个原因。在诸多原因中，有些是直接的，有些是间接的；有些是浅层的，有些是深层的，这些都要根据实际需要弄清楚。

事件通讯以记叙事件为主，但事件的核心是人，事件实际上就是人物行动的全过程，事与人是难以截然分开的。所以，事件通讯的写作，要求既见事也见人，在记事中充分揭示有关人物的思想依据。有些事件中人物比较多，全部写进事件通讯中既不可能也无必要，但如果只写少数几个人，则又不能充分体现事件的意义与规模。因此，在涉及人物较多的事件通讯中，人物常常是以“群像”的形象出现在读者面前。也就是说，通讯应当努力去挖掘众人身上共同表现出来的时代精神。那些涉及人物较少的事件，则应注意集中笔墨写好其中的关键人物。

事件通讯毕竟是以事为主，以事件发展来结构作品的，所以，在写人时应注意：只能围绕事件写人，不能脱离事件另去表现人物；只能在事件发展中去动态地表现人物，不能中断事件发展的线索去静止地表现人物。同时还应注意，事件通讯写人一般都是简笔勾勒，不能像人物通讯那样去对人物作过多精雕细刻，否则就会影响叙事的质量。

（五）风貌通讯

风貌通讯是指着重描绘社会变化、时代风尚及风土人情的通讯报道。它一般是反映新貌，抓住特色，点面结合，开阔读者视野，增长读者知识，给人以美感和现场感。

风貌通讯的表现形式比较丰富，报刊上常见的“见闻”“巡礼”“侧记”“纪行”“掠影”“纪游”，等等，都属于风貌通讯的范围。

众多的表现形式，使得风貌通讯在表现题材上比其他通讯更加广泛多样。概括地说，它可以反映一个地区、一个战线或一个单位发展变化的新气象、新面貌；可以报道重要的建筑工程、展览会、陈列馆等的内容及规模；也可以赞颂革命历史文物和名胜古迹，介绍旅游风光；此外，它还可以反映异国的社会现状和风土人情，以促进国际交流。

风貌通讯总是以全景式的介绍来报道对象，努力给人有一个“概貌”的感觉。但是这不是高度概括和抽象化了的东西，而应注意点面结合，将那些能反映报道对象特点的具体事物、精彩片断和侧面，与报道对象全貌结合起来，让读者既能了解报道对象的全貌，也能看到报道对象的细微之处，以形成立体化的认识。

风貌通讯在表现时代风貌时，要突出一个“新”字。如何突出这个“新”字？主要是用对比衬托的手法。这种对比通常是从多方面进行的，在对比的两面中，旧的一面只是给新的一面起陪衬作用，只是表明面貌变化的起点，为了突出新貌，看出时代的变动。例如《今日白帝城》就是在描述今日新貌时，穿插一点过去的背景，构成一种反差，让人感觉到惊人的变化。

（六）工作通讯

工作通讯是通过报道和分析当前实际工作中的经验、问题、教训等，从中找出某些带规律性的东西，以此指导、推动实际工作的通讯形式。

工作通讯对实际工作的意义是多方面的。它可以通过报道各种生动、典型的事例，介绍各个地区、各个单位在某项工作中的一些先进做法和具体经验，对其他地区或有关单位的工作开展有启发和借鉴的作用。它也可以批评和揭露实际工作中存在的问题，研究解决这些问题的思路或对策。例如《城市养狗为何屡禁不止》，报道的就是城市普遍存在的“狗患”问题。

（七）概貌通讯

概貌通讯又称风貌通讯。它是以反映社会生活、风土人情、自然风光和日新月异的建设成就为主的报道。尤其是改革、开放、搞活所带来的变化，又为这类通讯增加了新的内容。概貌通讯与事件通讯不同，它不是围绕一个人物或一个中心事件来写，也不要求写一件事发生、发展的完整过程，而是围绕主题集中各方面的风貌和特色。在表达方式上，往往运用点上具体事例来叙述和描写一个地区、一条战线、一个单位、一个点、一个方面的风貌变化，展现时代的步伐和人的思想境界的变化。一般采取“巡礼”“纪行”“散记”“侧记”等形式，向读者介绍。

第二节 通讯的写作技巧

一、新闻通讯的写作方法

通讯是一种详细、深入的报道，也是一种具有多种表现方法的新闻媒体，通讯报道生动形象、具有感染力。

通讯的种类：一般分为人物通讯、事件通讯、工作通讯、风貌通讯。

人物通讯：是以报道人物为主要内容的通讯。

其基本要求和方法有以下几点：要体现当今的时代特征；要写出人物的特点；要用人物的行为表现人物。一般有两种写法，一种是对人物一生或是某个阶段、某一个方面，作比较全面的报道；另一种就是不对人物作全面的报道，而是抓住某个特定的情景，简单几笔，把人物的精神、特点写出来，或是作一个侧面报道。

事件通讯：它是以重大的或寻常的事件为报道的通讯类型，是记述新近发生的，受到人 们普遍关注的事件。

（一）其基本要求和方法有以下几点：叙事要有明确的目的性；事件情节要交代清楚名了，线索要清晰；叙事要生动，灵活运用多种表现手法，突出重点，有详有略；在叙事中要选好人物，写人物时注意精练、生动形象。

（二）通讯的语言特点和细节描写：通讯作为一种新闻媒体，语言要求准确严谨，简明扼要，鲜明生动，二、具体真切，通俗易懂；多运用琅琅上口的群众语言写通讯，要有浓郁的感情色彩。

二、新闻通讯和消息的区别

（一）在新闻通讯写作中如何增强现场感

1. 生动性

通讯尤其是人物通讯具有一定的文学色彩。消息在表达上主要 是平面的叙述，语言追求简洁 、明快、准确。通讯则较多借用文学手段，可以描写、抒情、对话，可以用比喻、象征、拟 人等修辞。因此通讯在语言和表达方法上都具有一定的文学性，它在报道真实的人和事的过 程中，善于再现情景，平添许多生动和形象，给人以立体感、现场感。

此外，通讯虽然一般以第三人称叙述为主，但在见“见闻”、“采访记”一类的通讯中，也采用第一人称。不过其中的“我”主要起见证人或采访线索的作用。在效果上第一人称的使用也增加了一些亲切感。

2. 完整性

通讯须相对完整、具体地报道人物或事物的过程。消息侧重写 事，叙述 简明扼要，一般不展开情节。通讯可写人物也可写事件，其材料比消息丰富、全面，其容量 比消息厚实、充足。它要求详尽、具体地报告事件的经过、演绎人物的命运，充分展开情节 ，甚至描写细节和场面。这些既是生动性的表现，同时也是内容完整性、具体化的要求。

再现场景也是增加现场感的好方法。这里的场景，是指事件现场。再现场景于作品，一是给读者以身临其境的感觉，增强作品的表现力；一是以景写人，用场景衬托人物身份、性格、情趣和精神风貌。

3. 评论性

通讯须运用夹叙夹议的方法对人或事作出直接的评论。消息是以事实说话，除述评消息一般不允许作者直接发表议论。通讯则要求在报道人物或事件的同时，表露记者的感情与倾向。然而通讯的评论不同于议论性文体的论证，它须时时紧扣人物或事件，依傍事实作适时的、恰到好处评价点拨。因此这是一种通过描写、叙述、抒情等表达手段进行的议论，它的特点是以情感人，理在情中。

（二）关于选材与提炼主题

占有材料对通讯写作来说就是通过扎实细致的采访广泛搜集第一手材料。随后在纷繁的直接材料中剥离出典型材料、背景材料。这些材料不仅要求真实，而且要有意义，具有典型性、指导性，同时还要有意味，具有具体、完整、感人的生动性、情节性。在这般基础上根据深和新的原则提炼主题，通讯才可能呼应社会关注热点，反映时代风尚特点，宣传党的路线方针，从而以正确的舆论引导人，以先进的人物激励人，以真实的事件震撼人。然而通讯写的是真人真事，其主题必须从实际生活中提炼而来，不能随意拔高，更不能虚构夸大，它 永远不能违背新闻的真实性原则。

1. 关于写人

事因人生，人以事观。人与事虽不可分，但在人物通讯与事件通讯中的确有以人为主和以事为主之别，为叙述方便故而分之。写人在文学创作中已积累丰富经验，在 " 非虚构 " 的原则下，我们不妨可借用其多种手段，并注意以下三个方面：第一，形与神兼备。即不仅要写出人物的行为和事迹，更要展示其精神世界。第二，言与行统一。人物语言、行为表达、传递出人物的思想，而不同的语气、句式、词汇及动作表情、神态等是极富个性色彩的内心表露形式。写好了人物的言与行，无疑是写活了人。第三，画龙必须点睛。如果说言行、事例、情节勾勒出人物的整体形象称为 " 龙 " ，那么揭示人物行为意义，指出人物个性特点的评点便是 " 睛 "。" 画龙 " 用的是纪实的叙述、描写，“点睛”则是超脱的议论或抒情。

2. 关于叙事

通讯离不开写事，事件通讯更须完整地叙述事件的起因、人员、场面、结果等，以交代事件的复杂性和社会影响度。叙事要注意两点：第一，厘清主线、丰满细节。一个新闻事件的发生、发展过程中，有因有果，有人有事，头绪多而关系复杂，作者须厘清主线，按事件原貌将其完整地、动态地、立体地呈现给读者。而为实现这一目标，就须选择典型的细节。一篇优秀的事件通讯，必然有几个生动感人的细节来充分展示主线，使作品丰满而具现场感。第二，时间为经、时间为纬。通讯须有一定的时间要领因为事件、故事总在于一定的时间和空间中。纺织好时空画面既是一个结构总是也是一个表达方法问题。篇幅不长而情节不太复杂的事件通讯可多运用插叙、补叙、分叙等手段，充分展开矛盾和利用背景材料，使文章有变化起伏。容量大而情节复杂的事件通讯则常常运用时空交叉方式，以时间推进、空间变换等手段来切割事件，构成若干侧面。经过作者精心的组合剪辑将事件完整而利落地报告于世。

显然选材与提炼主题是各类通讯写作中必须面对的，而写人与叙事则因通讯品种不同而有所侧重。但是通讯的写作模式也必然带来约束，因而通讯的散文化写法亦开始为人注目。所谓的散文化倾向有以下几个特点：(一)生活面更趋广阔；(二)结构不拘一格；(三)技法更多样化；(四)报道呈系列化。

三、通讯稿件的写作方法

新闻作品在一般情况下要具备六要素：何时/何地/何人/何事/为什么/怎么样

依次拟写

首先找出重要的语段或语句，新闻分导语/正文和背景等几部分。迅速找准答题的区间，通常情况下，主要看导语，因为新闻的导语的任务，是以简约、精练的文字，把新闻的要点和主旨揭示出来，以唤起观众的注意，并引出新闻事实的主体。而新闻的主体，是承导语之后的文字表达，是主干部分，用充分、典型、有说服力的材料新闻阐述和说明导语所提示的事实或观点，必要时补充导语未涉及的其他具体内容，提供新闻背景，交代事情的来龙去脉，使之更为充实。

例如：新闻，首先是导语，导语就是把新闻由头写出来或新闻的主要事件写出来，如：昨天，著名相声艺术家与世长辞，享年59岁 。

下面就是写内容：如，昨天，很多人来到医院看望这位艺术家，有的人还拿着鲜花。这位艺术家生前，有过大量优秀的作品，让人们在笑声中……

什么词不能出现，当然是人们忌讳的词如死，断气等。

注意不要夸大事件真相，注意调查，不要轻信一面之辞。

四、通讯稿件写作的基本要求和注意事项

（一）首先要了解稿件的分类及其各自的特点

总体来说，稿件可分为：新闻类（包括消息、通讯人物、事件、新闻照片）、文学艺术类（包括特写、纪实文学、报告文学、诗歌、散文、随笔、游记、故事、小说、幽默笑话、书画、摄影作品）、评论类（即言论稿，也包括杂谈、杂文）、社会生活类（包括人们的衣、食、住、行、医疗、卫生、保健、婚姻家庭以及各种社会现象等，凡与人民群众生活关系密切相关的内容都算），理论文章（即论文）。新闻稿件讲究真实性、准确性、及时性。文学艺术类讲究艺术性、欣赏性、哲理性。社会生活稿强调知识性、可读性、实用性。评论稿强调启迪性、教育性、参考性。论文强调专业性、科学性、价值性。

（二）要挖掘好题材

怎样发现好题材并加以利用，这往往是许多初学写稿的人最大的困惑。要挖掘好题材，要求作者必须有敏锐的洞察力。好题材在哪里呢？像你们公司现有 6 个职能部门，下辖电力调度室、6 个变电站和 7 个乡镇供电营业所，电网覆盖全县 9 个镇、8 个行政村、789 个自然村，为此，只要你们多观察、多留心、多收集材料，新闻的稿件一定不会少。

（三）写稿时要做到“三勤”

采访收集到材料以后，就要勤想、勤看、勤写。平时应多看一些书报，看别人怎样写稿，有什么技巧。并注意把一些好文章、好题材、精彩段落和话语记录下来，以便以后参考借鉴，有条件的最好去参加上级或相关新闻报道的写作学习培训班，对提高写作水平，争取写出高质量的稿件，都是非常有帮助的。

（四）开始写稿时一定要从小篇着手

力求做到语言精练，通俗易懂，文笔流畅，多写一些自己有一定专长和爱好的、熟悉内容的稿件，比如你是一名电工，只要你热爱了这一行，像你喜欢某一项活动一样，喜欢写稿，就会熟能生巧，逐个突破。去年你们公司向各级新闻单位投了61篇稿件，被采用了34篇，用稿率还是较高的，但主要是上你们公司网站的，上报刊只有2篇。我认为，你们开始写稿时，你们有一个网站作为宣传你们公司的阵地，首先要立足向网站投稿，我看了一下你们区公司网站，采用的稿件不是很难上稿，只要你们多写、勤写一定会多上稿的。

（五）切忌抄袭等不道德行为

要实事求是，不能为了上稿乱编造事实、新闻，片面地追求新、奇、轰动效应。多写一些群众关心的“热门”话题以及贴近生活的题材，比如以前你们公司电费收缴公示到村组都是群众关心的，通过公示，偷电现象就没有市场，群众就可互相监督，这些虽然小事，但却是老百姓关心的事。写稿做到人无我有，人有我先，人先我优。

（六）文稿写作

写文字稿时，最好用方格纸书写或打印。稿件书写要工整、清楚、不能潦草。现在基本上都是用电脑打印，但也有一些人用手写，用手写的要用钢笔或黑笔，电脑打稿发稿很方便。

（七）文稿写好以后一定要署名。

通常是在文章后面标上作者自己或合写人的姓名、单位、详细地址、联系电话，这样便于与编辑联系，也便于编辑在刊用你的稿件后准确及时地给你寄稿酬。写新闻稿应给领导审核和加盖单位公章，新闻单位才能用你的稿件。如用电脑打的稿件通过邮箱发出去很难盖公章，也很少被采用。现在发的照片都用数码的。

（八）深入调查

特别应该注意一点：就是写稿时，如果文中涉及一些负面题材，揭露一些违法乱纪行为时，一定要深入调查，不要道听途说，想当然，并且最好不要直接指出当事人、地方的姓名，详细地址，可以用某某县、某街、某村或张某、李某这些代替。另外就是照片，不经照片上本人许可，不要把他们的照片投递寄给报纸或杂志发表（除了正面宣传的新闻照片以外），否则侵犯他人名誉、肖像权而吃新闻官司就麻烦了。

（九）怎样投稿、发稿

当你的稿件经过精心编写、修改后，怎样投稿呢？

1. 属实新闻类的必须经过有关部门领导审核，经过审核后才能投稿发稿。其他类型的稿不需要审核，如言论、小小说等。

2. 根据自己所写稿件的类别，投到相关的刊物，相应的版、栏目。在未知报纸有什么版面、栏目的情况下一律写明编辑部收。比如你投一篇稿给广西日报，就在信封上写明：530026广西南宁市民主路21号《广西日报》编辑部收，也可以写《广西日报》群工部收（注：群工部是机关类日报和一些大型行业报社设置的专门负责接收、处理各类日报来稿的职能科室）。如果你和编辑认识的话，你可以直接把稿件寄给他本人，这样就更准确、更快了，同时也容易上稿。

3. 怎样投寄照片稿。目前全国近万种报刊中，有近八成的报刊、网站要使用各种各样的照片，报纸和网站的版面栏目对照片的需求量相当大，并且一篇好文章如果能配发一幅相关的照片就像锦上添花、备受编辑的青睐，从而大大提高稿件的上稿率。

照片说明必须真实、简洁扼要，字体要端正清晰，尤其是人名、地名、数字等，新闻照片的说明一般不超150字。

（十）如何提高上稿率

1. 提高稿件质量，这是决定用稿与否的关键。

2. 稿件文字要写清楚，有条件的可打印，通过现代通信工具、邮箱发出去。

3. 熟悉报纸的版面、栏目，投稿要做到及时、分类、分栏目，有的放矢。比如你写了一篇工人方面的稿件，你就投到工人报。平时多留心报纸的栏目、版面，以便能准确地了解版面及内容，增大投稿准确命中率。

4. 加强与编辑的联络，有了熟人好办事，这也是提高用稿率的办法之一。

软文代写企业新闻软文撰写，企业新闻稿写作，企业新闻稿撰写。

五、如何提高通讯质量

（一）有冲击力的开篇

标题、摘要和第一段应该清晰地展示最重要的信息，文章其他段落则用来详细描述。因为读者决定是否继续阅读只需要几秒钟的时间，所以您得通过有冲击力的开篇抓住他的眼球。

表明身份

如果在新闻稿或软文的前几段，找不到新闻稿主体即信息的来源人是谁。那么您的新闻稿将没有推广价值。读者会希望知道是谁在讲述，这样才能提高可信性，进而对您的企业起到推广的作用。

（二）专业化写作

只需要看短短几句话就可以辨别一篇新闻稿是否专业。如果您的新闻稿包含天花乱坠的宣传、大量俚语、过度夸张的语言，这篇文章很可能被视作广告而不予发布。而且，读者对企业的信任也会降低。

（三）挖掘有新闻价值的事情

并不是所有事情都是新闻。构成新闻价值的要素包括：新鲜性、重要性、接近性、显著性和趣味性。

你感兴趣的并且有一定实用性的事情，并不一定具有新闻价值。

这时应该从读者的角度考虑，TA 关注什么？假设你耗费很大的精力开了一个网店，但是对媒体来说，一家企业上市很值得关注，但一个网店的开业就不一定了。那么，你的新闻稿应该将关注点放在网站的独特商品和服务以及用户体验上。

（四）寻找最佳角度

首先要确保您的新闻稿具有一定的新闻价值，尽量将企业信息与时事、最新研究成果、社会趋势相联系，这样会有利于媒体的传播。另外，新闻稿需即时发布。

（五）使用锚文本和多媒体

新闻稿在线可以发布多媒体格式，如图片、表格、视频、链接等。在新闻稿里面附上企业 logo、标题截图、产品截图、照片、音频文件、视频文件、

PDF 文档和其他辅助性材料会使文章更加完善。锚文本和超链接可引导读者从新闻内容页返回到企业官网。

（六）举例说明问题

对于相对生僻领域的企业新闻稿，读者经常会一头雾水。这种情况下，用现实生活中的例子来说明产品或服务能为读者带来什么，会显得更具有说服力。

（七）勇于宣传自己的成就

网络上的新闻稿或软文宣传，是获得行业专家地位的好方法。对于公司里程碑式的事件，如周年纪念、新领导上任、重大的业务提升或者获得奖项和认证，都应该进行宣传。或者，为读者提供本行业的知识性内容，也是推广的办法之一。

（八）不要什么都说

假设贵公司正在举办一次活动，要写一篇活动新闻稿。新闻稿里无须说明活动的所有详情，可在文章结尾处加上公司或者活动的官网。这种“指引式”的行为，不仅能够吸引读者了解活动，也增加了参与的可能性。

（九）坚持事实

避免毫无价值的东西、过多的装饰、炒作和夸张。如果您觉得自己的新闻稿偏向于煽情，多半情况下，您的读者也会这么认为。如果您的文章看起来过于异想天开，则可信性必然会降低。即使事实就是如此，也最好用较为克制的笔触。

（十）用有活力的语言

动词可以给稿件带来活力。比如，针对 A 企业和 B 企业之间的合作，“建立战略合作关系”要好过“A 和 B 是合作伙伴”。另外，多用语气强烈的动词。例如，“委员会震怒了”比“委员会对此次事故表现出了强烈不满”效果会更好。类似的书写方式给文章带来生命和力量。

（十一）节约语言

赘言会转移读者的注意力，所以文章最好简洁。另外，搜索引擎常常会忽略掉过于冗长的标题、过长的清单等。清除不必要的形容词、花哨的语言和多余的描述，如“独立无二”“领先的”“领导者”等。

（十二）少用专业术语

专业术语主要针对特定专业、行业和团体，但不适用于普通读者。如果你的目的是优化新闻稿发布效果，那么应该尽量少用专业术语。最好用朴素的语言简单地叙述。过分使用技术性语言和专业术语会影响读者的阅读，进而影响企业信息的传播。

第三节 通讯的写作范例

一、人物通讯

所谓人物通讯，就是以报道各条战线上的先进人物为主的通讯。它着重揭示先进人物的精神境界，通过写人物的先进事迹，反映出人物的先进思想，使之成为社会的共同财富。同时，也报道转变中的人物和某些有争议的人物。“金无足赤，人无完人”，在写作时切不可把先进人物写成从来没有过的大智大勇，十全十美，写人叙事力求言真意切，恰如其分。

范例

严师·慈父·名医

——记酉阳县浪坪乡评议村小民师 喻登智

吴建平采访乡村教师——酉阳县浪坪乡评议村小民师喻登智，乡亲们异口同声地称他：是名医似慈父更是严师!

1975年，喻登智接过教鞭，在评议村小的三尺讲台上一站就是20年。如今，他已由血气方刚的毛头小伙变成了鬓角染霜的“小老头”，可他痴心无改，无怨无悔。说他是名医，不是因为他有多高超的医术，而是因为他一直坚持义务为学生和乡亲们治疗疾病。评议村地处酉阳、黔江、彭水三县接合部，离乡所在地也有近20公里。这里缺医少药，刚当上民师时，学生们因营养不良，常生病，喻登智买来一些医学书籍，在认真教书的同时挑灯自学，掌握了儿科推拿术，并学会了用中草药治疗简单的疾病。一次，学生谢光玉在课堂上呕泻不止，当即休克。喻老师用学到的知识紧急施救，使谢光玉终于苏醒过来。家长闻讯赶来后，感激之泪涌出眼眶，连称喻老师“恩人”。为备足常用药品，他用自己微薄的收入在外出开会时尽可能多买些西药，利用星期天和节假日到山里采中草药。他爱生如子。三年级学生胡世淑学习用功，成绩优良，可连续几天没到校上课了。喻老师在家访中得知，其父病故后家庭难以维持生计，只好不读书了。喻老师鼻头发酸，眼泪禁不住往外流。他当即决定免去胡世淑的学费，并保证供给她课本和学习用品，使即将失学的胡世淑重返校园。问及20年中喻老师究竟为多少学生资助过书费和学费，他说：这点小事不足挂齿。他抓校风、学风十分严格。有人对坚持升国旗不理解，他认为“可激发学生爱国热情”；有人认为学生搞义务劳动是“不务正业”，他说这是培养“集体主义精神和爱劳动的习惯”。学生的红领巾没戴好，他帮助纠正，甚至脸未洗干净他也帮助洗净。乡亲们还说喻老师是真正的“以校为家”。学校教学条件差，没有教具，所用的直尺、三角板、圆规、量角器及体育器材都是他亲手仿制的。课桌凳、门窗坏了，他亲手补修。房上的瓦片被大风揭了，他亲自上房检修。他说这样可节约点钱，多资助几个失学儿童。自1983年以来，他所教班级的成绩，在全区的会考中总是名列前茅，其中1983年毕业的40人就有32人升入初中学习。突出的成绩使喻老师多次被乡、区、县、地评为先进教师。他于1994年9月获得中国青少年发展基金会“希望工程”园丁奖，去年夏天又光荣地出席了全省乡村教师“夏令营”活动。

二、事件通讯

所谓事件通讯，就是报道典型的、有普遍教育作用的新闻事件。写事当然离不开事件有关的人，但它不像人物通讯那样着力刻画人，而是以事件为中心，在事件的总画面中，为了写好事来写人。它既可以反映现实生活中发生的重大的、振奋人心的典型事件和突出事件；也可以从某一新闻事件截取一个或若干个片断，进行细致详尽的描述，揭示事件的深刻含义；还可以是若干事件的综述。

范例

八十三天的“打工梦”
——向明春外出沈阳遇难获救备忘录

天有不测风云，人有旦夕祸福。谁也不会相信，一个身强力壮的男子汉，外出打工归来时，却成了一个失去四肢、生活不能自理的残疾人。眼前的他，年过40岁，是四川省广安县石笋镇文昌街居民向明春。提起他的不幸遭遇时，人们议论纷纷："是沈阳人民救了他的命，外出打工真难啊！"今年3月1日，向明春带着挣钱的梦想，告别爱妻和两个未成年的女儿，去大连市打工。当他来到广安火车站时，突然改变主意，决定去沈阳。3月6日，当他抵达沈阳下车时，才发现自己那个装有衣服、身份证和100多元现金的行李包被扒手洗劫一空。3月7日，向明春拖着疲惫的身体，穿梭于沈阳北站附近，盲目找工无着落。当晚，他蹲在候车室里过夜，晚上没有衣服增添，没有被子盖，又无钱购买所需物品，冷得发抖，只好蜷缩在长条椅上。由于他没有身份证，无处住宿，一连几个晚上都被拒之于候车室和旅馆的大门外。不明真相的值班人员错把他当成流浪汉，他有口难言，欲哭无泪。就这样，他白天走街串巷，寻找四川老乡，晚上露宿沈阳街头。当时，春寒料峭，沈阳的气温零下10多摄氏度。日复一日，他忍饥受冻，双手双脚便不知不觉地冻伤了。3月13日，当他路过沈阳钢厂基建处时，这个身高1.65米的汉子终于倒下了，他的四肢已经冻僵了。此刻，幸好被队长王宏宽发现，询问情况后，王队长立即给他找住宿，并安排在这里打工的四川射洪县刘博给他端水、喂饭，扶他大小便。他在钢厂住了7天，伤情稍好，又回到车站等候家里人来接他。这期间，他靠乞讨度日，每晚躺在售票厅外面的石阶上，导致冻坏的手脚流出血水，周身麻木。一些好心人目睹此情此景，一方面洒下同情之泪，另一方面请求新闻界为他呼吁。4月7日，在沈阳电视台记者赵阳、张吉顺等人的帮助下，叫来救护车，把向明春送到沈阳市第四人民医院观察治疗，医院还专门雇请一位民工照顾他。赓即，沈阳电视台播放了向明春冻伤住院的新闻，引起当地群众的关注，沈阳市政府很快与广安县政府联系，通知其亲属火速赴沈。向明春之妻柏长余接到电报后，心急如焚，她东拼西凑，好不容易凑齐500元钱，去邮局电汇到向明春所住的医院。接着，柏长余又想方设法筹措路费，她怀揣着镇粮站、供销社、医院、学校等单位职工和乡亲们捐助的1100多元现金，在广安县石笋司法所律师李正法的陪同下，搭乘了驶向北国的列车，于4月18日抵达沈阳。当柏长余见到自己丈夫面黄肌瘦、双手双脚用布包裹着的模样，禁不住泪如泉涌。向明春见到亲人突然出现在病床前，顿时悲喜交加。不一会儿，李正法和柏长余查看了患者的病情，因冻伤严重，导致四肢腐烂，如不及时做四肢截除手术，将直接危及病人的生命安全。医生说："现在，患者的身体臭味熏人，污染了整个病房，住院的病人对此提出抗议。要救向明春的命，必须做截肢手术！"为了救人，李正法和柏长余请求医院立即给病人做截肢手术。然而，当柏长余得知手术、输血等费用大约要用 1 万多元时，急得六神无主。天啦，她哪里交得出这么多钱呢？为难之际，李正法陪他去找市长张荣茂求援，张市长当即表示："先做手术，救人要紧！"沈阳电视台率先捐赠 1000 元，交给医院为向明春做手术，并拍摄电视新闻播出，再次呼吁各界人士为四川患者奉献爱心。4 月 21 日，沈阳市政府、卫生局、医政处、民政局、红十字会的领导和同志们聚集医院现场办公，分别听取了患者病情、家庭经济状况的汇报，拍板解决了医疗费用。李正法和柏长余才如释重负。4 月 23 日，医生们给向明春冻坏的四肢做了截除手术，当地广播、电视及报社作了报道。手术后，许多人从四面八方涌向医院，有的送来现金，有的送来糖果、馒头和面包……用爱点燃了他的希望之火！冻伤无情党有情，惨遭不幸遇恩人。经过 43 天的精心治疗和特殊护理，向明春终于痊愈了，1.5 万多元医疗费，只交了 1500 元，其余费用全部由医院承担。5 月 20 日，向明春在亲人的护理下出院启程回四川。临走时，辽宁森工地板实业公司余经理给他捐款 1500 元，沈阳市民政收容遣送站赠给他 500 元……

沈阳电视台记者摄下了人们为他送行时那一幕幕感人肺腑的场面。从沈阳到北京直到广安，他沿途受到特殊照顾，一律免费乘车、吃饭。北京到重庆的 9 次特快列车全体乘务员给向明春捐款 445 元，并给他写了一封热情洋溢的慰问信。一路上，不少乘客都给他送钱送物送水果……这一切的一切，向明春看在眼里，记在心上，他不知有多少感激的话儿要说啊！5 月 23 日，向明春终于从遥远的北国回到了生养他的家乡。从出走到归来，整整 83 天，他历尽艰辛，饱尝了人间的冷暖。连日来，乡亲们纷纷前去看望他，为他奉献一片爱心；县、镇、村的干部们也去安慰他，为他排忧解难。夜幕降临，向明春躺在他那睡了多年的床上，百感交集。正欲外出打工的人们，你能从向明春的遭遇中吸取什么教训呢？

三、工作通讯

所谓工作通讯，就是反映贯彻执行党的路线、方针、政策中的成绩，总结实际工作中的经验和教训，或者探讨有争议的亟待解决的问题的报道。它是报纸上经常运用指导工作的重要报道形式。它的主要特点有四条：一是把介绍工作经验和分析问题作为主旨；二是凭借事实，深入分析；三是生动活泼，讲究文采；四是不拘一格，形式多样，如随笔、散记、侧记、札记、记事等。

范例

“卧龙”何以腾飞

——化工部第二胶片厂 成功之路探秘

本报记者 夏桂廉 通讯员 恭永梅“伏牛”出山，“卧龙”腾飞。70年代建在河南省伏牛山深处的化工部第二胶片厂，今天神奇般屹立在南阳市的卧龙岗下，成为我国印刷感光器材生产的基地、河南省利税百强企业。在社会主义市场经济的大潮中，他们越战越强的秘诀是什么？

企业要有一种精神

记者在这个厂采访时，干部职工介绍了他们如何适应市场需求调整产品结构：如何狠抓产品质量促销售；如何狠抓科技进步……但更令人振奋的是，职工们高昂的精神面貌和他们经常提到的企业精神：艰苦奋斗，团结进取。70年代初期，二胶厂的建设者们开进了伏牛山。他们住的是简易房，吃的是红薯面窝头，在人迹罕至的深山，万名建设者忍着冬天的奇冷，冒着夏天的酷热，硬是在4年中建起了一座座现代化厂房。二胶厂的许多职工经历了那段日月，创业的艰难磨炼了他们，艰苦奋斗、努力进取的企业精神也像刀刻石雕般印在了这一代建设者的心中。进入80年代，电影胶片市场趋于饱和。二胶厂的领导们审时度势，决定转产工业用印刷胶片。新的生产线怎样建起来，是完全靠国家贷款引进国外设备，还是主要靠自己的力量进行技术改造？二胶厂选择了后一条路。几年来，他们对关键设备拉幅机先后进行了4次大的改造，使其能生产0.175毫米厚的涤纶薄膜，填补了国内空白。对涂面机进行了多项改造，实现了微机控制、双机计量等，使生产的车速由18米/分提高到28米/分，控制精度由百分之一提高到千分之零点五。对国外的先进设备二胶厂并不排斥，适于厂情的或技术改造中的关键设备也要买。他们分别从美英日引进了三条生产线和关键设备，这样技术改造的结果，产品质量上去了，生产成本降低了，同时还锻炼出一批技术过硬能打硬仗的队伍。

1991 年，该厂被列为《三线企事业单位“八五”调整规划方案》之中，开始了由山沟到南阳的搬迁工作，除山区暂设分厂外，主要生产机构全部搬出。在搬迁中，该厂只用了 6000 万元，还比原计划的 40 天提前了 5 天。拉幅机搬迁后一次试车成功，工人们精细地拆装，忘我地工作，为国家节省了大量资金，被国务院三线办评为搬迁的典型。转入市场经济后，许多工厂的供销人员成了先富起来的人。然而二胶厂的供销公司仍然有一支不计名利、朴实能干的队伍。公司经理是个血气方刚的中年汉子，在二胶厂已工作 20 多年。他很为他的同事自豪。他说：“我们这 80 多人长年奔波在祖国各地，只要一说有任务，买张车票就走，出门在外吃住全不讲究，小旅店、小饭馆即可。当然，看到有的单位供销人员拿高奖金，花钱大手大脚，我们也有想法，但我们这支队伍艰苦奋斗的企业精神一直没有丢。”在二胶厂，一线工人勤恳耐劳，他们很为自己的工厂自豪。迁入南阳后电源不足，对生产有影响，今年春节，工厂决定避开用电高峰照常上班，大家没有怨言，高高兴兴完成了任务。

企业精神从何而来

二胶厂的成功，与职工们的精神面貌有重要关系，他们的企业精神从何而来？二胶厂的多数职工都有一段在艰苦环境下创业的历史，他们对工厂有很深的感情，这是很重要的一条。但从干部职工的谈话中，他们十分信赖自己的企业领导，对他们充满信心，也是一条重要原因。以“全国优秀化工企业领导人”李相权为带头人的领导班子，在工厂中深孚众望。李相权专业知识功底扎实，从企业基层干起，有丰富的实践经验，与二胶厂一起成长，又决定了他有较强的社会责任感和艰苦奋斗干大事业的气魄。

在二胶厂参观，厂房是新的，高水平的设备让行家们眼热，但厂领导的办公室则很普通，他们只是借用了厂科研楼的两层。为工人和科研人员创造最好的工作和生活条件，自己则决不讲排场。春节，工人们加班，李相权和其他领导大年初一的早晨也来到车间，和大家一起工作。在从计划经济向市场经济的转化中，企业领导人正确的决策是十分重要的。李相权对行业状况、发展趋势、竞争对手的情况都了解甚深，因而有很强的市场驾驭能力。二胶厂的产品转向、技术改造、狠抓质量、开拓市场都渗透着他和领导班子的心血。一个能带领职工沿着正确的航向在市场经济的大潮中拼搏的厂长，自然会得到群众的信赖。当职工看到企业美好前景，个人生活不断得到改善时谁还会不努力工作呢?

四、概貌通讯

概貌通讯又称风貌通讯。它是以反映社会生活、风土人情、自然风光和日新月异的建设成就为主的报道。尤其是改革、开放、搞活所带来的变化，又为这类通讯增加了新的内容。概貌通讯与事件通讯不同，它不是围绕一个人物或一个中心事件来写，也不要求写一件事发生、发展的完整过程，而是围绕主题集中各方面的风貌和特色。在表达方式上，往往运用点上具体事例来叙述和描写一个地区、一条战线、一个单位、一个点、一个方面的风貌变化，展现时代的步伐和人的思想境界的变化。一般采取“巡礼”“纪行”“散记”“侧记”等形式，向读者介绍。

范例

“太旧精神”耀三晋

山西，曾被唐代文学家柳宗元称作“表里山河”，它内凹外凸，四周被群山环抱，自古多以栈隘与域外相通。“八五”期间，国家重点建设项目、全封闭、全立交的太旧高速公路的兴趣，不但揭开了山西公路建设乃至山西经济建设史上的崭新一页，同时，工程建设者们在实践中，也为世人创造了一笔宝贵的精神财富“太旧精神”。新春佳节前夕，中共山西省委、山西省人民政府做出决定，在全省干部、群众当中，开展学习“太旧精神”活动。“自力更生、艰苦奋斗、不屈不挠、无私奉献”。中共山西省委总结的“太旧精神”,体现出改革开放的90年代山西人民开拓进取的精神风貌，反映了物质文明和精神文明建设的辉煌业绩。知难而上太旧高速公路西起太原，东止晋冀交界处的旧关，全程144公里。路虽不算长，但沿线地貌变化大，地质情况复杂，80%的路段都蜿蜒在太行山的崇山峻岭之中，为施工增加了极大的难度。工期短，要求高，投资少，速度快，质量上必须创全国一流水平。面对这样的条件，这样的要求，络绎不绝的外国投资者们虽屡经辗转、考察、概算，但最终都一个个地退缩了。他们啃不下这硬骨头，也不敢冒这天大的风险！怎么办？靠我们自己干！

山西省委、省政府下了这决心，全省人民下了这决心！省委、省政府明确提出“修建太旧高速公路，不仅是一项重要的经济任务，更是一项重大的政治任务！”工程 1993 年 5 月动工。高速公路建设初期，遇到建设资金严重短缺的困难。面对这种情况，是坚定信心、迎难而上，还是优柔寡断、知难而退？在这重大抉择关头，胡富国同志带领省“五大班子”的领导赴太旧路现场办公，调查研究，统一了思想，坚定了自力更生、咬紧牙关、勒紧裤带、知难而进的决心。全省人民心系“太旧”，以不同的方式大力支持太旧路的建设，踊跃捐资捐物，在很短的时间里捐资达 2. 3 亿元，缓解了资金困难。公路沿线群众识大体，顾大局，像革命战争年代之前一样支援太旧高速公路建设，他们拆新房、迁祖坟、砍果园、献良田，作出了巨大的牺牲和贡献。顾全大局征地拆迁，常常是施工前的一大难题。但太旧路工程却是一个例外。在不到 3 个月的时间里，隶属于 3 地（市）10 个乡（镇）的 18 个村庄的成千上万个拆迁户，便拆迁完毕。他们就像战争年代支援前线那样全力以赴地支援太旧高速公路建设。只要筑路需要，他们拆新房不犹豫，迁祖坟不忌讳，献良田不心痛，砍果树不留恋。他们说：“太旧高速公路是咱省的经济大命脉，小道理服从大道理，小复兴服从大复兴，舍小家为大家嘛！”太旧路工程共征地 1. 39 万亩，拆迁房屋 1058 户，总面积 10. 8 万平方米，砍掉果树 12 万株，迁坟 4240 座。拆迁户们谁也不现难色，谁也没有怨言，谁也不计得失，表现出了识大体、顾大局的崇高精神！无私奉献太旧路工地，就像一座大熔炉，任何人，只要一投入这太旧路工地，其灵魂就会得到铸冶，其精神就会得到升华，其世界观、人生观和价值观就会得到深刻而巨大的变化与飞跃。讲政治、讲志气、讲拼搏、讲奉献，已经成为太旧人民心中的火炬和追求的目标。工地上，时时都有捷报频传，时时都有动人的事迹出现。施工项目负责人庞成，为了抢时间浇筑桥桩，竟冒着大雪在工地上坚守了三天两夜。高级工程师高德生除完成监理任务外，还分外为一项设计修改图纸，节约工程费用 100 余万元。为了给太旧高速公路作奉献，长期病体的司机开起了砼灌车，新婚燕尔的夫妇把家安在工地的窝棚里，患病的操作手一边输液一边坚持施工，已经退休的老工程师重新走上了施工第一线。即使在病榻上即将告别人世之际，他还要给工程指挥部写信表述自己的心迹：建设好太旧高速公路是我的最大心愿，但是不能自始至终地参加太旧高速公路建设又是我一生中最大的遗憾！在太旧路建设中，副总指挥刘俊谦被省委树为全省领导干部的楷模，8 位党员受到省委组织部的表彰，8 支突击队被评为“三项建设”优秀青年突击队，100 名优秀干部、工人被火速吸收加入中国共产党，许多奋战在第一线的干部被提拔。

“太旧精神”正在三晋大地发扬光大。

五、小故事（小通讯）

反映现实生活中的一个片段，通常表现一人一事，线索单一而有故事情节，短小精悍，生动活泼。不能写得人物繁多，场面太大，枝节横生，否则就失去“小”的特点。

范例

温馨留蓝天 爱心在人间
——陈太菊家人向西南航空公司致谢

3 月 22 日下午，因丢失一年血汗钱受到西航乘务员帮助的打工妹陈太菊的两位姐姐陈太凤和陈太翠，从广汉市专程赶到成都双流机场，亲手将书有“温馨留蓝天，爱心在人间”的一面锦旗赠送给西航总经理王如岑，以表达全家人的诚挚谢意。

去年 12 月 30 日，在广东中山一童装厂打工一年的陈太菊从珠海机场乘机到成都，过安检时忙乱中不慎将 12900 元血汗钱丢失了。当她痛不欲生之际，西航乘务员带头为其捐款，从而感动了全机 123 位旅客纷纷为其解囊相助。当晚 11 点刚过，同机旅客古和强、张其君夫妇在回家整理行李时意外发现了陈太菊的钱盒，于是连夜驱车冒着浓雾赶到双流机场，将钱盒交给西航乘务部值班领导。元月一日，西航派人到广汉寻找到陈太菊后及时归还了钱盒。陈太菊得到失款后，感动不已，当场将在飞机上所得的 6000 元捐款委托给西航的同志，请转捐给“希望工程”。四川省青少年发展基金会接到这笔捐款后，打破常规，速将该款划拨给朱德同志的故乡仪陇县，从而使 15 名失学儿童得助重返校园。“这一串串动人的真实故事，就像是导演编的，简直令人不敢相信，然而它却实实在在发生在我们自家人的身上”。陈太凤噙着泪水，满怀感慨地握着王如岑的手说：“你们培养了这么好的乘务员，我们全家人永远都会感激。”作为全国人大代表，3天前才从北京开完人大会议归来的王如岑托着锦旗说：“推进社会主义精神文明建设，是我们共同的大事，刚召开的全国人大会议把它放在了很重要的位置。陈太菊把款转捐给‘希望工程’的举动，做得很好，它对我们继续抓好安全服务工作，也是一种激励。”

据悉，陈太菊已于3月13日重返广东求职打工去了。

范例

六、运动会通讯稿

“友谊第一，比赛第二。”这是每一场比赛必不可少的黄金号令。运动员们在激烈的赛场上拼搏之后，就算是倒数第一，回到同学们身边的时候希望听到的是“你真棒！虽然这次发挥不好，下次还有机会。”

在你最伤心的时候，一句问候就可以使你从阴暗走向光明，从低谷走向高山。

人不可能永远旭日东升，也不会永远在低谷品尝失落。就算失败，还能从头再来，海迪说过一句话：“就算我100次跌倒，我也要第101次地站起来！”

因此，我希望这次未能夺冠的运动员不要灰心丧气，你们真的很棒！

七、铁路通讯稿

10月6日，中秋佳节，全国上下沉浸在一片举家团圆的喜庆里。也有许多人离家别亲，继续奋战在工作岗位上，无法与家人团聚。在四公司XX铁路工地上，共产党员、领工员XX与他所在的队200多名施工人员一起，在忙碌中送走了中秋佳节。

6日上午，笔者来到四公司XX经理部的上派河特大桥工地，这里和平常一样，彩旗飘扬，机声隆隆，一片繁忙的场面。两台16 T吊车正在xx的指挥下伸着大臂吊装桥墩钢模。

“这个桥共28个墩台、244根钻孔桩，我们刚刚开工，工作量非常大，工期也很紧，为确保在今年12月31日前主体竣工，我们必须加班加点”。

XX说。

自去年XX铁路工程开工以来，今年39岁的XX一直奋战在工地，先后施工完成了吴新庄大桥、DK45段路基，现在又转战到了新开工的上派河特大桥工地。不知不觉，有一年没有回家了。这个中秋，孩子打电话来盼着爸爸能回来一家三口过个团圆节，可XX考虑到特大桥才刚开工，按照工期要求，11月中旬桩要全部施工完，12月底墩身要全部施工完，要抢在春节前达到铺架要求，进度刻不容缓，XX毅然决定，坚守工地不回家，中秋就在工地过！

“像我这样一年没回家的，向领导提出请假领领导肯定批准，但我不能提，因为我是共产党员，凡事都要带好头、多吃苦，争取保质保量的完成生产任务。”

XX还说，春节、中秋都没有回家陪妻儿团聚，心里很内疚，但这都是小事，XX铁路客运专线是国家重点建设工程，确保铁路按期通车，才是大事，作为一名共产党员，尽心尽力干好本职工作，为XX线建设作出贡献，苦一点、累一点，想想也很值！

第十四章 新闻特写及现场新闻写作

第一节 新闻特写概述及写作技巧

一、新闻特写的含义和分类

（一）新闻特写主要有事件特写和人物特写

事件特写以写事为主，人物特写以写人为主。描写是新闻特写的主要表现手法，截取新闻事件或人物的一个片断、一个场面、一个情景、一个镜头，运用文学笔法进行描写，使读者如临其境、如闻其声、如见其人，具有强烈的感染力。但必须遵守新闻真实性的原则，如实描绘真人真事，细节也必须是真实的。要以现场观察为描绘的基础，像新闻摄影一样拍摄现场真实情景，捕捉典型瞬间的生动形象，使作品具有强烈的现场感。写作上要求集中、突出，忌面面俱到。

（二）新闻特写的分类

1. 事件特写：摄取与再现重大事件的关键性场面。

2. 场面特写：新闻事件中精彩场面的再现。

3. 人物特写：再现人物的某种行为，绘声绘色，有强烈动感。

4. 景物特写：对于有特殊意义或有价值的罕见景物的描写。

5. 工作特写：对于某一工作场面的生动再现。

6. 杂记性特写：各种具有特写价值的新闻现场之生动再现。

二、新闻特写的写作要求

新闻特写的写作准确要把握其“新”字的属性和本质，努力在“闻”字上挖潜力，不断在“特”字上下功夫，刻苦在“写”字上做文章，是新闻记者和广大业余新闻报道员应努力掌握的最基本的新闻特写的写法，也是原则。

（一）“新”

新，是新闻的基本属性，更是新闻特写的特性和本质。所谓“新”，在新闻特写上应体现所写内容是新近发生的故事，也就是新闻时效性强的事件，不是旧闻和陈年老账。

（二）“闻”

闻，就是故事、事件、事情，就是内容。没有故事，新闻特写就如同无源之水、无本之木。要有事件的特色。要报道出现场所见所闻的新人新事。新闻特写要有生动的故事性。讲故事，已经成为当下新闻写作的常用技巧之一。因为受篇幅简短所限，一篇新闻特写往往精选一两个典型故事，用十分精当的语言叙述出来，辅以设置悬念、制造矛盾冲突和抖包袱等故事表现手法，在增加报道趣味性的同时，不断深化或衬托新闻主题并强化了新闻传播效果。

（三）“特”

写好新闻特写，首先要有强烈的现场感。新闻特写最大的“特”，在于用生动的细节描写和鲜活的人物对话来再现新闻现场，让受众身临其境，进而达到对报道聚焦的新闻事实感同身受、蕴含的思想观点在思想上、情感上形成强烈共鸣的传播效果。记者让受众“走进”新闻现场，在强化了新闻特写现场感的同时，也增强了报道的贴近性。特写就是要对报道的某些局部作突出的、重点的描绘，而不是面面俱到的泛泛之笔。从时间上来说，局部化意味着对生活作片段的截取。它不是去展示事件发展的前前后后，而是选取那种最具包蕴性的片段，动中取静，以静写动，让人们通过一个典型的镜头、一个画面，获得对其前前后后经过的了解。这种片段，通常是能反映事物特征的片段或事件发展的高潮部分。从空间上来说，局部化意味着选取那些最有特征、最富表现力的细节。

（四）“写”

新闻特写由于借鉴了影视手法，将对象镜头化，所以能产生很强的可视性，人们常把它称为“视觉新闻”。通过描绘，让读者将文字的内容转换为可视的画面。新闻特写，一定来自新闻现场，记者通过将现场目击、亲身感受形诸于笔，再现大喜大悲的新闻场景，使受众如临其境，产生视觉、听觉、触觉、味觉、味觉等感官冲击和心灵感应，从而获得鲜明而深刻的印象。写的现场感，首先是来自记者的现场观察。一般新闻报道的材料来源，主要是由记者访问得到的，而特写的采访则特别强调记者的现场观察，强调第一手材料的获取。没有现场观察，记者是无法作出特写来的。所以，在不少的特写中，我们都可以感受到记者观察活动的存在。

三、新闻特写注意事项

因为特写这一体裁要求既要再现新闻事实，又要生动形象，所以特写的叙述性语言要简洁，形象的描述语言要生动，对所要表达的人或事要合理地安排素材，语言既不能“浓妆艳抹”，也不能过于直白。在写作中要注意以下几个方面。

（一）抓画面，就是用生动的形象说话

写新闻特写，首先要能“叙事如画”，就是要善于挑选有意义而且富于形象的材料，用活生生的形象说话。有些新闻如果用消息的写法就不能充分地展现现场的活跃气氛，而用特写的形式就能把比赛的场面活生生地摆在读者面前。

（二）写反映事件特征和高潮的片段

要写出事件的特色，吸引读者，还必须紧紧围绕事件的特征运笔，对那些能反映事件特征的场面或片段进行突出的描写，注意不要事无巨细地面面俱到。

（三）要有富有特征的细节的描写

新闻特写要有声有色地反映出现场的情景和气氛，不能靠堆砌形容词来表现，而应该通过对人物活动的描述来实现。有人的活动，就会有言谈举止、音容笑貌，就会有传神的细节、生动的镜头。把这些细节、镜头描述好，就会使特写显得有声有色，给人以身临其境的感觉。

（四）善于判断，选择适用体裁

新闻特写固然感染力强，能吸引读者，但并不是任何新闻题材都要用这种体裁来反映。有的题材值得用特写来表现，而且表现的效果很好，而

有的题材没有感染力和生动的形象，没有典型的有特色的事件和人物活动的情节，或者新闻价值主要并不体现在外部形象上，就不适于这种体裁了。所以，我们在学习了各种体裁后还要判断，自己获得的新闻题材用哪种体裁表现最好，该用消息就写消息，该用通讯就写通讯，该用特写就写特写。在这里需要向小记者们提示的是：小记者们都生活在校园里，和大记者相比，从新闻时效上肯定相对处于劣势地位。但从对事物的了解和观察上又有自己的优势，所以，从观察中发现新闻，多写些新闻特写的文章，肯定会受报社欢迎的，也是会有读者的。

第二节 现场新闻的概述及写作技巧

一、现场新闻的含义

记者亲临新闻现场的目击式再报道，就是现场新闻。

二、现场新闻的特点

在各种新闻体裁中，现场短新闻是受众喜闻乐见的一种报道形式，也是一种有强烈的自身特色的常用体裁。它以新、短、快、活见长，现场感强、时代感和立体感强烈，具有较强的生命力。

现场短新闻的基本要素有："现场""短""新闻"其具体要求是：现场感强、短而精、新闻价值高。

现场感强，是指对于现场要有准确生动的描述，捕捉现场动态、抓取现场细节，使受众有如临其境的感觉。这不仅可以提供消息的准确性、可信性，也可以增强新闻的可读性和吸引力。

短而精，就是要求消息的写作要简明扼要、不拖泥带水，用笔直截了当。通过短而精的文字，将新闻的精华浓缩在消息里，使其精确、生动而有力度，同时有利于读者阅读。

新闻价值高，是指所写的新闻要具有时新性、接近性、显著性、重要性、趣味性等特征。对于现场短新闻这一体裁来说，时新性显得尤为重要，这是其最大优势之所在。

三、现场新闻的类型

写文章讲究谋篇布局，写现场短新闻同样也要重视结构安排。因为结构是表现新闻内容、体现新闻主题的重要表现手段。不同的报道形式具有不同的结构要求和方法，现场短新闻的结构形式即有其显著特点。由于现场短新闻要向读者再现记者在现场耳闻目睹的新闻事实，现场与新闻事实紧密相连，因此，新闻现场往往成为现场短新闻结构布局的重要因素，两者有着密切关系。现场短新闻题材广泛，事实各异，并且文体不一，有消息，也有通讯，其具体结构形式当然是多种多样的，但是将现场作为主要框架与脉络的结构形式来看，常见的有以下几种类型。

（一）场面单一型

这类现场短新闻场面单一，作者将这特定场面作为选材的主要范围，但这并不意味着在这个范围里事无巨细都可任意选用。要写好现场短新闻，运用好这种结构类型，与写好其他新闻报道一样，同样也要精心选材，而不能简单罗列。

（二）场面转移型

与上述形式不同，这一类现场短新闻报道的新闻事实，并非只发生在某一个现场，其现场空间沿着记者足迹所至而一再变换。好像记者带着读者循着新闻事实的发展，从一个场面转移到另一个场面。这类新闻结构形式常以空间的转换，即移步换形的方法，安排布局。其特点是流动感强，场面不单一，读者可看到多种场景，而且排列有序，层次清楚。

（三）突出一点型

有一部分现场短新闻，对新闻事实发生的现场一般不作全过程的细致介绍，只是着眼于现场事实的某一侧面或某一具体事物的重要含义，而对此作突出的描述。其特点是：凝于一点，角度精巧，别具一格。安排结构的方法是，抓住现场的某一侧面或某一具体事物作由头，集中有关材料，贯穿始终。

（四）跟踪连续型

这是指自成系列结构的一组现场短新闻，各组篇数不等。从其报道的内容看，具有跟踪连续性，后篇是前篇事实发展的继续，前篇是后篇跟踪的缘由，从其报道的场面看，前后各篇的现场常随记者采访场所与新闻事实的变动而不相同。

以上分析的这几种常见的结构类型，各有特色，已成为既能恰当再现新闻事实，有力显示主题，又符合这种报道形式特点，并易于读者理解接受的结构形式。在具体运用时，还要从新闻现场的实际出发，把握住新闻的主线。“唯能线索在手，则错综复杂，准吾所施。”并力求层次分明，详略相宜，完整和谐。

第三节 新闻特写的写作范例

范例一

特殊的捐赠（子彬昌）

下午3点刚过，门厅接待捐款的刘云杰老师告诉我：“王镜师傅又来了！”在场的人心里都一阵高兴，我撂下手头工作赶忙走到前厅：“大冷的天，这么远您怎么来了？”我问。他迎过来，右手拿着200块钱一扬：“这不，我把这钱捐了。”

王镜——就是那位住在北京黄杉木店周转房、捡破烂向希望工程和其他社会福利事业捐款万元的退休老工人。今天出现在我眼前的王镜老人，无论从脸色上，还是穿着上，都和以往来时大不一样了：他的脸黑中透出红润，而且胖了；身穿黑色棉外套、土黄色新工作罩裤，足下一双黑色包头胶底棉鞋，显得干净利落。我请老人坐下，没等我问寒问暖，他就满脸堆笑地说：“这不，人家知道我困难，给我寄来200块钱，好人哪！我怎么能要人家的钱呢？”我接过话茬：“你节衣缩食，捡破烂把1万元都捐了，这200块钱人家给您，您留下用也是应该的。”老人立即反驳道：“不能！无论如何我也不能要。人家一片好心。退休费我足够用了，还是捐给希望工程，给贫困山区办教育吧。”说着，他转过脸对刘老师说：“你一定要写人家的名字，我把收据给他寄去，好好谢谢人家。这情我领了。”“我琢磨，退回去也太不尽人情。可我又不能要，还是给希望工程，顶好！”

我一边聆听，一边凑过去接过老人手中的一个信封，那上面写着：河南洛阳一拖公司油泵厂安环科高防。我明白了，这 200 块钱就是素不相识的高防同志看了中国青年报 1994 年 12 月 19 日刊登的《黄杉木店陋室铭》后汇给王境老人的。

这就是数天前发生在北京北新桥香饵胡同 3 号——希望工程北京捐助中心捐款大厅的一幕动人情景。

范例二

时代需要最可爱的人
——记著名作家魏巍同李国安会见

一双书写英雄的手和一双紧握钻杆的手紧紧地握在了一起。28 日下午，76 岁的老作家魏巍在他的寓所会见了北京军区给水工程团“模范团长”李国安。

老作家握着李国安的手高兴地说：“你的事迹我都看了，很感人。你是改革开放年代的英雄，在市场经济的大潮中，有人向钱看，有人说空话，你是无私奉献，为老百姓办实事，扎着‘钢围腰’一步一个脚印，走的是新的万里长征。我们的时代需要你这样最可爱的人。”

“老首长，我从小就读了您的文章《谁是最可爱的人》，是在志愿军爱国主义和革命英雄主义的精神熏陶下成长起来的。每当我在工作中遇到困难的时候，就想起了老前辈，想起了舍生忘死的志愿军英雄。”李国安崇敬地对魏老说。

看着挂满军功章的李国安，魏老若有所思。一会儿，他感慨地说：“6 年前，我的一个老朋友也坐在你这个位置，他叫李玉安，是‘活烈士’，是战争年代的英雄；你叫李国安，是和平时期的英雄。你们都是英雄，是两个时代的英雄。你们都在实践我军的宗旨，都是最可爱的人。”李国安说：“谢谢老前辈的鼓励，我要牢记全心全意为人民服务的宗旨，谦虚谨慎，为人民办更多的实事，为人民再立新功。”

离别时，魏老将自己撰写的《地球的红飘带》一书和一幅亲笔题词交给李国安，上面写着：“李国安同志：你是和平建设年代最可爱的人。”

范例三

一场别开生面的考试

3月12日下午3点，一场别开生面的考试在湖南省吉首市政府五楼会议室举行。能容纳500多人的会议室里，端坐着全市49名乡镇党委书记、乡镇长，他们将通过闭卷考试获得任职“科技资格”。

主考官：分管农业的市委副书记宋友达和副市长胡德敏。

主监考：市委组织部长。

考试时间：120分钟。

考试题目《农业综合技术测验题》，涉及本地主要农作物、林果业及养殖业等方面的实用技术。

担任考务工作的高级农艺师郭老师对笔者说：“试题虽有一定的深度和难度，但大部分是培训过的知识。”

3点15分，考生开始答卷。考场上格外肃静，只听见沙沙的答卷声。担任监考员的市委组织部两位副部长，目光不停地扫视着，有两名考生刚一交头接耳，便被提出警告。4点过后，便有考生交卷，郭老师浏览几份试卷后告诉笔者，考得好的能得90多分。

考试结束后，笔者在考场采访了宋副书记和胡副市长，他们说，市委、市政府采取考“科技资格”的办法，“逼”乡镇领导带头学农业技术，以提高他们的科技素质和带领群众科技致富的实际本领。市委组织部长告诉笔者：“市委、市政府将张榜公布这次考试成绩，并奖励成绩优秀者；对考试成绩不及格的，限期补考，再不及格者，将采取一定的组织措施。没有‘科技资格’，就不能胜任乡镇领导。这样的考试，今后我们每年都要进行。”

第四节 现场新闻的写作范例

范例一

“老板”听

8月24日上午，西宁市新时代大厦8楼会议室座无虚席，由省民营企业协会主办的民营企业参与国际竞争开拓国际市场研讨会在这里举行。

9时整，在大家期待的目光中，中国民（私）经济研究会会长保育钧先生在省人大常委会副主任宋彭生的陪同下走上主席台，来自西宁市及州县近200多名民营企业老板，认真听取了保育钧先生作《转变经济增长方式增强企业竞争能力》的报告，精彩的演讲、精辟的论述、独到的见解不时赢得台下阵阵热烈的掌声。报告会结束后，记者采访了几位老板。青海天普太阳能科技有限公司总经理杨志刚说，保育钧老师的报告给了我一个重要的启发：青藏铁路开通之后，青海民营企业面临着一些新的机遇，我们必须学习新的东西，仔细研究市场动向，再不能走过去的老路子了。

与杨志刚一样有着切身体会的西宁恒青计算机系统工程有限公司殷长清感慨地说：“听了保育钧先生的报告，我们更加清晰地了解到‘十一五’规划的核心内容是转变经济增长模式，改变过去那种粗放、低效的增长方式，做到集约式发展、科学发展。因此我们要改变过去的思维定式，以新的心态面对市场变化。”

省民营企业协会会长杨菲菲告诉记者，“十五”期间，我省民营经济总量翻了一番多，目前全省在册的个体工商户和私营企业从业人员有58.16万人，占全省城镇从业人员的一半以上；农牧区每年转移的80万劳动力中，80%以上在民营经济中实现了就业。保育钧先生在人民日报社工作多年，历任记者、编辑、副总编辑等，1996年担任全国工商联副主席，现任中国民营经济研究会会长，著作有《呼唤理解——关于中国民营经济的是非曲直》。他对民营经济十分关注，所以邀请他来讲课，让青海的民营企业家们多了解一些国内外民营经济发展的形势。

范例二

“就选这样的人！”

8 月 2 日这一天，对于大菜子沟村的农民来说，是很有意义的一天，因为他们根据自己的意愿，投下庄严而神圣的一票，选出能为群众办实事的人民代表。

互助土族自治县台子乡大菜子沟村是一个土族聚居村。当天到场参加选举的村民有近 700 人，有 70 多岁的老汉，有血气方刚的青年，连怀抱小孩的妇女们也赶了过来，行使自己的权利。整个选举现场热闹非凡，村民们议论纷纷，你准备选谁，我准备选谁，有一个村民大声喊道：“只要能为咱农民办实事、做好事，咱就选这样的人。”他的话道出了大伙儿的心声。

在投票现场，村民们热情高涨，现年 58 岁、初中文化程度的村民邓生善说：“人民代表人民选，选好了代表就能为我们老百姓办好多实事。以前我们推选出的县人大代表，为我们解决贷款，为娃娃们联系修建了逸夫小学，比其他村提前争取到了村道硬化工程，这些都是实实在在的好事，这次我们还要选那些为咱们农民群众办实事的人。”有一位老大爷对记者说：“我识字不多，但村社里谁为咱老百姓做了好事、办了实事，我们老百姓平常都看在眼里、记在心上，村社里的干部们很辛苦，为了我们村民的事常常跑前跑后，还告诉我们一些《选举法》的相关知识，充分尊重我们的权利和意愿，这次选举我们都希望把那些能替老百姓说话、能为老百姓办实事的代表选上去。”

范例三

欢快的锅庄跳起来

傍晚，夕阳洒满大地，风筝起舞。省城新宁广场上，一群小伙子、姑娘哼着歌儿，愉快地忙活着：拉电线、找电源、抬音响……

19 点整，音乐声渐起。

早早在旁边等待的人心领神会，跳起了相同的舞步；刚刚在工地上干完活的农民工也走进舞场，在人流里尽情旋转。小小的舞台根本不够他们驰骋，锅庄的热情豪迈可见一斑。

张大妈和女儿在一旁观看，这时从人群中伸出一双手，向她们示意：“来吧，一起跳。”张大妈走入舞场，她们羞涩的表情映照在余晖中。

这个锅庄舞点在新宁广场上已有6个年头，发起人姓王，大家都叫她王阿姨。交谈中，她的目光始终追随着刚刚那几名做准备工作的年轻人，此刻，他们成了领舞人。王阿姨说，因为锅庄，她和这些来自青海民院、青海大学、青海师范大学的藏族学生结下了友谊。24岁的央措趁着间歇，接过王阿姨的话：“不仅是我们，每一个在这里跳舞的人，都是因为这藏族特有的舞蹈结了缘。你看，这围成一个圈跳舞的一两百人，男女老幼、汉藏蒙古回大家跳得多高兴。”

此时，王阿姨从口袋里掏出一个小饰品，她说：“这是北京的舞友送的，一个星期前，他们慕名到这里参观，送给我这有纪念意义的礼物。”

王阿姨说，每天清晨，在北京日坛公园，也有不少人跳锅庄。发起人是青海人王建林。从今年3月底到现在，日坛公园锅庄点的参与人数由几人发展到了百余人。“北京人对锅庄特别感兴趣，这几个月我教了六十多套锅庄，现在，我们正在排练《吉祥的日子》，8月25日要在日坛公园演出。”电话那端，王建林侃侃而谈。7月15日至22日，因为锅庄而对青海文化产生浓厚兴趣的10名北京人，在王建林的带领下，来到青海，他们在中心广场、新宁广场，以舞会友。

王建林说：“因为锅庄，许多北京人对青海有了更多的了解。从这个意义上讲，锅庄在每一个舞者心里架起了一座桥梁，成了不同地区、不同民族群众交融的载体。”

范例四

学习开局

“今天是春节后第一个工作日，省委理论学习中心组召开今年首次集中学习会，节前给大家布置了作业，请大家学习十六大以来中央重要会议及文件中关于依法治省的相关内容，胡锦涛总书记关于依法治国的重要论述，现在请大家围绕建设‘法治浙江’进行学习交流”，2月5日上午9时，浙江省委书记、省人大常委会主任习近平开宗明义，立即引起与会省领导的热烈响应。

省政协副主席梁平波率先发言：“省委提出建设‘法治浙江’新战略

意义重大。省政协要发挥人才密集、联系广泛又相对超脱的优势，围绕法治浙江建设的难点和重点问题，深入调研，为民代言，建言献策，在参与中支持，在支持中服务，在服务中监督。”

“建设法治浙江的关键是各级党政干部树立法治理念，依法执政。省人大要在法治浙江建设中发挥好立法保障、依法决策、监督制约、权利维护四大职能。” 省人大常委会副主任余国行接过话题，言简意赅。

省委副书记夏宝龙坦言“现实中存在有法不依、执法不严、普法不够、立法不全，法治浙江建设是一项长期任务。我们必须从维护公平正义、维护法制权威、提高全民法律素质、弘扬法治精神四个方面着眼，推进法治浙江建设”。

省长吕祖善结合政府工作实际畅谈体会：“构建社会主义和谐社会、推进社会主义政治文明建设、完善社会主义市场经济体制，都有赖于法治浙江建设。全省各级政府要着力提高依法行政能力水平，着力提高行政执法质量效率，着力完善行政监督机制，建设精干、高效、透明的法治政府府。”

省委书记习近平最后作中心发言。他启发大家：“从历史唯物主义的角度加深对‘法治’的理解，从‘四位一体’的角度认识建设‘法治浙江’的重大意义，从现实推进的角度把握建设“法治浙江”的方向。”他说：“党的十六大以来，以胡锦涛同志为总书记的党中央，对建设中国特色社会主义伟大事业谋划了经济、政治、文化和社会建设‘四位一体’整体推进，党的执政能力建设和先进性建设作为根本保证的总体布局。根据党中央的总体部署，我们积极推进中国特色社会主义在浙江的实践，深入实施‘八八战略’，全面建设‘平安浙江’，加快建设‘文化大省’，现在，我们进一步提出建设‘法治浙江’，这样就构成了浙江全面建设小康社会、提前基本实现现代化的“四位一体”的总体布局。今年省委将对建设‘法治浙江’问题进行全面部署。大家今天的讨论，进一步谋划和厘清了“法治浙江”建设的思路，统一思想，深化认识，意义很大。我们要集思广益，探索创新，全力做好建设法治浙江这个‘十一五’的开篇之作。”

范例五

“愿抚仙湖永保一类水质”

8月26日上午，抚仙湖碧波荡漾，大榕树下摆着几张木桌，云南省省长徐荣凯与百位保护抚仙湖先进个人围坐在草墩上。与玉溪市委市政府领导一道，徐省长向大家颁发奖状。他紧紧握着代表们的手高兴地说：“这是一次生态环保的颁奖会！”

抚仙湖是我国最深的高原淡水湖，蓄水量是滇池的12倍。前两年，湖水水质曾一度降低到二类。当时，徐荣凯省长徘徊湖边，忧心重重。他禁不住在有关会上呐喊：“一定要保护好抚仙湖，决不能让滇池的悲剧重演。”经过两年多的努力，抚仙湖综合水质恢复到了一类。望着蔚蓝的湖水，徐荣凯十分感慨：“湖水比我两年前来时更清了。随着时间的推移，抚仙湖的生态价值会更大。愿抚仙湖永保一类水质，群众永远生活在仙境中！”

玉溪市委书记孔祥庚告诉记者，2004年8月26日，是载入玉溪环境保护史上的日子。这天，市政府《禁止在抚仙湖使用机动船艇的决定》生效，澄江、江川、华宁沿湖三县的278艘营运性机动船艇、3架水上飞机一天告别抚仙湖，群众没有任何怨言。因此，市委市政府决定，将8月26日这天定为“抚仙湖保护活动日。”“湖水清，日子好啊！”68岁老渔民张玉生接过话茬说：“我们明星村原来100多只机动船艇，污染了湖水，水面上到处是油污，结果鱼大量减少，影响了生活。禁船之后，湖水变清了，名贵的抗浪鱼又多起来了，游客也多了。大家都说，以后的日子有指望了”。

“保护生态就是保护生产力，改善生态就是发展生产力。生态破坏了，怎么能说是在落实科学发展观呢？这样的GDP有什么政绩呢？”徐荣凯在“保护抚仙湖，我们共同的责任”条幅上认真签上自己的名字，转身对身边省市干部说道：“抚仙湖的旅游开发， 要以保护为基础，高起点规划，如果投资项目设计水平不高，坚决放弃，宁可晚发展几年。”

与会的环保专家、沿湖村民代表畅所欲言，热爱抚仙湖之情溢于言表。青年志愿者、学生代表发出倡议，行动起来，共同保护抚仙湖。沿湖企业届表示，大力发展循环经济，不计成本地进行“三废”处理，变废为宝，保护好母亲湖。

范例六

先进人物为“公仆”上党课

1月28日下午2时30分，重庆市委小礼堂，一场特殊的党课正在举行。台前，“优秀共产党员先进事迹报告会”的会标，将鲜红的党旗映照得分外夺目。

台下，重庆市委书记黄镇东等1000多名重庆市委、市人大、市政府、市政协的党员领导干部及市级部门的负责人，聚精会神地听着、记录着。

台上，四名来自四川维尼纶厂、开县正坝镇、奉节县政府、第三军医大学的优秀共产党员依次讲述着自己的故事。

清矍消瘦、年已五旬的知识型工人——米钰林28年来，在四川维尼纶厂乙炔车间这个岗位上，从一个普通工人成长为一名共产党员、高级技师，掌握了具有世界先进水平的天然气部分氧化制乙炔的技术。他掷地有声地说："党员不掌握当代的先进技术，还谈什么先进性！"

"我叫张建国，是开县正坝镇的纪委书记"，随着他一口纯正乡音的描述，听众的思绪拉回到2003年12月23日晚那场特大天然气井喷事故中。他凭着强烈的责任感，沿路呼喊、挨个动员，终于将1300多名村民从死亡线上救出，自己却深度中毒，昏迷长达16个小时。

"朋友违法开煤矿，严处！亲戚违法砍树木，严处！"罗启辉在奉节县林业局长的岗位上，被人们誉为"铁包公"。为此，他曾被犯罪分子连砍三刀，倒在血泊中。但让他欣慰的是，全县森林覆盖面积由原来的28.1%上升到了现在的31.5%。

"就要离开丈夫、女儿、温暖的家了，说真的，一种上战场的悲壮袭上我的心头。"杨红，三军医大的一名女军人，声情并茂地讲述了2003年自己与42名战友奔赴小汤山，抗击SARS的日日夜夜。当她讲述到刚刚入党的马炬的同志，用鲜血写下"养兵千日，用兵一时，迎战'非典'，舍我其谁"时，许多人眼里噙着泪花。

报告会结束了，一位与会者对记者说："先进性就在我们身边，就在党员队伍中。只要你稍加留意，你就会发现许许多多的平时看得出来、关键时刻站得出来、危难时刻豁得出去的共产党员！"

第十五章 深度报道写作

第一节 认识深度报道

深度报道概念诞生于20世纪30年代，是报纸为应对电子传媒竞争发展而来的。在西方，有解释性、调查性的报道体裁基本属于深度报道范畴，如电视中的焦点新闻，新闻透视。所谓深度报道，是运用解释分析预测等方法，从历史渊源、因果关系、矛盾演变、影响作用和发展趋势等方面报道新闻的形式。它突破了一人一地一事的报道模式。一面剖析事实内部，一面展示事实宏观背景，把握真实性。要着重揭示原因（WHY）和怎么样（HOW）两个新闻要素。电视深度报道难度大只是相对而言。

简而言之，深度报道作为一种能够全面展现事件背景、描述事件总体状况、阐发事件影响以及当事人、旁观者、学者评价的一种报道形式，以其独有的立体性优势，越来越受到广大新闻媒体的青睐，甚至有学者将其誉为“新一代主流新闻”。

随着新闻业竞争的日趋激烈，深度报道是保持媒体对人们吸引力的重要手段。而由于记者报道的客观性要求和其专业局限性，专家参与到新闻中就成为了必然选择。虽然专家参与能够弥补记者知识面的缺憾，让新闻更有权威性，但是现阶段专家参与新闻有时仍存在不足，这些均需要记者在节目制作过程中加以认识并注意避免。

一、新闻深入报道的必然性和重要性

仅仅在数十年前，记者的工作还主要局限于将他们认为具有新闻价值的事件通过媒体呈现给人们。尤其是电视媒体，记者有时只需将新闻画面展现给观众，而并不需要对其作过多的描述。随着新闻媒体的蓬勃发展，越来越多的媒体平台出现，人们对于新闻媒体变得具有更多选择性。在日趋激烈的新闻竞争中，媒体仅仅展现给人们记者的所看及所听，是很难吸

引观众（听众或读者）的，他们还需要对新闻事件进行解释。而这需求，在报纸这种平面媒体尤为显著。在缺少画面效果支持的条件下，要与其他类型媒体相竞争，就要尽可能地将新闻做得更加深入，从而吸引读者。而近年来互联网的出现，使人们（尤其是青年人）获得新闻信息的途径以及习惯发生了改变，并对传统的新闻业造成了冲击。互联网在新闻报道的时效上更加迅速，几乎可以做到与新闻事件的发生同步；它同样能够呈现新闻事件的声音和画面，这使得电视媒体不再具有优势；其标题式的选择性浏览方式，满足了当代人在快节奏生活下“快餐式”的新闻获取需求。因此，传统媒体在互联网时代要想保持其活力和竞争力，对新闻事件的更深层次的报道则成为了必然的选择。

以往，新闻事件本身是新闻报道的主角，记者的工作主要是描述事件，其中最主要的报道形式是告诉受众新闻当事人做了什么、说了什么。随着新闻报道更深层次的要求，记者的报道向解释性的方向出现了转变。现阶段，一名合格的记者需要扮演好两个角色：一方面，记者需要作为一名出色的观察者，对新闻进行描述；另一方面，记者还需要充当分析家的角色，对新闻进行分析。而好的新闻形式，不仅仅包括新闻事件本身的描述，还要求对新闻故事进行不同角度的勾勒，对背景进行说明，解释其重要性，并对接下来可能发生的事件进行估计。另外，新闻报道同样需要“冲突”，通过正反两方面进行报道。如何让人们选择并接受这条新闻报道是新闻工作者的首要任务。缺少对新闻事件/当事人的尖锐问题及其解释的报道，只能使新闻当事人满意，但对观众吸引力则大打折扣。正如前NBC新闻总裁Reuven Frank在他的书中所指出的：“新闻报道应该在不牺牲事件的真实性和新闻人责任的基础上，要展现出一种戏剧的特点。它应该有结构和争论，问题和结局，高潮和低谷，开始、中间以及结尾。要让新闻报道变成新闻故事。”只有这样的报道，才是成功的、吸引人的新闻。

二、专家参与新闻报道的原因

由于对新闻报道深度的追求，记者对专业知识的要求也相应提高。但是大多数记者所涉及采访的范围相对较广，很难做到对各个领域的了解。即便是只针对某领域的记者以及所谓的专家型记者，其专业背景知识以及深邃的专业洞察力也很难与从事该领域研究多年的专家相比。因此，我们可以发现，现在专家的言论较以前更为频繁地出现在每天的新闻报道之中。究其原因，主要有以下几方面：

第一，记者希望通过专家的言论，使新闻报道更加具有权威性。新闻报道对观众的吸引力以及观众对于新闻内容的接纳程度，一定程度上取决于新闻内容是否具有权威性。而新闻中应用专家的言论，由于更加具有丰富的相关知识以及良好的背景（例如：经历、头衔、社会影响力等），即便与记者表达同样的内容和观点，却要比记者的叙述更加具有权威性，从而更加能够取得观众的信任，被受众接受。

第二，记者需要专家对他们的新闻稿的结构以及结论进行确认、支持。现在新闻源多种多样，涉及各个专业领域。有时记者对于某专业领域相关新闻稿虽然能够形成自己的解释及结论，但有时候并不十分确定，这时他们会寻找专家参与到新闻的制作中，以寻求对自己的支持。另外，一个吸引人的新闻稿件有时需要制造“冲突”（即相互对立的观点），而记者又很难接受将自己可能肤浅的对立观点带到新闻稿中，这个时候专家的引入，则可以解决这一问题。

第三，现在新闻报道的解释性、研究性的转变，迫使记者需要专家的帮助、咨询来解释说明新闻。虽然记者在新闻报道的制作以及通过各种技术锐化新闻方面具有优势，但是他们仍然需要专家来发展新闻故事并使新闻具有足够的深度和宽度。而且，由于现阶段信息更加便捷，更多的新闻事件层出不穷，记者也要不断应对新的新闻事件，这使得记者根本没有时间去对新闻进行深入研究。因此专家的咨询可以快速地提供相关背景知识，并能够使原本简单的陈述提高一个层次。

三、专家参与新闻报道的形式

一般情况下，专家参与到新闻报道中与记者之间的互动存在以下两种模式：第一种模式常发生于记者为了能够更好地了解、解释并说明新闻事件而咨询专家时。客观性是记者的职业要求，因此，有时记者不便在新闻报道中发表自己的观点和看法。这就需要将一个在新闻冲突中保持中立的人（独立的权威人士或专家）带到新闻中充当仲裁者或评论者。这时记者会同专家进行沟通，以期获得对他们已形成的框架或结论的支持，或通过专家来表述他们的观点。但这种形式的交流常存在一种现象，那就是记者在沟通中可能会通过提问等方式对专家进行诱导，以使其朝向他们已有的结论方向进行，而这种交流在记者达到其目的后，同专家的交流也就停止。

另一种模式是由于新闻背景及相关知识的复杂性，记者需要咨询专家来解释、说明，并帮助其理解新闻事件。记者与专家的沟通内容随着对新闻的解释的增进，以及记者的理解深入，其对专家咨询的需求也不断改变。这样可逐步增进记者及观众对新闻的关注度。而这种交流的方式，通常以新闻报道时间或篇幅的终点而结束。在这种形式的交流时，记者和专家有着良好的沟通，记者根据新闻的内容和框架有自己的看法理解。显然，这种形式的交流要比第一种形式更加具有互动性。

四、现阶段专家参与新闻中的不足

虽然专家经常出现在现在的新闻报道之中，提升了新闻的专业性，但是仍有许多地方存在着不足。

首先，专家对于新闻报道的咨询范围应该再扩展。现阶段，一个事件是否具有新闻价值，一般是由记者做出判断，而很少有专家参与其中。而记者判断出发点是其是否对观众具有吸引力，这虽然代表了人们对新闻的偏好，但缺乏专业的指导，有时会对事件的新闻价值作出误判。由于新闻所具有的对观众的教育、引导的特性，这种误判可能会传递给人们一种错误的信息，影响人们的意识形态，而且还可能对新闻当事方造成不必要的麻烦。而决定对该事件报道后再由专家引入，虽然可能会对先前的新闻价值判定作出直接或间接指正，但是这样可能会对新闻媒体的公众信誉产生影响。比如曾几何时，某媒体报道某速冻食品检测出某细菌，并在报道中对该食品公司进行间接的批判。但在随后的报道中，专家指出媒体的错误，虽然还了新闻当事者的清白，但在事件的过程中，食品公司和媒体均为受害者，他们的形象和信誉都受到了损害。因此，专家对于新闻的参与，不应仅仅局限在对新闻的解释和分析上，而且在新闻制作的源头参与其中，从而根本上提高新闻的质量，充分发挥新闻对人民群众的意识形态的引导、教育作用。

其次，面对各种各样的问题，专家基于其客观性，不可避免地会出现模糊的、不确定的回答或者期望之外的回答。而这些回答，有时并不是记者或观众所期待的。因此，在记者与专家的交流过程中，可能会存在诱导或间接要求专家提供准确回答或期望之中回答的现象。但事实上，这种包含不确定、预期之外回答的新闻报道才是一种真实的新闻，才能传递给人们的真实准确的信息。记者在交流过程中应该避免上述现象的发生。

最后，虽然专家具有很强的权威性和可靠性，但是专家通过新闻所呈现的只是他们的个人意见。这些研究结果或者结论有时并没有通过同行们的广泛了解和认可。这些意见虽然是基于他们个人或深或浅的洞察力而获得的专业判断，但是专家的个人偏好及经历在这其中会起到一定的影响。比如有专家在媒体上称，板蓝根能够预防 H7N9 禽流感的发生，随后又有别的专家予以否认。在这发生的过程中，既有新闻媒体因出于对疾病预防方法迫切需求，而对专家提出诱导其表达个人观点的提问，也有学者在面对媒体时，并未完全转换其个人角色的观点的表达。在我们这个民主的社会，专家作为一个普通人，他们有权表达他们的观点。虽然专家观点和其作为普通人的观点之间并没有十分清晰的界限，但是，由于新闻的播散性和导向性，当专家、学者在新闻中出现时，其已经不能作为一个普通人随意发表自己的看法，同样，记者也有责任、义务来保持专家的真实可靠，从而使新闻中的评估真实、专业，而并非普通人的个人观点。

五、深度报道受欢迎的原因

新闻的多样化表达展现和专业权威的树立，新闻媒体竞争力的加强，除了新闻本身的魅力之外，记者和专家的密切合作不可或缺。专家答疑解惑、专家弥补记者知识面的缺憾，专家让新闻更具权威性，同时，记者本身也应做好新闻把关人的角色，不应为了吸引受众而夸大事实，偏离新闻真实性这一关键。更不要一知半解，误导受众对新闻事实的了解和分析。再者对于请入新闻事件分析的专家学者更不能诱导其朝记者的意识之路上行走，一定要最大空间地让专家发挥其专业性的分析，让新闻事件更饱满，更有新闻市场竞争力。

第二节 深度报道的写作技巧

一个新闻报道的问世都要经过两个环节：搜集所要报道事件的相关资料和利用所搜集的资料进行编辑组稿。深度报道只有在这两个环节上都下足功夫，才能在新闻作品中体现出“深度”的特点。

一、发掘事实的深度

原央视新闻中心主任、多年参与策划电视深度报道节目的孙玉胜曾说：“挖掘深度的方向不是唯一的，但是无论节目的制作者选择了什么样的方向来寻求节目所要达到的目标深度，都必须先寻求支撑这个深度的事实和证据。所谓的深度，就是对事实的占有。作为记者，你获得的事实越多，你离深度就越近。”

深度主要来源于事实，这似乎与人们一般认为的“深度主要来自记者的评论”相去甚远。我们所要说的是所谓深度，不是或不主要是因为记者所发表的对事实的深刻见解，而是以对事实的讲述和事实疑问的解开为核心，并由此引导受众进入到一种目标深度中。

在这样的理论支持下，我们可以认为，只有那些不辞辛苦的深入采访、锲而不舍挖掘事实真相、整理总结大量事实材料的记者，才有可能从相同的事件中挖掘到更深刻的价值。

占有尽可能多的事实是写好深度报道的前提。

二、带着问题意识逐步接近事件本质

事实是一种社会客观存在，或明或暗地摆在人们面前。当记者通过艰苦的采访获得了丰厚的原始材料后，如何陈述事实便成了对编辑能力的一种考验。平面地罗列材料显然不能引导受众知道目标“深度”，如果能够有连贯的问题意识，在问题意识的牵引下不断追问事件本质，经过层层解读，“深度”便可以呈现在受众面前。

所谓的“问题意识”，一般由一连串的“为什么”来牵引，引导人们深入质疑、辩驳、探索，最终找到问题的答案。与客观报道相比，问题意识在深入报道中显得更加重要。这是因为深度报道指向的是社会关系的总和，也就是说深度报道的新闻事实不仅仅指具体的新闻事件本身，更重要的是新闻事件与社会、新闻事件与人的关系。也只有带着问题，有意识地去寻找、梳理材料，才有可能实现报道的价值，达到目标深度。

在杜骏飞、胡翼青的《深度报道原理》中，他们提出了一组基础追问：

发生了什么事件？（What happened?）

谁对这件事负责？（Who was responsible ?）

他们为什么要做这件事？（Why did they do it?）

在这些基础性的追问中，报道一步步地走向深刻，问题意识是获取所需事实的重要条件。

但是需要特别说明的是，深度报道的问题意识是贯穿于报道的全过程的，并非仅以写作或编辑为发端，而是在采访的时候就已经开始了。但所有的事实得到最终的落实，并通过表达而走向完整，则只能在最终的写作和编辑整理阶段来完成。

贯穿始终的问题意识是深度报道实现其目标深度的重要手段。

三、建构事实背景

在客观报道中，人们通常把事实和背景加以区分，将背景看作是用来解释事实的一种历史性材料。但在深度报道中这种观念受到了质疑。从事深度报道的媒体工作者们更倾向于以下这种观点：背景是事实的组成部分，它是系列事实间的关系所在，是事实存在的环境，是粘在事实背后的东西，是更多的事实。

在这样的理论前提下，背景作为深度报道事实的一部分，在深度报道中对背景的阐释可以把报道引向目标深度的方向。背景在深度报道中往往是构成“表面事实”和“深度事实”的交界面，透过它的挖掘可以进入更深的信息层次。而且深度报道作为一种结构性思维不是抛开其原有的关于事物的整体认识去简单地“就事论事”，而总是将个别事物置于事物的整体认识的条件下进行定位、释义和理解。

基于背景在事实中的特殊地位和深度报道的整体性思维方式，建构事实背景，还原事实的生存环境是深度报道的不可缺少的组成部分。缺少了对事实背景的建构，深度报道的立体优势就大打折扣，报道的全面性、完整性也将受到质疑。

建构事实背景是深度报道写作过程中不可缺少的部分。

综上，发掘事实深度，尽可能多地占有事实是深度报道写作成功的前提，贯穿始终的问题意识是深度报道实现其目标深度的重要手段，建构事实背景是深度报道写作过程中不可缺少的部分，在深度报道的写作中三者都是不可忽视的，也只有真正将三者都能做好，才能达到所作报道的目标深度。

第三节 深度报道的写作范例

一、复合性深度报道

（一）系列性深度报道

范例

德感工业园工业类重点项目“茁壮成长”

11 个项目总投资超 100 亿元

本报讯 德感工业园是我区工业的“主战场”之一，工业类重点项目建设是工业园持续发展的关键。今年，该园工业类重点项目发展情况如何？9 月 20 日，记者在区发改委重点办获悉，今年德感工业园有 11 个工业类重点项目，项目总个数占全区工业类重点项目的 45.5%，投资超过 100 亿元。

盘点德感工业园工业类重点项目，记者发现，目前，北汽西南特种汽车生产基地项目、特高压钢管塔、特高压大角钢铁塔项目、渝西南现代粮食产业园项目、复合型调味品生产加工基地项目、三一工程机械（挖掘机）整机与零部件再制造项目、广州双桥淀粉糖浆生产线建设项目、预混料添加剂及高效配合饲料生产项目和汽车冲压件及汽车模具生产基地项目等已建成投产或建设完工。重庆三五三三印染服装总厂有限公司迁建项目、勤辉福喜休闲食品加工项目和际华三五三九制鞋有限公司德感生产基地建设项目正在加紧建设。

工业类重点项目建设成绩斐然，德感工业园是怎么做的呢？今年，德感工业园对照目标任务加大工作力度、加快工作进度，加快形成推动工业重大项目建设的强大合力，服务好重大项目建设，促进项目早审批、早落地、早建成、早投产。条件较成熟的项目，着力做好审批手续办理、资金筹措等开工前的准备工作，加强跟踪落实，尽快开工建设。计划新开工的项目，加快前期工作，抓紧做好与有关方面的沟通衔接。正在建设的项目，千方百计加快进度，力争尽快建成。计划投产的项目，争取早竣工、早投产、早见效，转化为现实生产力。

“全程关注＋联合办公”

江电产业园加工车间完工

本报讯由江津本土民营企业江电集团投资建设的电力装备产业园项目，位于德感工业园区，该项目囊括特高压钢管塔、特高压大角钢铁塔、高强度螺栓、输配电设备检测中心等子项目，总规划占地面积约600亩，项目于2013年2月2日签约，目前，项目已基本完成厂区建设。

数据显示，该项目总投资7亿元，今年计划投资2亿元，实际已到投资超过了8亿元，超序时进度4倍。是什么原因让该项目“发育”如此神速？江电项目负责人告诉记者，项目进展顺利，全靠工业园区相关部门给予他们的大力支持。在工程项目建设期间，德感工业园工作人员经常到工地，关心项目进展情况，收集项目在推进过程中遇到的困难与问题，并及时解决。

江电集团德感电力装备产业园一经签约入驻德感工业园，园区各部门在平场工程、钢结构工程以及项目许可手续办理等多个方面都开展联合办公，力求第一时间为他们解决困难，从始至今整个建设真正做到了全程关注。

三一工程机械建成投产

预计年产值超15亿元

本报讯9月20日，记者从德感工业园获悉，三一挖掘机再制造基地项目进展顺利，目前已建成投产，预计年产值15亿元。

三一挖掘机再制造基地项目由三一集团下属重庆国杰工程机械有限公司投资建设，负责重庆及四川南部七个地区的相关业务，拥有30多个服务网点。该项目主要负责三一重工全系列挖掘机、装载机、V8农村混凝土成套设备、汽车起重机、履带起重机、塔式起重机、消防车的整机销售、售后、大修及再制造。

三一挖掘机再制造基地项目总投资超过3亿元，今年计划投资1亿元，实际投资已超过2.8亿元。该项目占地86亩，分为两期建设。目前，一期建成面积1.2万余平方米，主要包括6500平方米研发楼（含展厅）、1800平方米配件仓库、4100平方米大修车间。二期包括5000平方米培训楼、9000平方米再制造中心。项目建成后，将成为三一挖掘机械、起重机械在重庆及四川南部的营销中心、售后服务中心、大修中心、新旧机租赁中心、二手机贸易中心、属具生产及再制造中心。

（二）进行性深度报道

范例

深度报道案例之《男子扶起老太遭连环索赔自杀事件还原》

8月10日，王培军死后第三天。灵堂摆在菜场的入口处，哀乐震天。尚未焚熄的香烛之上，48岁的男人留着生前的笑。

这个以卖鱼为生，远近闻名的老实人，三天前拉下店铺的卷闸门，用一瓶农药悄然结束了自己的生命。

悲剧的发生，始于半个月内的一连串“撞人”事件：他分别两次“撞倒”老人，两次护送老人就医，但面对的却是不断升级的连环索赔。

最终压垮鱼贩的并不止于此。事后发现的一份疑似死者遗书中，写道“我死与菜场有密切关系……”

好人王培军之死，正在他生前熟悉的菜场内外成为一个道德话题。而一些证实和未经证实的死因迹象，仍在家人的持续追问中向社会的更深处发问。

“撞”与“扶”

这是一个勤劳人的早晨。7月25日早7时许，位于湖南省湘潭市城正街的板石巷菜市场，已从一夜的短憩中忙碌地醒来。

王培军开着带斗的后三轮摩托车，驶进狭窄的巷道——进入菜场的这条二三十米小巷宽约三米，两旁是拥挤的菜摊和杂乱停放的人力三轮车。每天早上，从批发市场进鱼回来，王培军都要驾车从这里经过。他是菜场的鱼贩，里面有他一间五六平方米的店铺。

载满鲜鱼的三轮摩托车，只能在吆喝中笨拙前行，但意外还是发生了。车擦上前方一位卖小菜妇女李伏英的人力三轮车，后者又将一位 83 岁、正在买菜的老婆婆袁希哲碰倒在地。

买菜路过的陈建民恰巧目睹了这场意外。据他描述，当时王培军的摩托车并未撞上三轮车，卖小菜的妇女只是下意识避让摩托车，把三轮车往旁边猛然挪动，猝不及防撞倒了旁边的老人。“老人屁股坐在地上，王培军赶紧下车把她扶起来。”陈建民也从路边商店搬来一把凳子让她坐下休息。

这个撞人细节，在事后湘潭市雨湖区官方向南都记者出具的情况介绍中这样描述：25 日早上 7 时许，王培军无证驾驶后三轮摩托车进入城正街蔬菜市场时，不慎碰到李伏英卖菜的人力三轮车，该车将袁希哲老人碰倒在地，王培军在陈建民的帮助下扶起袁希哲。

目击者陈建民说，此后，老人称自己被撞，要两人赔钱并负责。王培军与李伏英商量了一下，便凑了 100 元钱给她。王培军出 60 元，李伏英出 40 元。

“老人坐着休息了一下，没过多久就自己起身，走进菜场找到王培军的店铺，要王培军送她到医院去检查。”陈建民说，王培军也没多说，放下手里的活，陪老人去了县人民医院。

王培军的妻子何群向南都记者出示了 7 月 25 日上午 8 点 19 分袁希哲在湘潭县人民医院所拍 X 光片诊断报告，结果显示“所见肋骨未见明显骨折征象，建议：必要时复查”。何群说，王培军为袁婆婆支付了检查费用。从医院出来时，袁婆婆没有再说什么。

这一过程，也在官方调查时得到印证。雨湖区的情况介绍称，王培军在袁希哲要求下陪她到医院看病，王为袁支付了治疗费用等 400 元，加上治疗后支付的 200 元，总计支付给袁 600 元。

情况介绍还称，9 时许，王培军、李伏英和袁希哲到城正街派出所，请求派出所为双方自行达成的调解证实。经协调，三人达成一致意见：王培军负主要责任，袁回家休息几天，有问题再找当事人。

据雨湖区一位街道干部介绍，在协议签字中，李伏英使用的是化名，而事后也仿佛人间蒸发，警方费了很大劲后才把她找到。但警方拒绝透露其更多信息，多位记者至今未能找到她。

何群认为，直接撞倒老人的本来是李伏英，丈夫之所以愿意出钱赔偿，并送老人到医院检查，是因为袁希哲和他们夫妇二人早就认识。“老太婆经常过来买鱼，她家里养了一只猫，我丈夫平时会主动把鱼鳃弄好，装到袋子里送给老太婆。”

书面协议

王培军在外人眼里的奇怪行为，在板石巷菜场商贩们看来却不以为奇。“他是我们这里最好的好人，远近有名的老实人，又本分，又厚道，”菜场谢女士这样评价王培军。“他老实到什么程度呢？”她说，“曾经有一次他去进鱼，别人多找了他50元钱，他硬退给别人了，事后还被人说是‘傻子’。”

陈建民也介绍，王培军卖鱼从不短斤少两，甚至被菜场其他商贩视为“异类”。

王培军表哥周练介绍，只有小学文化的表弟，没读过多少书，生性内向，但在亲戚眼中是最善良的一个，“十个人里头有十个人说他好，不管男女老少，逢年过节都送鱼给亲戚们吃。”

“都知道他是个老实人，大好人，所以才容易被人欺负。”王培军走后，聚在一起的许多商贩为他深鸣不平。

商贩们认为，正是王培军做的好事，让他意外地“惹上了大麻烦”。

据官方调查后给出的说法，7月26日上午，在家的袁希哲感觉痛得厉害，遂委托邻居刘菊华到市场找到王培军，要求按照25日事发后双方的约定处理事情。王培军遂来到袁家，与袁希哲达成一致协议：“由王培军赔偿6500元(已付)作一次性负担，以后不付任何费用”。次日上午，王培军本人找到城正街派出所，要求为其26日与袁希哲自行达成的协议予以证实。

南都记者获取的协议文书显示，该份调解书同时盖有“湘潭市雨湖区城正街菜食商场”和“湘潭市公安局雨湖分局城正街派出所”的公章。在手写的“情况属实”后有城正街派出所副所长王卫民的签字。

据何群介绍，7月25日撞人事情发后，王培军曾数次找到菜市场办公室，要求其出面调解，但对方称“不关我的事”。后来丈夫想找派出所民警调解，结果对方又说“吃饭没时间”。赔偿6500元后，王培军请求菜市场减免其两个月的税，但被回绝。

“做点小生意不容易，赔这么多钱意味着早出晚归两三个月的辛劳全白费了。”何群说，“我家老公还是太老实，只想着息事宁人，吃点亏算了。”

何群回忆那天赔钱，“6500块钱，是从我手里拿出去的，我一边数钱一边抹眼泪。”

再次索赔

本以为此事到此为止，但没想到噩梦仍在延续。

何群说，8月6日上午，城正街派出所又叫王培军去调解，原因是袁希哲的儿子沈政伟和儿媳找到派出所，称其母亲经湘潭市中医院检查，发现断了5根肋骨，医疗费已花去2.3万元之多，之前赔偿的6500元远远不够。

“说实话，我和丈夫都很气愤，认为这是明显的讹诈。明明到县医院检查好好的，为何换了一家医院就断了肋骨？”何群说，虽然受“欺负”，但丈夫和她还是有所畏惧，“我们也听说，袁老太婆的儿子是社会上的人。”

据雨湖区官方对事件的通报，8月6日，王培军还是在城正街派出所组织下参与了调解。经双方协调达成协议：由王培军再次赔偿袁希哲6000元，王培军并书面承诺8月10日前支付到位。

再次接受这份“不合理条约”，王培军表哥周练说：“他还是想息事宁人，多一事不如少一事。”王培军妹夫则回忆，王培军曾向隔壁卖米粉的贺师傅嘀咕，自己做了好事没有好报反倒受气，冤枉得很，大不了死了算了。

何群说，此前丈夫再次试图向菜场求助。为此他打了很多电话，但菜场办管理人员的回复是，“在菜场撞了人，该赔多少就赔多少”，“你做得了(鱼摊生意)就做，做不了就不做”。

何群的上述说法中，官方通报材料对袁氏伤情的表述与其并不一致。据官方通报，撞人事件发生后，袁希哲的儿子沈政伟听母亲讲身体右边痛，遂将母亲送至中医院治疗，经照片发现袁的第6根肋骨骨折。袁的住院花费近3000元，因短期内难治好，沈想接母亲回家治疗，遂于8月5日就母亲后续治疗问题到派出所反映，请求再次调解。

袁希哲到底有没有骨折？8月11日，南都记者来到湘潭市中医院，该院医务科科长蒲云青说，经其向主治医师了解，袁希哲确于7月27日到该院检查并入院治疗，检查发现右第6根肋骨骨折，但袁入院时曾向医生自述“是从楼梯上摔倒的”。

蒲同时向记者解释，如果袁确实被人撞倒导致骨折，当天在医院查不出来，在随后复查中发现的可能性是存在的。“不是所有的骨折都一下子能看出来的。”

在湘潭市中医院骨科，南都记者也查询到袁希哲的入院记录。登记单显示，袁7月27日上午10点02分入院，8月8日上午9点出院，病情诊断为“右第六根肋骨骨折”。另据了解，其住院治疗费用为2900余元。

骨科31病床的栗美珍老人曾和袁希哲住在同一间病房。她告诉到访的南都记者，袁太婆入院头几天显得很痛苦，“听她说，自己是被车子撞的”，对其从楼梯摔倒的说法予以否定。

栗说，8月6日晚9点多，那个卖鱼的(王培军)第一次来病房看望袁太婆，提了一些水果，给袁太婆道歉，说对不住。当时袁太婆的儿子不在，袁还特别提醒王培军，不要被她儿子碰到了。

栗回忆，当时袁还对王培军说过，你生活也困难，我不要你赔钱，但你要找个人来照顾我。袁说她的儿子要出去做事，没人照顾她。

“那个卖鱼的一看就是个老实人。”栗美珍说。但没想到第二天，她就听说了这个老实人自杀的消息。

意外事故

可以确信的是，在去中医院亲眼见证躺在病床上的袁太婆后，第二天王培军就打算将6000元赔偿支付到位。然而诡异的命运又给了他猝不及防的重重一击。

8月7日早上7时许，王培军又是运鱼进入板石巷菜市场，在拐弯欲进入自己的摊位时，又撞到一辆无人看守的人力三轮车，将72岁的杨淑云老人碰倒在地。随后王培军将老太太扶起，在杨淑云家人的陪同下立即将其送往县中医院检查。经诊断结果为，杨“左胫腓下段骨折”。

巧合的是，杨淑云所住病房与袁希哲在同一楼层，仅隔三间病房。8月11日南都记者找到杨淑云时，她仍躺在床上不能动弹。杨老人说，王培军将她送到医院后，先垫付了1000元医疗费，并承诺会向她赔偿。“我当时跟他说了，你把我撞了，你要对我负责到底。”杨淑云说。

官方调查材料也印证，王培军将杨淑云送到医院后，“当即为杨交了1000元医疗费，并向杨及家属承诺赔偿”。

据在菜场卖甜酒的范女士和卖槟榔的段女士回忆，当天上午在菜场，她们亲眼目睹到王培军焦虑而又无助的一幕。

范女士说，在再次出事后，王培军曾找到当时坐在她旁边的菜场管理人员严桂香，“他看起来心事重重，找到严后，意思是让菜场帮忙出面调解，另外意思是想借点钱，他手上钱不够。”

在此之前，何群说丈夫曾多次找过菜场管理处，“毕竟我们每年向菜场交2万多元的管理费，又是在菜场出的事，按理讲菜场也有一定管理责任，帮助调解是应该的。但菜场一直是不管不问。”

菜场管理办公室位于市场内一角，门上墙壁挂有“湘潭市城市管理和行政执法局雨湖区城正街行政执法室”牌匾，但经营户告诉记者，这个菜场实际被私人买断，平时办公室有两三人上班，但主要事情是向摊贩们收费。雨湖区政府一位负责人向南都记者的介绍则是，市场为“个人承包”。

目击者范女士和段女士说，当天上午王培军找到严桂香后近乎是乞求，但被严漠然回绝，“跟我无关，也不关菜场的事。”另据目击者称，王培军还在菜场内来回游走，找寻另一名姜姓工作人员但最终无果。

对目击者的说法，南都记者事后在严桂香居住地找到她本人，但她拒绝回应，不接受任何采访。

争议“20万”

从医院回到店里的王培军，显然已经没有心思守店，他给当时在外面的妻子打了个电话，将当天发生的事情告诉了她。“我看到他一个人坐在店里哭。这么多年，我从没见过他这样。”在菜场做了30年生意的肖爱清说。

何群说，随后丈夫来到城正街派出所，并打电话给袁希哲的儿子，要他过来拿协议中的6000元赔偿，“但是没想到对方变卦了，又说6000块不行，要赔20万！”

“20万”说法的有无，何群表示，可以向城正街派出所副所长王卫民求证。据何群说法，8月7日丈夫自杀后，王卫民来做善后时曾对她说，王培军上午还给他打过电话，“上午还说对方要20万，说要20万你就给

20万啊？当时我在外面开会，说回来帮他处理，想不到这么快……”

8月11日，南都记者在城正街派出所找到王卫民，但王对记者提出的“20万”说法不予回应，并表示采访须经上级部门批准。南都记者在雨湖公安分局得到一份官方答复则称，“有关部门在走访调查中，没有发现王培军被人敲诈的举报线索或者目击证人”。

而有未经证实的目击者线索反映，8月7日上午王培军疑似受到威胁。

“7日上午11点左右，开始来了一个人，后来又来了一个人，前面那个人手里拿着一尺长的刀子，”自称为目击者的商贩胡建中向南都记者比画着，“他们说，你不拿20万，我就要你的命！”

胡建中将记者带到市场内靠北的一家店铺，“当时就是在这里，持刀人在这里找到的王培军，当时好多人都看到了……”胡建中“指证”地点的时间，已是王培军死后第四天，整个菜场已空空如也，各家店铺早关门大吉。

为求证以上传言，南都记者找到离菜场不远的袁希哲和她儿子的家。但四楼的大门紧闭，只有走廊里一条饿了好久的狗，对着来者瑟瑟发抖。

袁希哲楼下的吴婆婆说，已经有好几天没看到袁和她儿子了。“她儿子在外面有工作，不像是在社会上混的。”

据《潇湘晨报》报道，该报记者早前曾电话联系到袁的儿子沈政伟。沈表示由于有记者到医院采访，不利于其母亲的身体恢复，已将她从医院转移到相对安静的地方。

沈政伟说，8月7日，他确实接到过王培军的电话，让他去派出所拿钱，但自己当时正在乡下做事，要王培军直接把钱送给母亲就行了。沈还说，自己从未向王培军索要20万赔偿，更没有找人持刀上门威胁。对王自杀一事，沈表示：“我很同情，但也觉得他太过脆弱。”

遗书喊冤

7日中午大概12点，已经回到菜场的何群接到丈夫从外面打来的电话，询问鱼卖得怎么样了，并让她赶紧回家做饭。然而到家没多久，再从家匆忙赶回菜场，一切已经晚了。

何群揣测，丈夫的这个电话是要刻意支走她，独自面对一切。然而回忆丈夫的这最后一个电话，妻子也没有发觉有什么特别的异常。

当日下午 1 点左右，62 岁的黄月前听到王培军的店门被踢得哗哗响，他跟其他人一起冲了进去。他们看到王培军倒在地上，已经不省人事，旁边还有一个农药瓶。

王培军将卷闸门拉下了一半，他喝农药时旁人没有看见。何群接到电话赶回鱼档后，丈夫已经口吐白沫，没有了呼吸。

事后，家人从现场发现一张写在记事纸上的“遗书”，何群说那就是丈夫的笔迹：“冤冤(此处为一符号)我死与菜场有密切关系，请不要把我抬走！让菜场出(处)理，天理何在！”

对于这份疑似死者生前遗书，雨湖区政法委副书记刘维认为，还需进一步做笔迹鉴定以确定真伪。“假设这份遗书是真的，如果王培军是因为20万而死,为什么遗书上只说菜场,一点没提及20万的事情呢？”刘维认为，“20 万威胁致死”说并未从“遗书”上得到证明。

多位亲属认为,王培军的死因糅杂了多种因素,一连串的诡异“撞人”，好心救人反被抓住不放，不断累加的赔偿负担，菜场管理方的冷漠和失职，派出所“偏袒”一方的调解，“正是这些合力杀死了王培军！”

“一个善良的老实人，远近闻名的好人，就这样被逼死了，可见这个社会的世态炎凉，和作为社会管理者的冷漠。”好人王培军自杀的消息上网后，有网友在论坛上跟帖。结合之前多地发生的多起“扶老人反被陷”事件，有网友感叹“好人难当”。

鱼贩王培军之死，正在他生前熟悉的菜场内外成为一个道德话题。而何群认为，从丈夫的遗书所指来看，丈夫的死更多是对管理方的失望。“如果菜场出来积极调解，或者承担一部分责任，通过减免收费来减轻我们一些赔偿负担，丈夫也许不会这样。”

“派出所作为调解方，第一次协议明明说好了‘以后不付任何费用’，为什么还有第二次调解？赔偿款对方说多少就多少，派出所为什么不对实际情况做个调查？”亲属们认为，派出所在调解中并没有主持应有的公正。

雨湖区政法委副书记刘维也说，本来这并不是一件特别大的事，但没想到王培军的死会在外界产生如此大的影响力。

8 月 11 日，王培军的灵堂设在菜场入口处第四天，不断有闻讯的当地群众默默前来，向着死者的冰棺和生前照片注目或者躬身。

坐在丈夫灵堂前，何群继续向记者和围观者讲着王培军的些许生前事，大多和好人有关。

那是许多年前，一次王培军在路上看到有个精神病人抢走一个5岁小孩的书包，扔进旁边的河里。王培军跳下河，捞起书包还给了那个孩子。这个举动惹恼了那个精神病人，被他捡起石头追着砸。

王培军还有个外号，叫“潭粪捞”。这个绰号得名于王培军看到一个小孩掉进粪池，不顾脏臭把小孩用手捞了上来，弄了一身的粪，从此“臭名远扬”。

说起这些时，何群会抬头，看灵堂前的丈夫，看他昔日的浅笑。

二、单型性深度报道

（一）典型性深度报道

范例

中国式“人情消费”：让人不能承受之重

临近过年，压岁钱、随礼钱、“打点”钱……不少人数着自己的人情消费预算，又一次咬着牙关、勒紧腰带。近年来，人情消费名目越来越多、数额越来越高，本该是正常交往、联络感情，却成了很多人的烦心事，也让攀比之风陷入恶性循环。（1月31日《人民日报》）

这也人情，那也人情，可谓人情来人情去，不得不掏空腰包过日子。再看看，乔迁要随礼，周岁也要随礼等，人情消费名目枚不胜数，重要的是，份子钱往往水涨船高，进而演了一幕幕令人叹息的中国式人情消费。

讽刺的是，该去的去，不该去的也要去，有时候还真的是人在江湖身不由己。可收入就那么点，各项开支都不少，对普通老百姓而言，确实吃不消。这就是普通老百姓的悲哀，也是人情社会的异化和悲哀。

人情就这样被过度消耗，而看钱交往、看钱办事的出现，越发让人不能承受。尤其是在爱面子面前以及各行各业潜规则的存在，谁又能置身其外？只能说坚持得了一年抑或数年，可一旦需要求人办事的时候，该怎么办事谁都懂得。而往往遭遇“狮子大开口”，甚至可能存在花了钱事没办成——竹篮打水一场空的难堪。

可是，人人都有那么一点私心或者说自私，也难摆脱侥幸心理困扰，不得不痛又深爱着。实质上，都深知平时搞好关系的重要性，也就是说，平时多交往，到关键时刻才会用得上。又怎能不注重多交往呢？问题是，交往就是维持人际关系，而人际关系的巩固离开送礼是不现实的。所以，“红色炸弹”送到手，就“必须去”三个字，说不定没请到的也会主动前往随礼。而对动机不纯的人来说，趁机“行贿”也就成为可能。

现实就是这样，更不想做孤独的牧羊人。只好心甘情愿也好，不愿意也罢，都不顾礼轻情意重，或者说量力而行，反而推波助澜，以至水涨船高，陷入“死要面子”“人情办事”的“活受罪”泥潭。但收入就那么点，只好咬着牙关、勒紧腰带过日子。

说白了，一旦人情消费猛于虎，人人都可能是受害者。对此，只能说中国式人情消费，真的让人不能承受之重。

透过现象看本质，人情消费负担过重，明显超出了正常的人情交往，往往掺杂复杂的成分在里面。一味奉劝老百姓人情是不可以用金钱衡量的，也就难以听得进耳朵。

一言以蔽之，仅让老百姓反思和改变，确实不靠谱。关键是，被人求着办事的那些人，充分以身作则，管好自己的手和嘴才是硬道理。

（二）预测性深度报道

范例

中秋国庆长假旅游市场分析与预测

随着中秋、国庆假期临近，假日旅游气氛越来越浓。在日前召开的全国假日旅游部际协调会议第九次全体会议上，国家旅游局预测，今年中秋、国庆期间，旅游市场接待人次预计约为 3.45 亿，同比增长 15% 左右。

那么，今年中秋、国庆旅游市场有什么特征？旅游产品价格走势如何？游客需要注意哪些问题？国家旅游局日前主持召开了中秋国庆假日旅游市场形势分析预测会，邀请国旅总社、中旅总社、中青旅、首旅集团等大型旅游企业，携程旅行网、去哪儿网等旅游网站和中国旅游车船协会、北京青年旅舍协会等旅游机构的业内人士，对两节假日旅游市场的总体趋势和市场特征进行了预判，对影响因素进行了分析。

国内游和出境游增长强劲

据了解，国内主要旅游目的地为本次黄金周准备了丰富多彩的项目和产品，部分地区已开始通过多种形式的旅游宣传推广活动提前预热。

由于前几个月局部地区夏季酷热及洪涝灾害不断，当地居民暑期出游意愿受到抑制，他们的出游意愿很可能在中秋国庆8天长假集中释放。同时，受国务院关于重大节假日免收小型客车通行费的政策鼓励，预计本次黄金周期间，自驾车旅游人群将明显增加。价格方面，今年中秋、国庆黄金周旅游产品价格与去年同期大致持平。

预计出境旅游继续大幅增长。长达8天的假期和近年出现的“拼假”——把公众假期与职工年假、探亲、婚假等连休——使假期更长，预计长线旅游会快速增长。此外，今年以来，增加赴台游组团社、扩大赴台个人游城市范围等利好政策，对赴台旅游市场将会产生积极推动作用。与此同时，境外旅游目的地不断加大对中国市场的促销力度，出台了放宽签证、增加中文接待等多项措施，再加上部分目的地国货币贬值等因素，也将进一步拉动中国公民出境旅游需求。价格方面，受到机票等价格上涨影响，部分出境线路价格相比去年将有5%至10%的涨幅。

预计入境旅游与去年同期基本持平。受国际金融危机、欧债危机、国内旅行价格上涨、外国人避峰错期心态，以及我国4月起对外国人入境签证政策收紧等因素的影响，预计入境旅游与去年国庆黄金周相比将基本持平或略有下降。

高端和度假产品受青睐

据预测，两节期间，长线游、家庭游、亲子游火爆，国内游的中长线路、高端产品及自由行的价格已经比肩出境游，更多游客选择出境游。

国务院批准重大节假日免收小型客车通行费，这一政策将在今年国庆节第一次执行，预计今年中秋、国庆黄金周的自驾游可能会出现“井喷”局面，对自驾游产品、酒店预订、租车等业务都是很大的利好。自驾游成本中交通费用占的比例最大，免收通行费的政策，可使自驾车游客节省30%到40%的交通成本。

据预测，长达8天的假期对出境游和国内长线游产品是一大利好。

从国内游来说，北京、长三角、珠三角地区因经济发达、口岸城市便利等原因，还是出游的主要客源市场。具体而言，大城市周边500公里内自驾车能够到达的知名景点景区将受到热捧，东北、西北、中原地区会成为旅行社长线游的新热点。

此外，产品结构调整将是两节期间比较明显的特点。高铁沿线、湖南 + 贵州、湖北 + 湖南、广西 + 海南等，因交通条件的改善而成为新的连线产品。

从 8 月中下旬开始，各旅行社的出境游产品已经进入热卖阶段，韩国、泰国、美国以及欧洲等是大热点，一些旅行社的欧洲游产品已经售罄，奥运会后英国游成为一大亮点。从出境游目的地来说，由于后奥运和汇率因素，欧洲出境旅游市场特别火爆。由于美国签证政策放宽，美洲市场异军突起。大洋洲步入夏季，市场将逐渐升温。此外，受追捧的还有日韩、东南亚、港澳台地区等短线产品和马尔代夫、巴厘岛、塞舌尔等海岛产品。邮轮产品在持续推广之下，正在受到关注得到认同。

提示在前 做好出行准备

针对今年以来我国旅游安全形势呈现多样化、复杂化特征，结合中秋国庆长假特点，全国假日办及旅游相关企业发布了相应旅游提示。

针对旅游企业而言，要注意旅行社责任险是否到期等，并积极向游客推荐旅游意外保险。

游客如有出游计划，应及早报名，建议避开热门旅游目的地，选择偏冷线路出行；应选择有正规资质的旅行社，这类旅行社一般品质更有保障，也擅长应对各种突发事件；警惕市场上的低价陷阱；出游期间注意人身及个人财产安全；要购买旅游意外险。

近一段时间出现的旅游电商价格战问题，也应提请旅游者注意。目前，市场上出现的旅游电商低价陷阱包括：为满足低价偷换概念，例如，都承诺三星酒店，但失之毫厘谬以千里；行程安排与价格组成不透明，诱人低价背后，潜藏诸多陷阱，例如，出境游报价中不包含消费者必须支出的机场税、燃油税等常规项目；还有虚假无效的“低起价”，消费者一下订单价格就“变脸”，以及为“跳楼价”设置许多限制条件，在网站上不作明示；最后一种是采取降低产品品质和服务质量的方式调整价格，例如，某旅行社推出 5 天双飞产品，采用晚航班到达目的地和早航班离开目的地搭配，无形之中压缩了游客近两天游览时间等。

（三）解释性深度报道

范例

中国学者解读福岛核泄漏影响路径

“3·11”日本大地震和海啸造成日本福岛核电站发生泄漏后，北美、冰岛、中国等相继监测到环境辐射水平异常。中国学者发表的一篇研究论文，则对未来一段时间福岛核泄漏物质影响路径进行了情景预测。

在4月25日出版的2011年第12期《科学通报》杂志上，国家海洋局第一海洋研究所乔方利研究员及其同事发表论文称，核泄漏物质短期内对中国的影响主要通过大气通道，中长期则主要通过海洋通道。“从气流分布看，首先受影响的是北美，然后是欧洲，最后才传到中国和朝鲜半岛。早受影响（的话），浓度会高一些”。

据悉，该论文3月23日正式提交。在3月26日中国境内检测到核泄漏物质之前，研究人员已经基于发生核泄漏的纬带盛行强劲西风等因素，做出如下预计：核泄漏物质10天后影响范围可达北美大部，20天左右跨过欧洲，前锋进入中国境内，30天后布满整个纬带。

论文同时指出，核泄漏物质随着气流的运移扩散，浓度迅速降低。在不考虑沉降和衰变的理想情况下，其前锋到达中国时，浓度也仅为福岛附近模式浓度的百万分之一；如果考虑核泄漏物质存在沉降和衰变等过程，浓度量值应比前述估计还要低。而极低浓度的放射性物质首先从中国北方进入，也正是中国境内在黑龙江省首先监测到放射性物质的原因。

至于海洋通道传输，目前主体上是向东输运，需要3至5年才能到达美国西海岸，然后沿美国加利福尼亚沿岸向南，再转向西。经过这样一个大循环，再回到西太平洋。中国附近海域属于西太平洋的一部分。目前，对于放射性物质回到西太平洋海域的时间估计有所不同，但大致需要5至15年。

不过，研究人员强调，海洋通道运输速度缓慢，长期预测非常困难。关于核泄漏物质何时通过海流进入中国管辖海域，还需进一步监测和研究。“目前我们预报了2个月……近期内对中国造成影响的可能性极小。但给出一个长期的、非常确切的估计很难。”

研究人员表示，核泄漏物质运移存在三类自然通道，即大气中随气流的快速输运通道、海洋表层随海流的慢速输运通道，以及海洋内部的极慢速输运通道。此外，还有船舶、飞行器等人类活动，海洋游泳生物等非自然输运通道。北美和欧洲在泄漏物质运输通道上处于中国上游，上述地区的环境辐射水平监测、评估结果将对中国具有警示和借鉴意义。

（四）调查性深度报道

范例

“重男轻女”在亚洲退潮

“高房价改变了中国重男轻女的传统”，中国国家人口计生委日前公布的中国出生人口性别比30多年来首次出现“三连降”的趋势引起国际媒体的兴趣。对于重男轻女的习俗，一直是西方报道亚洲“落后和不文明”的重点。不过，近来，这一潮流在亚洲许多国家正在悄悄退潮。韩国日前也高调宣称其新生儿性别比已经回归正常，而转变这一趋势用了足足17年。实际上，与中韩有着相似之处的许多东方文化国家，随着飞速发展的城市化，人们对生男生女已经越来越无所谓，但传统观念仍在许多地区惯性伸展。中国、印度等国出生性别比目前仍居世界前几名，日本社会学研究者川上博志对《环球时报》称，亚洲重男轻女的习俗近几十年来涨潮退潮的转变，都是经济发展带来社会价值观改变的结果。实际上，女性得到认可的程度越高，整个社会的发展就越平衡稳定。

韩国性别比回归正常

“韩国人口出生性别比（SRB）超标17年后终于回归正常。”韩国《朝鲜日报》3月6日称，韩国重男轻女之风消退。据称，韩国新生儿男女性别比2003年曾达到110（即每100名女婴对应110名男婴），高居世界第2位，而2011年已经降到106，基本上属于正常值。自然出生性比一般在103至107之间。《朝鲜日报》称，韩国的“重男轻女”风气已经退去。

自从1980年韩国引入B超后，胎儿性别检测风行一时，韩国SRB比例也急剧上升。54岁的李女士向记者讲述她1985年结婚后被婆婆逼着生男孩的事。当时她第一胎是个女儿，婆婆想尽办法要让她再生一个男孩，包括购买改变体内酸碱环境的药物、去求神拜佛、寻找生男孩秘方等。但第二胎B超结果仍是女儿，结果全家人动员她去堕胎。不过，这已经是过去的事。韩国保健社会研究院的调查结果显示，希望生儿子的已婚女性比重从 1991 年的 40.5%，急剧减少到 10.2%；在已婚男性中，37.4% 的父亲希望生女儿，28.6% 的父亲想生儿子。

在中国，SRB 比例也出现下降迹象。中国国家计生委日前表示，中国出生人口性别比持续偏高 30 余年来，首次出现“三连降”，由 2009 年的 119.45，降到 2011 年的 117.78，不过仍然高出警戒线 10 多个百分点。10 日，中国国务院印发国家人口发展“十二五”规划的通知强调，要加强出生人口性别比综合治理。

印度《经济时报》日前援引 2011 年人口统计报告称，印度儿童男女性别比达 1000 ∶ 914，是印度独立以来失衡程度最高的。不过好消息是印度总体男女性别比率在下降，从 2001 年 1000 ∶ 933 下降到 2011 年的 1000 ∶ 940。

英国《金融时报》称，近些年来，中国严厉禁止选择性堕胎和提前透露婴儿性别，并均出台了鼓励生养女儿的政策。中国政府“胡萝卜加大棒”的政策正在取得一定的成效，近几年来，中国的出生性别比已趋于稳定，在一些地区，男孩过剩现象开始发生逆转。

城市化进程逼退传统观念

长期以来，重男轻女被认为是亚洲农业社会的一种落后习俗。全国人大教科文卫委员会委员、国务院参事马力 10 日在接受《环球时报》记者采访时表示，社会经济在不很发达的时候，男孩所产生经济效益比女孩高得多。中国社会传统的潜规则是男孩负责父母的养老，并承担家族血脉传承的责任。这种潜规则和传统在中国社会中一直发挥着重要作用，造成性别比不断攀升。

不过，随着亚洲许多国家城市化进程迅速加快，这种观念向相反方向扭转。澳大利亚人类学家特里弗斯称，亚洲地区重男轻女导致男多女少，这也导致女孩会竞逐富有家庭的男孩，反过来调节男女比例。在日本，“二战”后曾一度女多男少，但重男轻女的习俗使日本男性人数迅速增加。上世纪 90 年代，日本女性择偶观变成“三高”：高收入、高学历、高个子。这使得日本男性压力巨大，不仅要工作养家，还要在社会上出人头地。这造成男女比例的反向调节。目前日本各年龄段男女比例基本平衡，男女平均性别比例是 95 ∶ 100。

英国《金融时报》引述中国网友的话调侃称，高房价正改变中国重男轻女的传统。文章称，在中国，儿子日益被看成更沉重的经济负担。由于竞争加剧，为了娶到老婆，年轻男性必须省钱买房子才结得了婚。与此同时，由于工业化趋势增加了在工厂打工的机会，女性的经济价值和独立性都有所上升。哥伦比亚大学教授魏尚进日前撰文称，由于男多女少，中国父母为儿子以后结婚攒钱，造成1990年至2005年间中国储蓄率上升，这是导致全球贸易失衡加剧的因素之一。

马力认为，目前中国出现性别比不断下降，从根本上来说是因为经济快速发展。人们收入水平提高后，更关注精神慰藉。随着农村育龄男女进入城市，接受了现代思想，变得更加追求自我实现，靠子女养老等传统意识也随着社会福利状况的改善而淡薄。此外，男孩养育成本比女孩高，女性的特点更适于照顾老人等也是性别比下降的原因之一。

韩国《朝鲜日报》称，重男轻女的减弱是各种因素的综合作用。除了男性的经济压力外，更重要的是女性教育水平的提高和社会活动参与度的增加。韩国女性大学升学率从1981年的28.4%升至80.8%，随之带来就业和工资增加，女性在家庭的地位也得到提高。首尔大学保健研究生院教授赵永泰说，“女性进入职场工作挣钱，才有了生育决定权。”

亚洲仍面临女孩短缺危机

实际上，不仅在东方，在美国等西方国家，许多人也隐藏着“重男轻女”的思想。美国盖洛普公司发布的一项民意调查显示，如果只能要一个孩子的话，4成美国人表示更想要男孩。1941年至今，盖洛普公司曾做过7次类似的民意调查，每次调查的结果都显示想要男孩的人更多，受访者中表示“更想要男孩”的人比“更想要女孩”的人平均高出11个百分点。前美国拳王泰森在一次接受采访时，对“总共生育了几个儿女？”的问题，他不耐烦地答道：“一个儿子和七个错误。”

不过，重男轻女的风俗确实让越来越多亚洲国家政府和学者感到担忧。印度智库维维卡南达国际基金会学者巴克希日前撰文警告称，从长远来看，女孩短缺将造成“社会的犯罪化”，“它将加剧攻击性倾向，不论这种倾向是体现为内部冲突、武装叛乱，还是将冲突外部化”。由于男女比例失衡，在印度许多农村地区已出现“一妻难求”的现象。英国广播公司日前报道称，印度社会不断涌现出千奇百怪的婚嫁模式，如“童婚”“换婚”“群婚”“租婚”等。在古吉拉特邦一些地区，“租老婆”的生意非常红火，每月只需支付千把块人民币，就能租到一名妻子。一些贫困老公为了挣钱，将自己老婆“出租”给有钱人。

马力对《环球时报》称，重男轻女和出生人口性别失衡在日韩得到矫正，原因是经济社会的发展和立法。马力认为，现在虽然中国人选择生男孩的迫切性下降了，但是性别比并没有迅速下降，养老保障制度还没有完全建立起来，观念的彻底改变需要时间。因此应该尽快对选择性生育进行立法，才能使性别比下降有实质性进展。

（五）分析性深度报道

范例

中国奢侈品消费：缘何风生水起？

中国奢侈品市场研究机构——财富品质研究院近日发布报告显示，中国消费者境外人均消费额 1508 欧元，消费能力全球第一，是很多欧美国家公民境外购物人均消费额的 3~5 倍。2013 年，中国人买走了全球 47% 的奢侈品，约计 1020 亿美元，其中只有 280 亿美元的消费留在中国境内，境外消费额却高达 73%。

该报告预计，2014 年中国人的奢侈品消费将进一步转向境外，港澳地区 (30%)、欧洲 (22%)、美国 (21%) 是中国人海外购买奢侈品最主要的三大地区。同时，中国消费者在境内购买奢侈品的比例较 2013 年减少了 2%，港澳地区则锐减 14%。

奢侈品 (Luxury) 百度的解释是在国际上被定义为“一种超出人们生存与发展需要范围的，具有独特、稀缺、珍奇等特点的消费品”，又称为非生活必需品。奢侈品在经济学上讲，指的是价值 / 品质关系比值最高的产品。从另外一个角度上看，奢侈品又是指无形价值 / 有形价值关系比值最高的产品。奢侈品的消费是一种高档消费的行为，奢侈品这个词本身并无贬义。

这样的一种产品如果不是特别有钱，没人能买得起，就算特有钱如果是辛辛苦苦靠自己一点一滴的汗水换来的，未必有人能舍得去买！而且越是这样的人越是希望把钱用到对人类造福的事情上去，比如比尔・盖茨、巴菲特等都特有钱，但他们却把钱用来做慈善，就连自己的子女都不留，盖茨就说过他死后不给子女留一分钱，并且他还说给孩子留过多的钱对孩子及社会不利。

中国奢侈品消费缘何全球第一？其实这个事情很简单，只要看一下近年来我国外逃贪官数目及移民数目就可明白，下面我们来看一组数据：

早在前年《中国经济周刊》就曾指出，从2000年至2011年年底，检察机关共抓获在逃官员18487名，仅最高人民检察院公开的其中5年缴获赃款赃物金额就达到541.9亿元。然而学者们认为，滞留境外的外逃官员远不止这个数字，已经卷走的资金也远不止上述数字。

2011年，中国人民银行一份关于“腐败资产外逃”的研究报告曾引起不小的震动。报告中引述中国社会科学院的调研资料披露：从上世纪90年代中期以来，外逃党政干部，公安、司法干部和国家事业单位、国有企业高层管理人员，以及驻外中资机构外逃、失踪人员数目高达16000~18000人，携带款项达8000亿元人民币。而这两年贪官人数更是如火箭一样上升，相应的外逃和移民更是不计其数。

接着我们再看另一组数据：中国与全球化研究中心和北京理工大学法学院联合发布首部年度国际移民报告《中国国际移民报告(2012)》。报告显示，个人资产超过一亿元人民币的超高净值企业主中，有27%已移民，47%正在考虑移民，个人资产超过一千万人民币的高净值人群中，近60%的人士已完成投资移民或有关考虑。而近3年至少有170亿元资金流向国外。报道中还说这些人移民主要是因为子女教育，其次是怕秋后算账。

另据中国国际移民蓝皮书对我国国际移民的移出数据分析：2010年，我国海外华人华侨数量超过4500万，绝对数量居世界第一。2011年，中国对世界几个主要的移民国家永久性移民数量超过15万人，其中在美国获得永久居留权的人数达87017人，在中国国际移民总数中排名第一；其次是加拿大、澳大利亚和新西兰。

综上所述，我国外逃和移民国外人中几乎绝大部分都是贪官、富商，他们的财富多半都不是靠正当手段获得的，所以他们才敢于挥霍，买奢侈品，花了也不心疼。他们之所以这么喜欢买奢侈品，主要是因为中国人爱慕虚荣，重面子轻里子，更重要的是他们自卑，口袋封脑袋空，穷得只剩下钱了，所以才想以此来获得别人的尊重。

第十六章 网络新闻写作

第一节 网络新闻写作

一、网络新闻的概念及特点

（一）网络新闻的概念

网络新闻是突破传统的新闻传播概念，在视、听、感方面给受众全新的体验。它将无序化的新闻进行有序的整合，并且大大压缩了信息的厚度，让人们在最短的时间内获得最有效的新闻信息。不仅如此，未来的网络新闻将不再受传统新闻发布者的限制，受众可以发布自己的新闻，并在短时间内获得更快的传播，而且新闻将成为人们互动交流的平台。网络新闻将随着人们认识的提高向着更深的层次发展，这将完全颠覆网络新闻的传统概念

（二）网络新闻的历史

1994 年 4 月，中国全面接入互联网，1995 年 1 月，《神州学人》杂志成为中国第一家上网媒体。从那时以来，中国网络媒体经历了近十年的发展，这一阶段也可看作中国网络媒体的第一个历史时期。在这个历史时期，中国网络媒体事业取得了长足的发展，其中一个最直接也是最突出的表现，是网络媒体在新闻业务方面的进步。

网络新闻业务，其诞生之初，是传统新闻业务的一种延伸，但是，经过近十年的发展，它在不断吸取传统新闻业务养分的同时，也在逐渐形成自己的崭新面貌，有些甚至是革命性的，并有可能对整个媒体的新闻业务发展产生影响。

（三）网络新闻的发展历程

具体来说，十年间中国网络新闻的发展主要体现在六个方面。

时效性

——网络新闻时间观的发展

中国网络新闻业务对于传统新闻业务的改革，一个重要的方面，就是时间观。

在网络媒体早期，中国网络新闻的发布，遵循的原则是“定时”。《神州学人》上网时推出的是电子周刊，《中国日报》等也是每天一次的更新周期。在1999年中国媒体上网的高峰期，大多数媒体网站也依然是按天在进行新闻的更新。那一年，《人民日报》网络版的改版重点之一，是将常规新闻每天一次的定时发布，增加到每天九次定时发布。可以说，传统媒体里的时间观在束缚着这些媒体网站的业务。

在按部就班的时间观的后面，还隐藏着更重要的问题，那就是网络媒体与传统媒体的关系。如果网络媒体作为传统媒体的附属品出现，那么，它的新闻资源就必然受到传统媒体的限制，而此时的传统媒体，大多并不希望让网络成为自己的竞争对手，即使是对于自己的网站。如果报纸上的内容提前在网上发布，是否会影响报纸的发行？这是报纸的经营者不得不面临的问题。

但是，商业网站没有这些顾忌。在1997年世界杯亚洲区预选赛期间，当时还叫“利方在线”的新浪就已经很自然地将“及时”这一时间观，作为内容发布的基本原则。

1998年，人民日报网络版也开始了实时报道的尝试。1998年3月，在国内网络媒体中，人民日报网络版率先实现了网上实时报道九届全国人大一次会议和九届全国政协一次会议。

1999年4月15日16点05分，大韩航空公司的一架MD11货运班机在上海虹桥机场起飞1分钟后坠毁，两个小时后，新浪网发布了由网友提供的消息，成为在国内第一个报道此事的网站。这个突发事件如此快速的报道，不仅再一次提升了网络新闻在突发事件报道中的时效性，同时也带来另一个讯息，那就是，网络媒体具有一种更加开放的姿态，网友也可以成为一种新闻来源的提供者。

1999中国网络媒体事业的大跃进，也给网络新闻业务的繁荣提供了大好时机，经过这一年的发展，“及时”已经成为了大多数新闻网站的时间标准。而2000年的奥运会，则为网络新闻从“及时”上升到“实时”的时间观，提供一个直接的动力。

“实时”的时间观，催生了一种新的报道形式的出现，那就是“文字直播”。它像电视一样，在事件发生的同时，进行现场报道。只是它所采用的手段是文字而不是视频或声音。

“实时”不仅成为了一种众所追求的时效观，也成为了众多网站竞争的一个目标。

2001年9月11日，美国发生恐怖袭击后约8分钟，新浪网登出第一条消息。

2003年3月20日10时30分左右，美国向伊拉克开战。这个早已在预期中的“突发事件”成为了时效性竞赛的一个重要机会。10: 34分，新华网依靠新华社巴格达报道员贾迈勒向全世界发出第一条英文快讯及中文快讯。多家网站也在极力争夺新闻发布的“第一”。这让我们看到，网络已经将“实时”的追求推到了极致。

在追求“及时”“实时”的同时，网络新闻的“全时”化观念也逐渐建立起来，那就是：网络新闻不仅要最大限度地保障对个别的新闻报道的时效性，同时还要作为一个“全天候”的媒体，在一切新闻报道中争取最强的时效性。

网络新闻时间观的发展过程，一方面网络新闻工作者在实践中对于网络新闻传播规律认识的不断深化的过程；另一方面，也是新闻网站对于网络媒体自身的性质以及它与传统媒体关系的认识不断深化的过程。网络媒体时效性的不断提高，并非简单地取决于网络技术的支持，更重要的，还在于观念、体制上的改进。

网络新闻时效性上的进步，也并非只是简单地提高了新闻报道的水平，它带来的另外一些冲击也许更意味深长。例如，在冲破某些人为的报道障碍、在更好地满足受众知情权方面，网络媒体以时效性优势来突围，便有着一种实验性的意义，在某些时候，它会成为一种压力与动力，带动其他媒体的革新。

尽管网络媒体为时效性的追求提供了最好的条件，但是，在这背后，也潜伏着一些危机：

首先，过于强调时效性，是以压缩新闻审核的时间为代价的，因此，新闻的真实性、准确性等难以得到保障。2003 年 3 月 29 日，许多网站报道了美国微软公司总裁比尔·盖茨遇刺的消息，很快这被证实为一假新闻，而这次网络媒体的集体“出丑”，一个重要的原因就在于时间竞争的压力。

其次，为追求时效性而进行频繁的动态更新，容易形成新闻的“瞬时化”和“碎片化”：一些新闻在网站中转瞬即逝，事后很难查证；一些新闻只能支离破碎地展示新闻事件的各个片段，很难全面深入地体现新闻事件的本质。

在追求时效性的同时，网络信息的数会加速膨胀，信息过载局面日趋严重。从受众方面看，网络的时效性，也会带来他们信息消费的快餐化与浅尝辄止。

当把网络新闻竞争的指标简单地定位于时效性时，也带来了不必要的攀比。因此，在网络新闻竞争更上一层楼时，许多网站的眼光已经超越了时效性这样一个单一的量化指标，而是在不断提高自己的综合新闻能力。

层次化、网络化

——网络新闻组织方式的发展

报纸等平面媒体，在进行新闻资源组织时，遵循的是二维空间的思维，即将所有内容在一个二维平面空间里进行展示，平面空间如版面是新闻的包装容器。电视、广播等媒体则是以时间为容器进行资源的串连。但无论是报纸还是广播电视，都只能用一种单线条的方式来进行新闻内容的组织。

中国媒体上网之初，还在一定程度上沿用了报纸的思维方式。例如，当时的《神州学人》采用的主要是电子邮件的方式进行电子周刊的发布。电子邮件便是平面化文本的数字化。

但网络技术的发展，特别是 WWW 技术的出现，使网络新闻的组织方式发生了革命性的变化。

网络新闻资源，是以层次化、网络化的方式联系在一起的。网站发布网络新闻时，常常不是一次性地和盘托出，而是在不同的层次中逐渐展示出完整的内容。

网络化则是指信息之间的多元的、复杂的联系，实现的方式是超链接。

层次化与网络化是新闻发布后的状态，也是新闻资源循环再生时的形态。

层次化、网络化，这些新闻组织的特点，最终是通过几个层面的手段来实现：

1. 层次化的新闻作品

在早期中国网络媒体的新闻处理上，一条新闻作品往往只有简单的两个层次，即标题与正文。但是，随着人们对网络特性认识的深入，网络新闻作品的层次越来越复杂。

一个完整的网络新闻作品通常可以分解为下列层次：

层次一：标题

层次二：内容提要

层次三：新闻正文

层次四：关键词或背景链接

层次五：相关文章或延伸性阅读

2. 专题

专题在网络新闻编辑中，是从无到有、从少到多发展起来的。1999 年，专题开始较多地出现在新闻网站上，之后逐渐被多数网站采用。在经过几年的实践后，新闻专题在中国网络媒体的新闻业务中已经被推到了十分重要的地位。

在网络中，专题是在某一主题或某一事件下的相关新闻、资料及言论的集纳。与传统媒体的专题不同的是，网络专题是一个可以在时间上无限延长的、开放的空间。

专题有着双重含义，一方面，它是网络新闻资源进行包装的一种外在形式；另一方面，它是体现网站的编辑思想与意图的一种内容整合手段。

从形式上看，专题将可能发生的互有联系的信息联成一体，构成了一张信息网。它将分散的信息进行了有机的整合，同时，还利用网络所具有的延时性的特点，使新闻报道得以长久延续。

3. 新闻网页

新闻网页是网站的整体新闻的包装方式。也就是利用 WWW 技术，采用网页的方式进行新闻发布。在中国网络媒体发展的早期，新闻网页界面非常简单，它们通常是以报纸的版面为单位，进行简单分类，点击每一个版面的名称，则可打开本版的新闻标题列表，每一条标题下有一个下划线，这是进入每条新闻详细内容的链接。

经过多年的发展，简单的菜单式的新闻页面，已经被更为丰富、层次更为复杂的页面所代替。

中国新闻网站在新闻网页的设计上已经表现出一种趋同的倾向，它可以称为“平面主导式”，即，新闻网站（频道）的导读页，更多的强调的是内容的广泛。在导读页上推荐的新闻数量较多，有些甚至可以达到几百条（例如新浪、搜狐等商业网站新闻频道的首页）。导读页面一般长达多个屏幕。导读页往往采用多重方式进行新闻推荐，例如，在同一页面中既有按时间方式排序进行推荐的，也有按重要程度进行排序推荐，还有按新闻类别进行排序。这样的方式好处是，受众在一个页面中，可以进行较大范围的选择，以决定重点阅读对象。同时在此过程中，又可以通过标题获知一些主要新闻，因此获取主要新闻的效率较高。但是，其问题在于，页面过于繁杂，阅读的负担较重，此外，它可能使得受众点击进入各栏目的概率下降。整体上看，也就是受众进入下一层次的概率较小。同时，受众的深度阅读会有所不足。

与之相比，以美国新闻网站为主要代表的方式，可以称为“立体主导式”。这些新闻网站的导读页相对来说，新闻数量较少，有些甚至只有 10 多条，但是多数重要新闻除了标题外，还有新闻内容提要。导读页只有一到两个屏幕大小。受众如果要获得较为全面的新闻，需要点击到具体栏目。这种方式，在一定程度上提高了受众获得新闻的成本。但是，它会促使受众做一些深度的阅读。另外，对于提高网站的点击量也是有好处的。简单清爽的导读页设计，也可减少受众做阅读选择时的困惑。

对于以上两种不同思路，不能简单地以好坏来加以比较。这两种方式应该说都有一定的形成背景。例如，中国网站的平面式思路，在一定程度上与中国用户上网的成本有关。在高成本的情况下，用户都希望一个页面提供的信息能更多些。此外，中国新闻网站在整体新闻数量上的追求，也必然会在导读页上反映出来。

而另一个不可忽视的原因，就是读者的阅读习惯。在网络阅读环境中，阅读习惯一旦建立起来，会相当牢固。而且容易让读者产生一种心理定式。

中国网民大多数习惯于新浪、搜狐等网站的新闻网页的设计风格。这使得一些媒体网站在一定程度上也不得不在页面设计风格上向这些网站靠拢。

循环化、多通道

——网络新闻发布与利用方式的发展

早期的网络新闻就像传统媒体一样，一条新闻只是进行一次性的简单发布。但是，随着网络新闻编辑手段的丰富，网络新闻资源被越来越多地得到循环开发与利用。

循环化的含义是，网络新闻资源可以通过数据库长期保存，并被加以无限制的反复利用。利用方式也是多种多样的。例如，可以被再次发布，可以作为相关新闻链接，也可以通过分类检索加以利用。

因此，在网络新闻发布的业务系统中，数据库技术就成为了关键。在网络新闻记者与编辑那里，则意味着，在现有的新闻中，利用已有的新闻资源，成为一种日常工作。如何寻找与当前新闻相关的资源，又如何合理地加以利用，也成为了新闻发布的一个重要环节。虽然在网络新闻发布系统中，很多工作可以自动完成，但是，在一般情况下，还是需要人工的干预。

搜索技术也对于提高网络新闻的循环利用效率起着重要作用。与此同时，专门针对新闻内容的搜索技术也在开发出来。2003 年 12 月 23 日，在原慧聪搜索基础上成立的中国搜索宣布正式成立，在国内首家推出了别具一格的中国搜索新闻中心，最大的特点是完全由机器编辑新闻。 该搜索工具将把新闻根据关注度分类排列在中国搜索新闻中心上。据称中国搜索已经覆盖了国内4500家左右的新闻源。由于这是按照新闻转载率排列的结果，所以不会遗漏掉任何一个不该遗漏的新闻。

按照中国搜索负责人的描述，未来该技术的发展，将进一步体现引擎个性化，即通过跟踪分析用户的搜索行为，充分地利用这些信息来提高用户的搜索效率，比如某用户长期进行使用中国搜索的搜索引擎，引擎将能记下用户的历史搜索信息，并能根据这些信息进行自动分析，并根据这个分析结果对未来的搜索行为进行分析并使搜索结果得以优化，帮助用户更快更准确地找到所需要的信息。

2004年9月，著名的搜索引擎Google 推出了以1000多个新闻源做支持、利用搜索技术和自动页面生成技术制作的 Google 中文新闻，对于国内新闻网站特别是以整合新闻为主的商业网站形成了强大的冲击。

这再一次表明，搜索技术的发展，不仅将进一步提高新闻信息的循环化使用的程度与效率，同时，也会使未来网络新闻的竞争进入一个更高的层次。

与新闻利用的循环化相联系，网络新闻的发布方式与通道也发生了重要变化。

从总体来看，网络新闻的发布方式可以有两大类：“拉”方式与“推”方式。

拉方式是网络新闻的主要发布方式，即将新闻发布于 WWW 网站，由受众登录网站后自主进行选择性新闻阅读。受众读多少新闻、每一条新闻读到什么层次，都是由他们自己决定的。

推方式指的是，利用相应手段直接将新闻传送给网络受众，无须受众登录网站进行新闻的选择。常见的推方式是电子邮件。用户订阅网站的新闻后，网站定期将编辑筛选的新闻传送给用户。通过手机或 PDA 发送新闻是另一种推方式的信息发布方式。

在网络新闻的发布中，不同渠道都各有其利弊。拉方式尊重了受众的选择权，但是，增加了受众获得新闻的成本。而推方式则与之相反。一个网站如果单纯采用一种新闻发布方式，就较难适应受众的多样化需求。因此理想的情况是，各种方式相互补充、相互促进。即使是在早期的网络新闻实践中，人们就开始利用电子邮件、WWW 网页等不同手段，来发布新闻。而网络新闻发布方式进一步得到丰富，这体现了新闻从业者对多样化发布方式之间的关系的认识。

当技术进一步发展时，新闻发布的通道也有了新的发展，其中最常见的是手机和 PDA（“个人数字助理”）。两者都是便携式的电子信息获取终端。

发布方式与通道的多样化，也意味着网民的“转发”行为的增加，网民在新闻阅读过程中是一个积极的参与者，他们在看到自己认为有价值的新闻时，往往会利用电子邮件、转贴到 BBS 或手机转发等方式，使新闻传播到更多的人。

因此，促使新闻的多通道流动，成为了新闻网站提高新闻利用率与影响力的重要方式。

单媒体、多媒体

——网络新闻手段的发展

20世纪90年代初期WWW技术的出现，给了网络新闻多媒体化发展的空间，但是，中国互联网的基础设施建设始于1994年，在早期，网络的带宽十分有限，即使是图片这样的信息，在网络中的传输也需要很大的代价，因此，在1995年至1998年间，网络新闻主要采用文字形式，图片虽然也有，但很多时候，为了适应当时的网络状况，只能以牺牲尺寸与分辨率为代价。

1999年，网络新闻的多媒体化开始受到重视，尽管网络条件仍然不够完善，但是，一些网站开始意识到多媒体化是网络新闻的一个发展方向。《人民日报》网络版便在这一年全面开通了多媒体服务，这些服务包括音频、视频和360度照片等。事实上，1996年年底，当《人民日报》网络版还处于内部演示阶段时，就已包括了多媒体内容。

但是，这时网站对于多媒体手段的运用，还只能停留在“各自为政”的阶段，一个网站的文字、图片、声音与视频等报道手段，往往是相互分离的。音频与视频报道往往是一个独立的栏目，它们有自己独立的来源，这些内容与网站的文字报道之间，没有相互的衔接与配合。直到今天，网络多媒体报道的发展方向如何还是一个处于探讨之中的问题。

但是，无论如何，新闻网站以多媒体手段进行新闻报道已经成为一种常规。具有独特资源优势的新华网在这方面的成果显得更为突出：

2002年2月21日，中央独家授权新华网在人民大会堂对中美两国元首共同会见记者等重大活动进行多媒体现场直播，新华网的摄像机第一次与CNN和中央电视台的摄像机并排架设，引起现场众多国内外记者的惊讶。这次直播开创了全球真正意义上的网络多媒体现场直播的先河。

除了探索图片、音频、视频等传统手段在网络中的运用之外，新闻网站还在探索新的技术手段在新闻传播中的运用。其中最具有代表性的是Flash技术在网络中的运用。

新闻网站已经在两个方面开始运用Flash技术，一是利用Flash动漫讲述新闻，一是将Flash作为整合各种媒体要素的手段。

Flash 动漫新闻可以摆脱对现场的新闻素材的依赖，因而是一种便捷的模拟或再现新闻现场的手段。对于突发性新闻报道来说，Flash 可以在很大程度上弥补第一手素材无法获得的缺憾。在新闻报道中牵涉到一些受版权保护的图片和视频资料时，用 Flash 进行再现，也可以较好地解决新闻素材不足的问题。利用 Flash 动漫报道新闻，可以排除那些无关紧要的元素的影响，更好地突出表现主题。另外，Flash 动漫新闻还具有一种趣味性，因而受到广大网民的欢迎。

好的 Flash 动漫作品，很容易在网上流传开来，因此，它不仅是传播新闻的一个手段，也是一个树立品牌的手段。

但是制作 Flash 动漫新闻，存在着很大的人才挑战。它需要制作者既有深厚的美术功底，可以从容地进行动画的创作，又有扎实的技术能力，可以自如地进行制作思想的表达，同时，还要求制作者具有良好的新闻敏感，善于表现新闻中最有价值的要素。在国内的新闻网站中，这样的人才还是非常缺乏的。

Flash的另一种利用形式是利用短片（或称幻灯）对于现有的文字、图片、声音及互动式图形图表以及菜单等进行有机整合，不仅可以将这些素材加以连续播放，还可以充分赋予观看者以互动的能力。千龙网等网站便利用 Flash 短片形式推出了“七日新闻”“一日新闻”等集成性新闻栏目。

深加工

——网络新闻编辑观的发展

从 1995 年至今，网络新闻的编辑观经历了四个层次的发展：

一是简单的“粘贴新闻”，靠快和全来赢得眼球；二是“加工新闻”，即对新闻进行加工整理，使其具有更好的质量与可读性；三是“组织新闻”，包括形式上的组织与内容上的组织，一方面对现成的新闻资源进行整合，另一方面争取独创性；四是“解读新闻”，即对新闻事件或其中某些环节的来龙去脉、前因后果进行深度的剖析，释疑解惑。

从网络新闻的发展过程来看，粘贴新闻是最原始的一种方式。但“粘贴”本身，又有不同的方式。从传统媒体特别是报纸来看，上网之初，走的是粘贴“自己”的道路，即将印刷版一字不改地拷贝到网上。粘贴时间跟着印刷报纸走，甚至要落后于出报周期。这样的粘贴只是在某种程度上扩大了媒体的覆盖面，而与此同时，新浪等商业网站开始以粘贴的快与全取胜。这在当时确实是奏效了。因为，1998 年的中国网络媒体，还是一个新闻短缺的时代。产品短缺时代，“有”就是“好”。

但是，一旦进入信息过剩的时代，这种简单的新闻处理方式的问题立即显露出来。互相的粘贴，带来新闻的趋同倾向。当粘贴成风时，单一网站的新闻品牌的存在变得几乎不可能。在粘贴过程中形成的新闻信息的“损耗”与“失真”，也是有目共睹的。

但是，不能因此而否定这种新闻处理方式的合理性。对于受众来说，这种新闻处理的方式，又是有好处的。它可以使人们在进入任一综合性网站或媒体网站后，就可以较全面地获知重要的新闻。从媒体网站来看，商业网站转载它的新闻，也可以带来一定的社会效益与经济效益。

更重要的是，“粘贴”带来竞争，一种量与速度的竞争，没有这种竞争，就不会有网络新闻的繁荣。粘贴新闻是搭建起整个网络这个大的新闻平台的基础，它使整个网络与传统媒体相比，形成了自己基本的竞争力：及时、全面。当然，仅有“粘贴”是不够的，这也就使网络新闻编辑必然要向其他层次发展。

网络中的“加工新闻”，是对传统媒体新闻编辑经验的继承与发扬。除了改正错别字、语法错误之外，它还包括对新闻的真实性、权威性加以审核，对其中出现的事实性、政策性、知识性等错误加以纠正，以及提高文字的准确性、可读性，以保证新闻的质量。这是对“粘贴新闻”可能出现的漏洞加以预防或弥补的一个重要方面。

从另一方面看，“加工新闻”是使新闻适应自己网站的目标读者的一个手段，通过对一般流通的新闻进行合理的、不带歧义的剪裁，可以使新闻素材更加精练，更加适合特定网民的需要。

加工新闻成了各个网站十分重视的一项工作，其中，标题的加工，更是成为了一种常规的新闻竞争手段，对于同样的新闻素材，各网站通过不同的标题处理方式，可以从不同角度挖掘新闻的价值，也可以通过标题制造出吸引眼球的亮点。在各个网站，标题制作都被放到了非常重要的地位。

“组织新闻”分为形式的组织与内容的组织。

从形式上看，组织新闻，最重要的是界面的设计。而网络新闻的内容组织，又可分为三个层面：挖掘各种新闻或信息之间的内在联系——基本层面；策划新闻选题或专题并组织报道——中间层面；构造整个新闻网站或频道的内容框架——宏观层面。

解读新闻，是网络新闻的更高层次。

信息时代的媒体竞争，不仅仅是新闻题材的竞争，还在新闻深度的竞争，而这在很大程度上是新闻挖掘方式的竞争。媒体不仅要告诉人们发生了些什么，还要告诉人们它为什么会发生，这件事与那件事之间有什么联系。媒体要做的，不是让读者自己去费力地寻找那些联系，因为对他们来说，信息消费只是业余生活中一部分，他们不可能全天候地跟踪世界的发展与变化，并且还能对这些变化作出合理的解释。这样一种跟踪与解读的工作，应该是由媒体来完成的。

对于中国网络新闻来说，“解读新闻”这个层次，亟待开发。谁能在这一层面上先人一步，高人一筹，谁就能在下一轮的新闻竞争中占据有利地形。

在网络新闻中，实现解读新闻的途径，主要体现在下列方面。

在新闻中解读新闻：记者在写稿时，就对新闻事实或社会现象作出尽量深刻的剖析。在网络媒体中，还有一种手段，那就是用超链接的方式来补充说明新闻。

利用评论解读新闻：评论是跳出新闻来解读新闻。这些评论可以由网络编辑记者撰写，也可以约请评论员、特邀专家点评。从形式上，既可以是独立撰写完成，也可以是在互动交流过程中完成。

网友讨论新闻：网友对于新闻事件的讨论，是一种自发式的、群言式的解读新闻的方式。从自发性看，网友讨论的话题，必然是他们内在的兴趣的体现，因此，网友讨论的话题也会给做网络新闻的人建立起一个风向标。从群言性看，网友的讨论，并不完全公平理性，也不全是个体意见的表达。在此其中，“意见领袖”的影响力也许是不可忽视的，“沉默的螺旋”的力量、集体无意识的控制，也都会或多或少发生作用。因此，网民的解读是在某种力量所影响下的集体解读，它的过程比结果更加重要，而网民由此受到的影响也会更加深刻。但无论如何，一个网站所拥有的网友资源，对于网站的影响力的形成，是十分重要的。

由于网络新闻竞争的加剧，各个新闻网站都在组织新闻与解读新闻方面加大了力量。因为，只有这两个层面的工作，才能更好地提升网站的新闻竞争力。

从总体来看，网络新闻编辑观的发展，是与网络新闻的发展模式的探求相吻合的，体现了中国网络媒体从“文摘式”模式向“原创型”模式的发展。

单向、互动、共动

——网络新闻受众观的变化

新闻的发布过程，是一个传播过程。在传统媒体时代，新闻传播往往是一个单向的过程。受众只能充当一个被动的接收者。看什么新闻、什么时间看新闻等，都是由传播者决定的。这既是因为传统媒介传播技术的限制，也是由于传播成本的制约。

但是，网络技术使传播者与受众之间的关系发生了一次革命性的变化。由于技术上的可行性以及成本的大大降低，受众参与传播，已经变成了一件极为平常的事。

网络媒体正是在逐渐认识到网络媒介的技术特性的同时，逐步提高与受众互动的能力，开发出新的互动形式，而从根本上，他们的受众观也在不断提高。

从单向到互动，是受众观的第一次变革。

从形式上看，互动的方式包括：

媒体与受众之间的沟通与交流：通常是以电子邮件、BBS或聊天室为沟通渠道。受众可以直接表达他们对媒体工作的意见与建议，也可以为媒体提供新闻线索。

受众意见调查：通常以简单的投票形式，了解网民对某一个新闻事件或某个问题的态度。

特约来宾与网友的交流：这些特约来宾包括专家、学家、明星、有关部门负责人等，他们可以就某一主题或某一事件通过BBS、聊天室等与网民进行互动。

受众互动：网友通过邮件、论坛等途径，就新闻或其他社会热点问题进行交流讨论。

《人民日报》网络版是在传统媒体网站中最早开发互动功能的网站之

一。1998 年 4 月 11 日晚上，《人民日报》网络版“体育在线”专栏中的 BBS 论坛，就开展了记者与读者进行直接对话。1999 年 5 月 8 日，中国驻南联盟大使遭到北约导弹袭击，5 月 9 日，《人民日报》网络版便开设了“强烈抗议北约暴行 BBS 论坛”，为网友表达自己的愤怒情绪提供了一个重要的渠道。一个月后，该论坛改版为“强国论坛”。“强国论坛”不仅成为了一个重要的中文论坛，也成为了国情民意的晴雨表。

新华网的“发展论坛”与“统一论坛”“中青在线”的“青年话题”等，也成为了这些新闻网站的强大品牌。

而在新浪，除了规模庞大、涵盖广泛的各类论坛外，每一个重大新闻事件报道中开设的动态论坛，更为令人瞩目。许多新闻事件在这里都能吸引到上万甚至数十万的网民发贴。这些贴子形成一股强大的意见力量。虽然在此之中，非理性的观点，甚至是谩骂发泄，都非常普遍，但是，它们仍然不失为体现民意的风向标。

利用互动功能的，不仅有新闻网站，还有它们背后的传统媒体。其中 CCTV 与其网站央视国际的互动更为突出。从 2001 年起，央视国际多次实现了与电视节目的互动，其中包括中国加入世贸组织的特别报道中央视国际与《东方时空》节目进行的网上互动直播、2002 年及 2003 春节联欢晚会，央视国际与电视晚会的互动等。

然而，互动只能说明传播双方交流通道的畅通，在互动过程中，传播者仍然是起着主导地位的，而受众仍然是接收者与相对被动的反馈者。但是，从网络新闻发展的实践来看，在一定的场合下，网民不仅是信息的接收者与反馈者，同时也可能在一定程度上影响到网络新闻的传播者的传播意向与行为。有时，在一个新闻事件的传播过程中，网民与新闻网站的作用几乎是同等重要的，两者之间也渐渐融为一体，很难分出彼此，两者之间的沟通方式，已经不再是简单的反馈与交流，而是一种你中有我、我中有你的共同协作。

因此，网络受众观的第二次飞跃表现为将互动的关系进一步演化为“共动”的关系。这时受众参与的手段主要仍然是论坛、邮件等基本方式，但是，他们处于更为积极的地位中。他们可以通过新闻的转发，提升某些新闻的价值，增加某些事件的关注度，也可以通过热烈的讨论，将个人意见汇流为公共意见。

“共动”意味着受众在网络新闻传播中的作用得到了更充分的体现，而同时，他们对于社会生活的干预能力也增强了。2003 年一系列事件，正是传统媒体、网络媒体与网民共动的结果。以上这六大发展，是中国网络媒体对自身的认识不断深化的结果，也是中国新闻改革不断深入的结果。网络新闻的发展，不但对于网络媒体繁荣的意义重大，也将对于中国传媒业的进一步变革产生影响。

（四）采写网络新闻的方法

1. 确定方向

中小企业发展品牌营销，首先要解决的是方向问题。如果说品牌营销错了方向，那我认为停止就是进步。但如何确定方向呢？需要基于消费者洞察。对企业自身进行分析，对市场情况进行了解，对竞争对手进行摸底，对消费者进行研究。然后根据洞察的结果，制定适合企业的品牌定位和商业模式方向。

只有知道风的方向，才知道什么是顺风。

2. 扬长避短

通过洞察，可以发现自身的优点和弱点。这时，就要对你自身的优点进行放大，将所有的优点提炼成核心价值点，同时淡化你的弱点，做到扬长避短。这样，除了可以提升竞争力，更可以加强消费者对企业的好感，让更多的消费者喜欢你的品牌，买你的产品。

但在实际上，很多企业却是反着来的。因为它们不知道自己的优点在哪里，老是拿自己的弱点和别人的优点比，结果当然是吃力不讨好。

企业需要的是一双发现的眼睛，不是发明的大脑。

3. 寻找老师

谁可以为师呢？首先是你的竞争对手，每个企业都有他做得好和不好的地方，你的对手也不例外，研究他们，然后取其精华，去其糟粕，你往往可以学到很多东西。

再一个是国外成功的同行业大品牌。学习他们的做法，总结他们的得失，结合自身实际情况进行运用，企业可以少走很多摸索的弯路。

另外，可以向有经验的人学习。比如像壹串通这样的策划机构。做策划的人，往往有很多不同行业的品牌营销经验，比如我以前在美的空调做总策划，一开始他的年销售是 10 个亿，到我离开的时候是 800 多个亿。整个品牌过程我是参与全程策划的，这个经验我可以根据具体情况复制到很多企业身上。

品牌要成功，需要老师，要取得巨大的成功，需要敌人。

二、网络新闻媒介是把“双刃剑”

（一）网络传媒的优点

传播的快捷和时间上的自由性.传统媒介的传播要受到出版与发行时间或播出时段的制约，相比之下，网络在传播时间上具有明显的自由、快捷的特点，可以轻易做到随时发布、即时滚动发布。

网络传播还具有传统媒介所没有的可往复性，错过了收听收看时间，通过检索就可以弥补。

传播的广域性及海量信息资源，最大限度地满足民众的信息需求。受到传播能力和市场利益的制约，传统媒介的信息资源有限，通常只能在有限范围内产生有效的影响，而网络媒体几乎不受这个局限。任何信息只要进入网络，便能轻易地传播到世界各地。

网络信息容量的无限性及搜索、超链接功能使得各种竞选相关背景资料、解释报道等都得以方便呈现。

（二）网络传媒的缺点

任何不利信息在网络上都可能被无限放大并造成冲击，由于网络传播的广泛与快速，一个小小的失误都有可能在网络上被无限放大。

网络传播的随意性和娱乐性，使得政治娱乐化倾向愈演愈烈。

网络传播的自由随意与网民的游戏心态，将这种政治娱乐化的倾向推向极致。网络信息的权威性与可信度得不到保证。

传统媒体在新闻发布前必须核实，网络却取消了媒介的把关权，赋予每个网友发布信息的自由。在网络上不受限制的信息流动使人们对其权威性和可信度产生怀疑。另外，网络的广泛报道、海量信息，往往使得一些有力度、具深刻性的评论或文章被湮没其中。

知识和工具的限制，使得网络受众的范围有一定局限。

（三）网络新闻的“底线”

网络言论的“言论自由度”太大，有些甚至是“偏激”的逆耳忠言，有些却又是宣泄满腹牢骚的怨言，而传统媒体又恰恰是“把握正确舆论导向”的前沿，是维护社会稳定的阵地。

当前，网罗传媒最大的危害主要来自散布封建迷信、鼓吹道德败坏、宣扬色情性爱、竭力诱骗犯罪、欺诈谋财害命、煽动不满情绪、破坏团结稳定……等等垃圾表演，才是网络传媒的管制重点，因为，任何言论都不是无限自由的，网络传媒言论自由也不是无限自由的，必须要受到法律法规、公德良俗和社会责任的约束。所以，对网络传媒“正确舆论导向”的管制要有明确的界定，反之，网络传媒将“静悄悄”地死去。

三、网络深度新闻报道

随着新媒体的兴起，传统媒体日渐式微。深度新闻，这颗曾经镶嵌在“无冕之王”王冠上最为璀璨的明珠，似乎也成了明日黄花。不过，2014 年几则关于媒体招聘深度新闻记者的广告又将新闻热点聚集到这颗灰暗的“明珠”上了：2014 年 12 月 11 日，羊城晚报万元底薪聘深度记者；9 月 17 日，网易科技招聘调查记者（网易还曾在 2008 年 6 月招聘深度报道栏目编辑）；8 月 4 日，腾讯网科技频道招聘全职深度报道人员……

深度新闻在当今网络时代遭遇始料不及的尴尬——在信息传播如此多元的社会语境中，深度新闻如何寻找自己的定位或坐标？笔者认为，网络时代更需要深度新闻，但与过去形成鲜明差异的是，网络时代需要的是具备理性精神和科学生产方式的深度新闻。

（一）深度新闻被“神性化”或“污名化”

当前受众（包括新闻人）对深度新闻有“神性化”与“污名化”的两种极端倾向。

有的人认为，深度新闻天生带有正义的色彩，可以和正义、专业、真相、权威画等号。深度新闻一定是好新闻，深度新闻代表深度思考，是形成媒体权威的重要力量。但是，另外有人认为，在中国当代情境中，深度新闻不是真正的新闻，它很容易受到政治和商业的双重影响；专业性严重不够，是“草根记者”的个人表演；文本陷入故事化，水分多，干货少。

2014年3月马航客机MH370失联事件发生后，有媒体人在评价中国媒体对于国际事件欠缺深度报道能力时称：“中国真正的调查记者不超过50人，大家都在抄来抄去。”

中国深度新闻的兴起与发展有着鲜明的社会烙印。上个世纪90年代后期，一批呈现社会问题的深度调查报道不断涌现在媒体版面中，这些新闻故事为读者呈现了过往中国新闻报道中极其鲜见的、关于社会各个层面的负面信息。那个时期，也正是中国开启市场化经济转型的时期，这些调查报道，正如微服私访的“清官”，为中国改革者们提供了一个恰当的监督窗口；并以具体的社会问题事件为索引，对那些滞后于社会发展的地方政府治理进行了某种程度的干预。时代使然，中国深度新闻被赋予了某种超出新闻报道常规而又符合普通公众预期的政治能量；这种超人的能量反过来又更快地为媒体塑造了直观的公信力。这种互动使深度新闻有了“神性”标签。

“神性”标签让某些新闻工作者高估深度新闻的政治作用。也就是说，深度新闻揭露社会的负面以警戒众生，但是，这种作用实际上是新闻报道的“中国式的非企及的社会后果”，是由中国当代的现实条件而催生的；尽管从结果来看，某些优秀的深度新闻甚至起到了补充地方政府执政能力的功能，但是，深度新闻仍然不可能成为社会治理的常规手段甚至替代制度。这样的“神性”色彩，使深度新闻过多地重视意识形态的呈现，忽略了深度新闻作为新闻本体的客观性和真实性。

“污名化”的倾向，与“神性化”一样，均是对深度新闻进行“标签化”，不过是走向“神性”的反面。当前信息技术的快速发展，使得大量新媒介出现。它们提供海量、互动、即时的信息，令媒体生态环境发生了深刻的变化：传统媒体在大众传播过程中的信息垄断被瓦解，在公共舆论领域的话语霸权被弱化，媒体之间的竞争亦变得复杂而激烈。但是，话语霸权的衰落，表面上来看是因为互联网这个新入竞争者强势，实际上却是因为中国新闻的“意识形态功能”衰落，而并非新闻报道的衰落，更不是深度新闻的衰落。

（二）深度新闻是网络时代“信息第二权力”的最佳载体

网络时代的信息传播有一个显著的特征，即碎片化与随意性，这种特征似乎昭示了信息社会的必然规律。英国社会学家斯格特·拉什认为："信息社会涉及一种扭曲的辩证，即从秩序走向失序再走向新秩序。"信息的扩散与流动呈现准无政府状态，并且这种状态有可能产生"两种权力"："第一种权力"是由于信息或文字本身所承载之内容而获得的权力，微博、微信等网络载体即体现这种权力；"第二种权力"是在知识财产范围内——也可以理解为在信息处理的"专业技术范围"内——对信息秩序的再造、分析与管理，是一种"信息年代内全世界性的资本积累"。

笔者认为，专业新闻生产在网络社会则可以实现"第二种权力"，即对网络信息进行再造、分析与管理。从信息的总量来看，网络社会的多元性的确为信息的传播创造了天然的自由环境；但从公众信息需求来看，若无专业工作者对海量的碎片化和随意性的信息进行整理、分析与管理，网络的信息功效将大为减少，这也是为什么大数据技术等互联创新技术越来越被公众接受的原因。深度新闻，则是实现这种信息"第二权力"的最佳载体。

《新闻学大词典》对深度报道 (In-depth report) 的定义是："运用解释、分析预测的方法，从历史渊源、因果关系、矛盾演变、影响作用、发展趋势等方面报道新闻的形式。"《宣传舆论学大词典》中的定义是："通过系统的科学材料和客观的解释、分析，全面深入地展开新闻内涵的报道形式。"

百度百科的总结更具体：1. 深度报道不是一种新闻文体，而是一种报道追求深刻性的理念、思想方法和立体的思维方式和旨趣。2. 一篇深度报道包含的主要内容有：事件，新闻背景，新闻前景，新闻过程，新闻分析，主观感性，新闻预测，图片说明，对策建议等。3. 深度报道从调查走向研究，从知性走向理性，记者通过调查研究社会问题，从调查型记者走向研究型记者。

这样的深度新闻，从理论上讲，是对所有信息进行收集、整理、分析和再造之后产生的信息集合；从信息生产方式而言，是一种接近于社会科学研究方式的新闻生产，它所呈现的价值理性，实际是对新闻事件的客观性和真实性的终极追求。这样的深度新闻，在我们这个碎片化、随意性、自由的网络时代，难道不是受众最需要的"知识性服务"吗？传播这样的深度新闻，是网络时代知识资本的积累。

网络时代还有一个重要的技术特征，即专业性的无限提升，包括负面事件涉及领域的专业化程度趋深。如果这样的负面事件还裹挟着众多复杂的利益关联方，公众如何辨识信息的真假呢？也许互联网本身具备自我净化的功能，但是深度调查的成本和风险将会越来越高。自媒体、热心网友们如何承担这些调查成本和风险而使深度调查持续？

如果说信息的本质特征促使了信息权力的社会分工，那么网络的技术特征则加速了信息权力的专业化分工。因此，必须有专业的人士运用科学的方法来作深度调查报道。

（三）网络时代需要什么样的深度新闻

现在正是回归深度新闻本原的时候了。如何回归？需要理性的态度和科学的生产方式。

首先，需要理性的态度。能表现新闻理性的方面有多种形式，但对于中国深度新闻来讲，理性表现为摒弃附着在新闻生产之上的鲜明的意识形态。社会学家赫伯特·甘斯对美国新闻界进行田野调查后发现，大多数新闻从业者相信，意识形态是故事选择与生产过程中的一大障碍；意识形态鼓吹者们有可能成为“怀有私念的教条主义者，这样使得他们只乐于选择并报道那些可能促进自己意识形态利益的新闻故事……以至于过于僵化而且无法运用消息来源与适宜性等因素，特别是平衡原则”。一个将意识形态置于新闻议程设置重要决定地位的新闻工作者，可能是一位乐于观点争论而无法将报道实施到位的工作者。意识形态的鼓吹之于新闻报道所追求的终极原则——客观性与真实性，是最显性的敌人。

可是，在现实语境中，意识形态并不能完全摒弃，新闻工作者不可避免地对新闻事件有着先验式的意识形态认知，并且这种意识形态总是可以某种价值卷入的方式隐匿在字里行间的微观细节之中。那么，如何做到意识形态的合理存在呢？甘斯认为，那些被认为是意识形态化的结论或观点若能得到证据的有力支撑，它们就能够保留。

从实践而言，笔者认为，除了理性的态度，我们还需要科学的报道方式。

客观性与真实性是新闻报道的最根本的立场；如果再细分两者的差异，笔者认为客观性比真实性更重要。真实性可能是单向的，也可能是单侧面的，真实就像“罗生门”，绝对的真实几乎很难获得；而客观性却可以为受众提供多元视角和多个侧面，尽可能还原事件的本原。只有客观与真实二者一个不缺，才有可能令新闻接近事实的真相。

在此，笔者引用美国“空头”调查中国公司的案例，或可提供一些参照与启示：看他们是如何将“客观性”与“真实性”紧密地结合，从而获得一份可以影响公司命运的调查报告的。

美国浑水调查公司（Muddy Waters Research，下称浑水）在2012年不到半年时间，“做空”在美国上市的诸多中国公司（“做空”通常是金融机构预测某上市公司行情将下跌时的一种获利操作方式：在上市公司证券价格较高时向券商借入证券之后卖出，在证券价格较低时再从市场买回证券还给券商，赚取其中的价差。其“预测”的方式即是通过对某上市公司进行深度调查并发表其调查报告，影响其股价下跌而从中获利），如“东方纸业”“绿诺国际”“中国高速频道”“多元环球水务”“嘉汉林业”和“分众传媒”等。这些公司股价均出现大幅下跌，其中“绿诺国际”和“中国高速频道”退市，“多元环球水务”停牌。浑水及相关利益公司亦因此获益匪浅。

首先，浑水收集并分析上市公司各种公开资料：招股说明书、年报、临时公告、官方网站、媒体报道等，且时间跨度为多年。比如在调查在美上市公司“分众传媒”时，收集了该公司在2005-2011年六年间的并购重组事件，从中摘录了并购时间、对象、金额以及并购对象的官网、业务结构等重要信息，从中提出诸多质疑。

其次，浑水特别重视对关联方的调查。根据金融市场的规律，如果上市公司的利润被掏空，关联方一般是“重要推手”。关联方包括大股东、实际控制人、兄弟公司等，还包括那些表面看似没有关联关系，但被实际控制者控制的公司。浑水在查阅另一家在美上市公司“绿诺国际”的资料时，发现该公司2008年和2009年所得税率应该为15%，但实际纳税为零。经过进一步查证，发现上市公司仅为一个壳，所有资产和收入均在关联方的名下，上市公司利润仅为关联方“账面腾挪”过来，属于过账的“名义利润”，并且发现实际控制人向上市公司“借”了320万美元买豪宅，属于被明令禁止的“掏空上市公司”的行为。

再次，浑水组成一个由会计师、律师、工程师等专业人员的小分队来到中国，对该公司的中国总部进行实地调研，这是其取证的重要环节。调研周期往往持续数月，比如对“分众传媒”的调研时间长达半年。调研的形式有电话访谈、当面交流和实地观察——观察工厂环境、机器设备、库存，还与工人及工厂周边的居民交流，了解公司的真实运营情况，甚至躲藏在厂区外观察进出厂区的车辆运载情况，拍照取证。比如在调查“东方纸业”时，浑水发现工厂破烂不堪，机器设备是上世纪90年代的旧设备，办公环境潮湿，不符合造纸厂的生产条件，库存基本是一堆废纸……

最后，为了解上市公司的真实经营情况，浑水还走访该上市公司的供应商、客户、竞争对手、行业专家……尽可能将上市公司的经营现状还原为该公司与多个利益客体互动之下的多面体；也就是说，通过尽可能多侧面地“客观呈现”，包括各项数据、文字与图片资料、视频录音、采访素材等等，还原该上市公司的“本目”，最后公开发表这个调查报告。当公众发现这个“本目”与公司自己公布的财务信息大相径庭时，纷纷大呼上当并立马抛售手中的股票。有些公司的股价在数天后甚至跌至近零，不得不退市，同时还面临美国中小股东的集体诉讼。

做空经理的调查方法，实际上与社会科学方法论很类似，利用历史文献分析、对专业数据的统计分析、抽样调查、实地调查研究，甚至还有部分的田野调查……

在某种意义上讲，深度新闻的调查记者们可以向做空经理学习这些方法。如果利用这些社会科学的方法进行深度新闻的调查与采写，深度新闻应该也会像某些做空经理的调查报告一样，对那些利用虚假信息蒙骗公众股东的公司“一剑封喉”，恶劣者则被“扫地出门”。不过，很遗憾的是，现在某些深度新闻报道缺少理性的态度，更缺少科学方法，例如一些医患关系报道、转基因报道、环境问题报道，要么制造错误的信息误导受众，从而人为地制造或加深社会矛盾；要么令自身陷入意识形态的争议之中，成为派系争斗的道具，甚至引起法律诉讼。

从信息社会到知识社会，或者这两者融合为一体，是人类社会基于技术进步而产生的变迁。丹尼尔·贝尔是美国哈佛大学教授、著名的社会学家和未来学家，他在《后工业社会的来临》一书中预测了未来知识社会的种种可能状态。贝尔认为，后工业社会与以往的工业社会有着很大的不同，从总体的广泛特征上说：“如果工业社会以机器技术为基础，后工业社会是由知识技术形成的。如果资本与劳动是工业社会的主要结构特征，那么信息和知识则是后工业社会的主要结构特征。”

在信息社会中，一切都似乎变得不可预知，垄断被打破，霸权被消解，“非线性”和“不确定”成为时代特征。但是，专业知识的生产与创新，仍是不可或缺的；具备理性态度和科学方法的深度新闻，同样是不可或缺的。

第二节 网络新闻写作 12 个技巧

一、了解你的受众

写作与编辑要把网络读者的需求与习惯放在心上。网络使用性研究表明读者往往只是浏览网站而不是专心地阅读。他们也往往比印刷品的读者或电视观众更活跃，搜寻信息而不是被动地接收你所提供的东西。

考虑一下你的目标受众。因为你的读者正在网上获取他们的新闻，极有可能的是他们比电视观众或报纸读者对与网络有关的故事感兴趣，因此重视这样的故事是有意义的。另外，你的网站具有抵达全球的潜力，所以要考虑到你想把它做得可以让地方、国家或者全世界的受众都看得懂，写作和编辑要把这一点放在心上。

二、先思考——而且要思考得与众不同

在你开始报道和写一个故事的时候，考虑一下讲述故事最好的方法是什么，是否通过使用音频、录像、可点击的插图、文本、链接等方式——或一些组合，与音频、录像和互动设备的厂商进行合作。定一个计划并让它指导你新闻采集与生产的全过程，而并非只是报道一个故事，然后添加各种各样的元素。寻找可用到网上的故事——这些故事你能够讲得与其他媒介不同或者更好。

三、做好你的新闻收集工作

正如印刷品记者与电视记者采访的方式不同(因为他们在寻找不同的事物)，所以网络新闻记者必须专为自身需要做好采访与信息收集工作。

印刷品记者倾向于寻找信息。电视记者倾向于寻找镜头上的情感、尖厉的声音和与文字相伴的画面。网络新闻记者必须不断地以不同的要素和不同的要素如何完成与相互补充的方式进行思考：寻找与文字相配的影像，与音频、录像相配的文字，引进互动性的资料等。

记住照片在拍得或取得窄时看起来更好，流体录像在背景素朴、最小聚焦的情况下更容易观看。如果有人说那将会成为有力度的剪辑时，就尽可能把采访录制下来。寻找会成为有趣谈话嘉宾的名人。并且一直关注运用互动工具进行更有效传递的信息。

四、写得活泼而且紧凑

为网络写作应该是一个处于广播与印刷品之间的交叉口——比印刷品更紧凑和有力，但比广播写作文字性更强而且更细致。积极地写作，而不要被动地写作。

优秀的广播写作主要使用紧凑、简洁的陈述句而且坚持一句话一个意思。它避免长的从句和被动的印刷品写作。每个表达出来的意思逻辑自然地跟入下一句。网络写作运用这些概念使文章更易懂而且能更好地抓住读者的注意力。

努力用生动的散文，依赖有力度的动词和鲜明的名词。在你的文章中注入区别性的声音以助于把它和网上的多数内容进行区分。运用幽默，试着以活泼轻快的风格或态度来写作。网上对话风格发挥的作用尤其好，网络受众更易于接受非常规的写作风格。

同时，不要忘记传统的写作规则应用于网络这一点。不幸的是，大多数网络新闻网站的写作水平参差不齐。故事遭受被动词、乱加从句的冗长句、混合的比喻和陈词滥调的困扰。这是由快节奏新闻采集、短期配备人员与无经验的记者造成的。这也是一个大错误。读者注意到粗心的文章，他们是并不会谅解的。他们将中止阅读故事并且不会回来看更多的内容。与地方报纸读者不同，网络读者有可选择的事物。

五、解释

不要让七天二十四小时的电子化新闻收发机构的工作思路攫住你的头脑，并且因为你尽快地得到最新的新闻，要考虑全部重要的事情。读者很少注意到或在意谁是第一人。人们想知道的不只是发生的事情，而是事情为什么重要。所有的信息源现在已经在那里了，解释新闻最好的网站将取得最终的胜利，写作与编辑你所有的故事要把这一点放在心上。

六、不要淹没导语

你承受不起网上淹没导语的后果，因为如果你这么做就几乎没有读者到这里来了。当进行网络写作的时候，重要的事快速地告知读者故事是关于什么的以及为什么他们应该继续阅读——否则他们就离开了。

一个解决方法是运用“T 字模型”的故事结构。在这个模型中，一个故事的导语——“T”字的水平线——概括了这个故事，而且理想的话，告知故事为什么重要。导语不需要泄露结局，只是给人提供一个继续读下去的理由。然后，故事的其余部分——“T”字的垂直线——可以采取任何一种结构形式：作者可以以叙述的方式讲述故事；提供一则逸闻，然后跟上故事的其余部分；以积木堆的形式从一种跳到另一种；或者只是继续进入一个倒金字塔。

这使记者快速地电传最重要的信息——继续阅读的理由——而且也保留他或她想要写作故事的自由度。

七、不要堆砌

另一种故事结构（绝大多数意外地由网上发展而来），笔者把它叫作“堆砌”。

网络写作的一般问题发生在突发性新闻故事上。为了看起来尽可能地新鲜，网站经常会把一个故事的最新发展放在开头——不管这个发展到了什么程度。然后，他们会在上面叠加下一个发展进程，再下一个——造成了一个丑陋的故事混杂物，使其只是对整天追踪着这个故事的人来说才有意义。不幸的是，通常这样做的人只是新闻记者们。很少有读者会一天访问一个网站达到一次以上。当故事更新时，要记住这一点，并总把最重要的新闻放在导语里。

八、简短而甜美

大多数网络故事对于一个网络受众来说都太长了，我可以想见几乎没有几个读者会看完它。罗伊·彼得·克拉克写了一篇精彩的论文，认为任何一个故事都能用 800 以内字数来讲述——一个很好的网络写作准则。

但是让其成为指导方针，而不是规则。读者会坚持看网上较长的故事，如果有不可辩驳的理由让一个故事那么长的话——而且如果故事能继续吸引他们注意的话。

使读者上下移动显示文本来看故事的其余部分，总的来讲要比点击它们更为可取。网络新闻的使用者的确上下移动显示文本。如果有人点击到一个页面，一般的情况是因为他们想阅读这个故事了，因而他们读的可能性也高。波音特视线研究表明文章文本的大约 75% 在网上被阅读——远高于印刷品，其文章文本平均有 20% ~ 25% 被阅读。印刷品读者在任何一个特定的故事中很少被赋予权利，因为他们没有做任何积极的事来获得这篇文章。

九、把它打碎

较大的文本块使在荧屏上阅读变得困难，而且你更有可能失去读者。使用更多的小标题和打印突出段落浓点来把文本与意思分开，这会有帮助。文章应该读来活泼、迅捷。保持段落与句子的简短。像这样。

试着大声朗读句子，看一下是否过长了。你应该能够不用停下来呼吸就读完一个完整的句子。

从信息中抽取出插图、图表、用浓点重点突出的表格和互动性的图形也会有助宜。即使一个带定义或摘要的花边文字也能帮助打碎文本并把信息转化为一种易读的格式。

十、减少猜测

人们在点击材料时经常不知道他们将会得到什么。而且人们只有在其知道他们将得到什么时才会去点击。当他们点击不值得看的东西时，他们就会对你作为一种资源失去信任，而且不大有可能在将来会回来并点击内容。因此对你告诉人们会得到什么一定要把握准。

研究表明，网络新闻用户相对于有趣、可爱的标题更喜欢直截了当的标题。可爱的标题没有把快速地解释一个故事是关于什么的这一工作做好，因而打消了网络用户点击看到底的想法。

十一、不要惧怕链接

不要惧怕链接。许多网站有一种妄想的恐惧，以为如果他们把其他网站链接进来，读者就会流失而不会回来。事实并非如此！人们愿意上能够收集编辑有点击价值链接的网站——证实了雅虎的成功。如果人们了解到他们能够信任你的网站，他们会回来看更多的内容。

同时，新闻记者有责任把新闻判断和编辑的标准用于他们选取的链接。避免链接明显错误的信息或冒犯无礼的内容。通过帮助读者从新闻幕后人物那里取得额外信息的方式来精选能增强故事价值的链接。

当然，在你的网站上可以链接过去与当前的相关故事。这真正是网络的优势之一。通过链接其他故事来提供语境和背景，作者免于陷入旧信息故事的泥潭，有更大的自由度集中在当天的新闻上。

十二、勇于尝试——但要记住基本要素

网络新闻是一种新的、演进中的产业，我们在进行业务的同时，书写写作的规则。勇于向你自己与同事提出做事方式的问题，并拓宽所能做事的边界。没有规则，只有想法。勇于尝试。尝试不同的事物。

但不要忘记新闻学的根本。事实还是必须要核实两三遍；写作还是需要敏锐、生动而且到位；故事应该包括语境；而且必须遵从伦理实践。不要让七天二十四小时速度的套路和新工具把你从这些基本要素中抽离出来。

由于网络现在给每个人如此多随手可及、可选的新闻资源，现在比以往更重要的是我们要坚持网络的根本，现在比以往更重要的是我们坚持新闻学的根本以生产人们信赖的新闻，因为最终那是使人们回来看更多内容的所在。

第十七章 新闻评论写作

第一节 新闻评论的概述

一、新闻评论的含义和特点

（一）新闻评论的含义

新闻评论，是媒体编辑部或作者对新近发生的有价值的新闻事件和有普遍意义的紧迫问题，运用分析和综合的方法，就事论理，就实论虚，有着鲜明针对性和指导性的一种新闻文体，是现代新闻传播工具经常采用的社论、评论、评论员文章、短评、编者按、专栏评论和评述等的总称，属于论说文的范畴。简而言之，新闻评论是就有价值的新闻事实和社会现象发表意见以指导实践的一种文体。

（二）新闻评论的特点

1. 与其他评论一样，由论点、论据、论证三要素组成，具有政策性，针对性和准确性；

2. 在有限的篇幅中，主要靠独特的见解吸引读者；

3. 立意新颖，论述精当，文采斐然；

4. 主要面向广大群众。

二、新闻评论的作用

（一）引导的作用

运用马克思主义的立场、观点、方法，对现实生活中的新闻事实和重要问题作出分析，可以旗帜鲜明地表彰先进，针砭时弊，帮助群众明辨是非，区分先进和落后、正确和错误；为群众解疑释惑；使人们正确认识当前的形势，指明方向。

（二）监督作用

以正面宣传为主，坚持正确的舆论导向。新闻评论在舆论监督中处于一种显要的地位，在弘扬先进思想和精神的同时，还要不断揭露和抨击各种腐败现象和不正之风，对不良之风和现象形成强大的舆论压力。

朱镕基总理在 1998 年 10 月和中央电视台《焦点访谈》的工作人员座谈会时曾强调，舆论监督非常重要，他还赠给编辑、记者们四句话："舆论监督、群众喉舌、政府镜鉴、改革尖兵。"这是对新闻工作者的鼓励和支持。

（三）表态作用

代表一定的机构、组织对当前重要问题和事件的态度、观点、看法。可以指导受众的意见走向、行为走向。形成社会性的舆论压力，发挥引导和监督的作用。

（四）深化作用

通过新闻评论的方式对新闻事件发表看法、表明态度、指出症结、提出希望和看法，引导社会认识。 通过对事实的分析，从思想、政策、理论高度提出问题、分析问题和解决问题，而不应局限于就事论事。启发和帮助群众掌握科学分析的方法。

三、新闻评论的规律

新闻评论是新闻体裁中重要的一类，它表达人们对新闻事件的判断、对由新闻引发的各类社会问题的思考。一篇好的新闻评论，既反映作者认识问题、把握新闻的能力，也反映其通过大众传播媒介有效率地表达观点的能力。这样的能力，是一个新闻工作者应具备的，也应该是现代公民素质的一部分。

新闻评论在形式和内容上都不同于新闻报道。它之所以产生、存在和发展，是因为人们不仅需要通过新闻媒体了解新闻事实本身，也需要通过新闻媒体了解新闻事实的意义、其产生的原因及发展方向。

从这个意义上来说，新闻评论表达作者特定的认识——对具体新闻事件的认识。

除了上述功能之外，新闻评论还有另一个重要功能：帮助人们通过新闻媒体对于公共事务进行意见交流——这些意见交流往往由新闻报道而促发。在这个意义上，新闻评论的重要性，不仅在于它们是一个属于“新闻的”文体，而且在于，它是人们进行普遍的思想交流的重要工具。在现代社会，新闻话题本身是人们观念冲突和意见交流最经常的媒介。所以，我们应该更开阔地认识和理解新闻评论，它在“意见表达”的这样一个本质上，与别的意见表达方式并无根本的不同，只是新闻事件这个议论对象和新闻媒体这个传播渠道，使新闻评论这种意见表达和传播方式可能比其他的方式产生更强的效果。也可以说，新闻评论在这个层面上的特性，其实是意见表达的各种文本的共性。

四、新闻评论的分类

新闻界前辈邵华泽先生认为最常用的几种新闻评论的形式为：

（一）以中央和上级指示为内容写评论。这种评论能起到传达上级指示精神的作用，是报纸上很常见的评论样式。而写这类评论，一要吃透精神，二要上下结合。

（二）配合中心任务和重大决策写的指导性评论。这要求作者要注意任务明确，道理要讲清。

（三）针对一种错误倾向、错误思想或者是模糊观点来写的评论。写这种评论，则需问题要抓准，说理要透彻。

（四）为突出新闻、通讯的思想性为其配发的评论。也就是在对问题作了事实的回答之后，再给予理论的、思想的回答。这要作者写作时，一要结合紧密，二要画龙点睛。

（五）总结推广先进经验的评论。

（六）有关节日、纪念日以及重大活动的新闻评论。

（七）对敌进行论战的批驳式的评论。

（八）对某个问题进行理论阐述的评论。这则要求作者，射箭要对靶，道理要讲透。

第二节 新闻评论的写作技巧

一、撰写新闻评论的一般步骤

简单叙述现象并提出疑问

各方反应：政府，大众，媒体，学术界，事件起因者，时间受害者

现阶段主流观点、立场和态度

造成影响：大环境（道德，法制，社会，价值观，示范引导作用）

得失（损失，收获，希望，教训，经验）

现象的分析：

直接原因分析，深度分析：文化背景，文化差异，潜规则，国民性，制度，潜意识，限制因素，既得利益集团，发展历程，经验背景。分析角度：受害者立场，受惠者立场，不同的群体，情感立场，科学立场，法律角度，道德角度。

下结论：未雨绸缪，继往开来，百尺竿头更进一步，严厉打击，防患于未然，杜绝此类现场，道德扬颂，道德鞭挞，情绪渲染等。

二、新闻评论的几种具体结构形式

（一）论式：常见的结构形式之一，按照引论、正论、结论来组织文章，表现为提出问题、分析问题、解决问题。

优点：逻辑上比较完整严密，符合人们认识事物的规律

（二）论式（点睛式结构）：在小型言论中使用较多，分为两层意思。前一层是关于基本事情的介绍，后一层是画龙点睛式的评论。常常是叙事多于说理，其论述和结论往往连在一起。

优点：结构简单、灵活、生动、活泼

（三）波澜起伏式：新闻评论文章各层次间波澜起伏、正反结合的形式

优点：比较吸引读者，可以避免论证中的片面性，把道理讲得比较透彻，常常是有疑问、迂回、变化

（四）递进式：主要使用在文章论证部分，按事物的逻辑联系来安排层次，各层次之间的关系是一种层层深入的关系，由浅入深、步步深入。

优点：逻辑严密，论证性强

（五）并列式（平面展开）：用若干具有相对独立性而又互相紧密相连的论据（分论点）共同论证中心论点，这些论据（分论点）之间是并列关系。

（六）种并列方式：并列事实；并列分析；逐项反驳

优点：能扩宽论述的广度，有利于对事物进行分析综合，条理清楚

三、新闻评论的开头与结尾

（一）开头：往往为下文定下基调，非常重要

苏轼：匹夫而为百世师，一言而为天下法 ：“踏破楚天浓雾，纵横江汉千里”

1. 类型： 摆论点； 摆材料； 介绍写作缘由

2. 要点：开门见山；新颖别致，吸引读者；简洁

（二）结尾：范仲淹：先天下之忧而忧，后天下之乐而乐

1. 类型： 挽结收口，综合全文，点明结论，表明态度，深化主题，引人思考，鼓舞激励，发出号召。

2. 要点：紧扣主题，不要画蛇添足，简短有力 ，不落俗套

四、论据：用来证明论点的材料

论据的使用：

（一）事实论据：丰富的事实，数据化论据，史实作为论据

（二）理论论据：名人观点，法律法规

事实论据：能够直接或间接证明论点的事例，包括个别事例、概括性事例以及一些统计数字等。是写评论的主要论据，经常说的“摆事实，讲道理”即为此意。

意见论据（理论论据）：用已被实践证明了的正确理论，大家公认的观点作为论据来证明尚待证实的新论点。

最常见的意见论据：马列主义基本原理，党的方针政策，权威语录，

常识，格言等。

突出重点：写评论要抓住主要矛盾 。

防止片面：现在有很多评论一边倒。

立与破相统一。

立：从正面确立自己观点 。

破: 驳斥相反观点,间接确立自己观点。评论的说理论证多数以立为主，在以立论为主时对可能出现的不同看法进行驳斥，在以驳论为主时也要确立自己的观点，这样就能增强自己文章说服力。

五、新闻评论作品立意的范例

1. 新的提法。

2. 质疑法律条文、行政法规。

3. 质疑某种做法或说法。

4. 对新做法或者新现象的赞许。

这是褒扬类的评论，尤其应注意表扬代表了社会进步方向的现象。

5. 关注细节和细致的分析。

就别人提供的新闻报道中提到的细节；自己是新闻的目击者所观察到的细节；生活中的细节。

6. 深入全面的思考与分析。

7. 逆向思维和换位思考。

8. 理性的分析。

六、新闻评论的结构

（一）遵守基本范式和不拘一格的统一

基本范式是何样的以及形成基本范式的原因。

基本范式即新闻评论在结构上往往分为开头、中间和结尾三部分。

（二）“开门见山”模式

范荣康所说的这个“山”指的是：1. 事实（由头事实而非论据事实），2. 观点（作者的观点或作者要批驳的观点）。

（三）在新闻评论写作中，在文章开头就将引起写作的事件或现象说出来；把观点、论点放在文章开头，此时，事实是普遍情况且是大家能感知的，先凸显观点，没必要多说事实。

这里的“观点”又分为两种情况：作者的观点；作者要批驳的观点。

立论：以建立自己的观点为主体的文章。

驳论：以批驳错误观点为主体的文章，驳论不以反驳作为目的，反驳只是手段，还要提出自己的观点。

（四）全文的写作：论点的逐步深入

指的是：如果在一篇新闻评论中，通过分析，得出了一系列结论，那么，结论中比较浅的、简单的、社会影响性比较轻的放在前面；比较深入的、复杂的、社会影响性比较重的放在后面，逐步深入。这样更符合作者的思维规律和读者的阅读心理。

（五）结尾

应有收束力，应能概括全篇，且要简练，是谓“豹尾”。或引而不发，所谓“引而不发，跃如也”。

七、新闻评论的标题

标题的拟定，大多有三种情况：引发议论的事件在标题中显现出来，事件本身很吸引人；观点很吸引人；所批驳的观点很引人注目。

标题的拟定，大体应做到：生动、简明；艺术化的效果（诗意的、耐人咀嚼的）；语言新颖。

作为编辑结果的评论标题：通过标题来表达文章的观点，增加读者在短时间获得确定的信息的量。

第三节 新闻评论的写作范例

一、社会评论

范例

周俊生：出租车燃油附加费该如何调整

北京市此次决定取消燃油附加费，顺应了市场的变化。为了满足多样化的市场需求，政府需要对现行的出租车定价制度进行“顶层改革”。

《北京市出租汽车燃油附加费动态调整办法》日前出台。经市政府批准，北京自1月15日起取消出租车燃油附加费1元/运次，出租车运价中不再含有燃油附加费。在国际市场原油价格出现“腰斩”和我国成品油市场出现“12连跌”以后，北京宣布取消出租车燃油附加费，以此减轻市民出行支出负担，无疑值得称道。

北京市出租车燃油附加费是在2009年年底开收的。其时，国际市场原油价格不断上升，我国成品油价格也随之不断上涨，使出租车运营的燃油成本支出越来越大。但是，由于出租车价格是由政府统一管制的，在严控物价上升的环境下，出租车要以加价来消化上升的燃油成本缺乏可行性，因此以推出燃油附加费的措施来平衡市场。这表明，出租车燃油附加费本来是在成品油价不断上升的压力之下采取的一项临时措施，在油价出现下跌后，理应取消。因此，北京市此次决定取消燃油附加费，顺应了市场的变化。

从油价在半年前步入下跌通道开始，有关取消燃油附加费的呼声就不断出现，但很多地方的交管部门反应冷淡，与当年设立这一收费项目时的态度大相径庭，有的城市甚至准备在取消燃油附加费的同时提高出租车价，这种情况之所以会发生，原因在于出租车价格完全由政府定价，这种价格机制形成了出租车市场的垄断格局，也使出租车的运价丧失了由市场决定的条件。

就北京市的情况来看，2013年7月本市实施《出租汽车燃油附加费动态调整办法》。根据该办法，燃油附加费实行动态调整机制，3个月为一个周期，周期内油价加权累计平均值每提高（或降低）0.8元/升，燃油附加费相应提高（或降低）1元/运次。联动周期长，就使得燃油附加费的调整可能跟不上成品油价格调整的节奏。再加上算法烦琐，公众难免多有疑问。

由此，短期来看，不妨考虑缩短调价周期，使燃油费的调整与成品油价格的调整大体同步。长远来看，出租车服务的市场化色彩鲜明，其价格不妨由提供服务的司机和作为消费者的乘客经过博弈得出。实际上，燃油作为出租车运营的一种成本，完全可以纳进运价之中，当油价持续上升致使出租车运营成本上升的时候，在市场机制作用之下，出租车有理由提高运价，而不必另外设立燃油附加费。

出租车市场的政府定价，已经对这个市场的发展形成了某种体制性困扰，甚至引发了一些复杂的矛盾。为了让出租车在市场机制下获得更好的发展，满足多样化的市场需求，政府需要对现行的出租车定价制度进行“顶层改革”。取消燃油附加费值得点赞，但它只是出租车价格管理改革的第一步，更重要的是取消政府定价，将定价权还给市场。

（原标题：出租车燃油附加费该如何调整）

二、政治评论

范例

织就长江黄金经济带 擎起绿色发展新未来

近日，《长江经济带发展规划纲要》正式印发。这一国家战略的实施，对于协调推进“四个全面”战略布局，实现“两个一百年”奋斗目标和中华民族伟大复兴的中国梦，具有重大现实意义和深远历史意义。

长江通道是我国国土空间开发最重要的东西轴线，在区域发展总体格局中具有重要战略地位。2016 年 1 月 5 日，习近平总书记在重庆召开推动长江经济带发展座谈会并发表重要讲话，全面深刻阐述了推动长江经济带发展的重大战略思想，提出实施长江经济带发展战略，就是要从中华民族长远利益考虑，牢固树立和贯彻“五大发展理念”，走生态优先、绿色发展之路，使绿水青山产生巨大生态效益、经济效益、社会效益，使母亲河永葆生机活力。

文化系于根脉，历史照亮现实，长江流域的繁荣昌盛筑牢了中华民族繁衍生息的坚实根基。长江是中华民族的重要发源地，也是中华民族的生命河，千百年来，长江流域以水为纽带，连接上下游、左右岸、干支流，形成完整的自然生态系统，从巴山蜀水到江南水乡，沿江人民祖祖辈辈依水而居、繁衍生息，在中华文明历史长河中谱写了光辉璀璨的乐章。长江流域山水林田湖浑然一体，具有强大的涵养水源、繁育生物、释氧固碳、净化环境功能，是我国重要的生态安全屏障，更是子孙后代生生不息、永续发展的重要支撑。

推动长江经济带发展，理念要先进。必须坚持生态优先、绿色发展的战略定位，把修复长江生态环境摆在压倒性位置，共抓大保护，不搞大开发，建立健全最严格的生态环境保护和水资源管理制度，强化长江全流域生态修复。要尊重自然规律及河流演变规律，协调处理好江河湖泊、上中下游、干流支流等关系，保护和改善流域生态服务功能。要发挥长江黄金水道作用，在保护生态的条件下推进发展，实现经济发展与资源环境相适应，走出一条绿色低碳循环发展的道路，使长江经济带成为我国生态文明建设的先行示范带。

推动长江经济带发展，思路要明确。必须打破惯性思维和路径依赖，大力实施创新驱动发展战略，充分发挥长江经济带韧性好、潜力足、发展空间和回旋余地大的优势。要加强规划引导，建立生态环境硬约束机制，既要有“快思维”，也要有“慢思维”，着力加强供给侧结构性改革，在改革创新和发展新动能上做“加法”、在淘汰落后过剩产能上做“减法”，推动沿江发展由要素驱动、投资驱动向创新驱动转变，使长江经济带成为引领全国转型发展的创新驱动带。

推动长江经济带发展，推进要有力。必须坚持一盘棋思想，加强统筹协调，充分发挥市场在资源配置中的决定性作用和更好发挥政府作用，打破行政壁垒，增强系统思维，创新体制机制，通过规划引领，统筹各地改革发展、各项区际政策、各领域建设、各项资源要素，更好发挥上中下游地区“统”的功能，提高要素配置效率，激发内生发展活力，使长江经济带成为东中西互动合作的协调发展带。

战略引领未来，实施决定成败。推动长江经济带发展是一个庞大的系统工程和长期战略任务，各有关部门和地方省市一定要把思想和行动统一到党中央、国务院的决策部署上来，咬定青山不放松，不达目的不罢休，扎扎实实做好各项贯彻落实工作，让长江经济带发展成为激扬中国梦的伟大实践。

《人民日报》（2016年09月12日01版）

三、经济评论

范例

中国煤炭净进口会否重蹈石油覆辙

作为世界最大的煤炭生产国和消费国，中国新近又加入到煤炭净进口国行列。今年 1 至 10 月，全国煤炭进口 9768 万吨，同比增长 172%，煤炭净进口 7878 万吨。受全球金融危机影响，外部市场需求放缓，与并在 2003 年出口达到历史最高的 8298 万吨。不过，2004 年后，中国煤炭出口数量开始快速下降，而进口数量却开始快速增加，使得中国煤炭净出口数量快速下降。到 2007 年，中国煤炭进口量首次超越出口量，净进口 215 万吨。

中国作为产煤大国，为何还要大量进口煤炭？究其原因，主要是进入 21 世纪后，中国开始进入重化工业的发展阶段，重工业产值占工业总产值的比重突破 60%，预计到 2015 年，这一比值将达到 70%。伴随着重化工业的不断发展，国内能源消耗急剧增加，决定了国民经济发展对能源的高度依赖，而在能源的消耗中煤炭就占了近 70% 的比例。

中国在较短时间内，由煤炭净出口国变成净进口国，不禁让我们想起 1993 年时的情景，那时中国第一次成为石油净进口国。中国继美国之后成为全球第二大石油消费国后，其需求量逐渐增大。随着经济的快速发展，导致能源资源需求空前放大，石油对外依存度逐年攀升，其对外依存度现已达到 55%。

从各国的经验来看，石油对外依存度达到 50%是一条警戒线。现在，中国石油对外依存度已达到 55%，实际上已突破了这条警戒线。当然，现在突破警戒线似乎对国内市场不会产生太大影响，但其负面作用却不能低估，意味着中国能源环境已从“比较安全”向“比较不安全”转移。这并不是耸人听闻的说法。

有分析认为，与石油一样，中国将长期成为煤炭净进口国，且进口量还会不断增长。这一前景令我们感到担忧。在石油进口迅速增长之时，中国又成为煤炭净进口国，这必将导致中国对外能源依赖程度不断加深。然而，与中国在国际煤炭市场的影响力不对称的是，中国的煤炭进口非但没有利用自己的重要地位引导国际煤炭市场价格的变动，形成对自己有利的局面，反而呈现出了越贵越买的尴尬情景。

与此同时，中国煤炭进口量的增加也引起了国际市场的注意。澳大利亚《新澳大利亚人报》近日的一篇评论认为，由于中国煤炭进口量大于出口，预计今后5年内亚洲煤炭价格可能上涨50以上。事实上，中国煤炭净进口量与煤炭产量相比只是很小的一部分，但中国煤炭进口企业要充分考虑国际上这几年炒作的所谓“中国需求论”，警惕利用国内煤炭进口增加之机而大幅提价。

中国当前的处境，与上个世纪七八十年代的日本相似。当时，为了满足腾飞的经济需求，日本在全球范围内大张旗鼓地寻求煤炭、石油等资源，一度出现了“日本威胁论”的声音。现在，西方媒体像当年指责日本一样，把矛头对准中国，他们经常指责中国在全球范围内“锁定”石油、煤炭等资源，拒绝按照国际规则办事。

当然，这些指责是毫无道理的。不过，业界人士提醒，中国煤炭进口大可不必“急吼吼”地在国际市场上争抢高价煤炭，而应该及时地转变国际采购模式。例如，近两年在亚洲动力煤市场上现货招标的中标价格往往比所谓的“基准价格”低10美元/吨以上。日本、韩国等煤炭进口国越来越多地采取现货招标的方式进口煤炭，且用这种方法进口的煤炭数量越来越多，占全部进口量的比例也越来越大。

中国由煤炭净出口国变为净进口国会否重蹈石油覆辙，还有待观察。但当前应对能源安全挑战却是中国可持续发展的战略重点之一。与石油一样，煤炭过度依赖进口将成为中国能源安全软肋。同处于工业化链条前端的其他大国相比，在通过获取国外能源供给来确保能源安全方面，中国处于守势，也不存在后发优势。中国的工业化道路漫长，一个正面且稳定的外部环境非常重要，中国对此不能掉以轻心。

四、科技评论

范例

别让氮肥变成农民增收的“隐形杀手”

5月10日，《三农在线》在转载《中央电视台》播发的一则采访消息时用了一个引人注目的标题：滥用氮肥致全国一年粮食少收千亿元。这个惊人数字实在令人担忧。

众所周知，我国目前已是世界上最大的氮肥生产国与消费国，氮肥用量占化肥消费比重的60%左右。多年来，我国的粮食都是自给自足，连续多年丰收，其中化肥的作用功不可没，尤其是氮肥对我国粮食增产的贡献率更为明显。然而，正是因为氮肥是化肥中的“佼佼者”，所以特别受农民兄弟的欢迎。但由于农民长期使用氮肥，致使土地逐渐硬化、结板，不仅影响了农业增产增收，而且还造成了环境污染，生态质量明显下降。例如，河北省藁城市陈村的一片麦田，因为连年种植蔬菜、施用氮肥逐年增多，以至于土壤出现了硬块、结块现象，蔬菜产量极低，无法再种植蔬菜，而且品质也非常差，卖不了好价钱。开始产量每亩能达到一千多斤，后来下降到五六百斤。改种小麦以后，平均产量也只有一半。对此，农民感到痛心和失望。河北省一位基层农业专家认为，因为氮肥使用过量，严重的时候整个地里至少有80%的小麦出现倒伏，这样一来至少造成每亩地减产79%以上，有的甚至绝收。

有关部门的一份报告显示，在我国的河北、河南、山东等粮食高产地区，小麦的氮肥实际用量是平均每公顷325公斤，但试验显示最佳用量是128公斤；玉米的实际用量平均是263公斤，最佳用量是158公斤。从全国来看，据测算，我国每公顷小麦和玉米田地浪费的氮肥平均达151公斤，造成的减产是330公斤，如果按照每公斤氮肥目前的价格1.6元计算，每公顷氮肥浪费242元，而每公顷粮食减少收入约430元，两者相加就是每公顷耕地减少收入772元。按全国现有耕地面积粗略计算，因此造成的损失则是更触目惊心了。对于滥用氮肥造成严重损失的问题，各级领导和有关部门，尤其是直接从事农业生产的农民兄弟必须引起高度注视。

我国是一个农业大国，目前的耕地面积为18.27亿亩，位居世界第2位，而人均占有耕地1.43亩排在世界第67位，只相当于世界人均耕地3.75亩的43%。我国从1996年到2003年短短7年间，耕地面积却减少了1亿亩。只能靠提高粮食产量来保证粮食安全，而化肥又是我国粮食增产的主要因素。因此，造成了施用氮肥过多、超量的现象。这种局面如不尽快扭转，会成为农业上的一大公害。笔者提出如下建议：

首先要加大宣传力度。让农民都知道长期过量施用氮肥，会造成土壤结板退化，不利于种植业结构的调整，会直接导致粮食和蔬菜减产。于是还会引发各种病虫害，加剧污染，破坏生态环境，影响人身健康安全。

其次是要加强技术指导。各级农业部门要深入农村田间地头，积极帮助农民科学施用化肥，大力推广测土配方施肥。根据作物需肥规律、土壤供肥性能和肥料效应，在合理施用有机肥料的基础上，提出氮、磷、钾及中、微量元素等肥料的施用数量、施肥时期和施用方法。近几年有许多地方因为坚持科学施肥，受到了良好的效果。三是要尽快出台相关法规。站在确保粮食生产不滑坡、确保农民收入不徘徊、确保农村发展形势不逆转的战略高度，认真研究农业生产上存在的“病根”。有针对性地对肥料产品质量、配套施肥技术和环境保护等进行规范和约束，希望国家有关部门尽快制定肥料管理条例和综合配套措施，加强肥料市场的管理，让肥料在生产、销售、储存和使用方面有章可循、有法可依，把握农业生产的主动权。

五、文教评论

范例

关注今年 4 月至 6 月为弱潮汐时期

我在 2009 年 12 月 16 日指出，由于月亮近地潮和日月大潮的时间间隔超过 3 天，2010 年 4 月至 6 月为弱潮汐时期。春季中后期冷空气活动较弱，变暖和干旱的可能性大，需提前做好准备。

2004 年 2 月 22 日的英国《观察家报》，披露了美国的一份关于全球气候变化预测的“重要报告。罗勇在美国全球商业网络咨询公司 (Global Business Network，简写为 GBN) 的网站上找到了这份题为《气候突变的情景及其对美国国家安全的意义》的美国国防部报告。在低温暴雪袭击北半球的今天，关注这个报告意义重大。忽视这个报告，坚持错误的气候政策，将给国家和人民带来难以估量的损失，三年自然灾害就是前车之鉴。

报告中关于 2010 年全球气候变化的预测主要有：

———亚洲和北美洲的年平均温度下降达 5 华氏度 (2. 8 摄氏度)，北欧下降 6 华氏度 (3. 3 摄氏度)。整个澳洲、南美洲和非洲南部的关键地区年平均温度上升达 4 华氏度 (2. 2 摄氏度)。

———在欧洲和北美洲东部人口密集的农业产区和水资源供给地区，

干旱将持续几十年。

———冬季暴风雪和大风增强，西欧和太平洋北部将遭受更强烈的大风天气。

2009 年 11 月至 2010 年 1 月北半球遭遇 50 年一遇的低温暴雪袭击，2009 年南半球达到气温最高值。美国国防部的报告在温度变化上与全球变暖持续论者完全不一致，但低温和暴风雪已经被实践所证实。干旱的预测值得关注。

报告中特别提到了 2010 年的中国气候状况：

———季风降水可靠性的降低将对中国产生重大影响。

———中国南部地区在 2010 年前后将发生持续整整 10 年的特大干旱。中国现在“南涝北旱”的降水分布型，到时候可能变成“北涝南旱”的降水分布型。

———夏季风可以为中国带来降水，但也会引起负面效应，如洪水可使水土流失更加严重。由于水汽蒸发冷却作用的降低，会引起寒冬延长，夏季高温增加。

“寒冬延长，夏季高温增加”是符合中国 2009 年实际情况的。希望中国气象界高层能够重视这一报告，反思自己的气象预测。

显然，这是一个综合性的研究报告，而中国却缺乏这样的综合性的研究，甚至漠视这种综合性研究。中国科学家还没有超脱专业局限，不能从全局看待全球变化。非主流科学家气候变化的准 60 年周期有多方面的论述，更可惜的是，他们的观点几乎影响不到气象界。

赵振国认为，气候周期的转折也会带来降水带的北移，北方雨水少而南方雨水多的现象将会有 360 度的变化，北方降水增多，南方降水减少，目前我国“北旱南涝”的局面会被“北涝南旱”所替代。

罗勇发现了下面的规律：1951 年至 1960 年，我国夏季的降水主要集中在东北和华北；1961 年至 1970 年，我国夏季降水主要集中在华北，东北开始减少；1971 年至 1980 年，我国夏季降水集中地区继续向南移动，北方开始减少；1981 年至 1990 年，我国夏季降水集中在江淮流域；而 1991 年至 2000 年，我国夏季降水主要集中在长江以南地区，形成现在的“南涝北旱”型分布。“可以看得出来，我国降水集中的地区在有规律地变化着，存在着20年左右的周期。未来10年多雨区可能会重新回到北方，也就是可能在2010年左右形成了‘南旱北涝’的局面。”罗勇说。从“南涝北旱”到“南旱北涝”，一个轮回70年。

北京大学物理学院大气科学系教授钱维宏在实验室里对记者说：“GBN报告里预测，2010年前后，中国的降水类型将由‘南涝北旱’可能变成‘北涝南旱’，这个结论，我在1年前就得到了。”钱维宏发现，从1910年至1940年，我国夏季降水是南方多，北方少；从1940年至1980年，我国夏季降水是南方少，北方多；从1980年到现在，我国夏季降水又是南方多，北方少。“1910年至1940年是30年时间，1940年年至1980年是40年，从1910年到1980年是70年时间，也就是说从1910年的夏季降水南方多，到1980年又回到夏季降水南方多的状况，这个周期是70年左右！”

显然，中国科学家关于全球在2020年附近变冷的研究早于西方，这是有据可查的。值得注意的是，“秘密报告”的变冷时间表与中国科学家预言的变冷时期完全一致，这显然不能用巧合来解释。根据地球的轨道周期，2020年冬至时日地距离达到60年周期中的最大值，2010年至2030年地球处于冷周期，正像1946年至1976年地球处于冷周期一样。极端情况并不一定发生，趋势变化一定存在。极端冷事件频发不仅是周期论者的警告，也得到全球变暖论者的认同。

美国国防部气候报告指出：中国南部地区在2010年前后将发生持续整整10年的特大干旱。中国现在“南涝北旱”的降水分布型，到时候可能变成“北涝南旱”的降水分布型。

准60年的拉马德雷冷暖位相交替周期表明，2000年进入拉马德雷冷位相，2004年印尼地震海啸已经揭开了自然灾害再现的序幕，根据美国国防部秘密报告和灾害准60年周期，2010年至2020年全球气候剧变，20世纪50–60年代中国严重的三年自然灾害和70年代苏联农业歉收可能重演。历史的教训仍然历历在目。增加粮油储备，提高抵御灾害的能力，是当前不容置疑的燃眉之急。中国的经济发展需要减肥，电荒和水荒呼唤勤俭节约、量入为出、保护资源的务实政策。2007年世界粮食危机验证了拉马德雷冷位相时期的粮食变化特征。

20世纪50–60年代中国严重的三年自然灾害为1959年、1960年和

1961年，处于1947年至1976年拉马德雷冷位相时期。其另一个天文特征是，1959年至1960年为月亮赤纬角最小值。中国科学院寒区旱区环境与工程研究所蓝永超研究员根据代表黄河上游流域径流动态变化的唐乃亥水文站1920年至2004年的径流系列统计资料，以及此间数十个气象站四十余年的降水观测数据得出结论，从上世纪二十年代初到九十年代，黄河大体上经历了五个枯水期和四个丰水期。每个丰、枯水期段持续的时间长短不一，枯水期持续时间为4至15年，平均为九年；丰水段持续时间为7至14年，平均为9.25年。黄河上游每个丰、枯水周期平均持续时间基本相同，一个完整的丰枯循环周期在18年左右。

18.6年是典型的潮汐周期，月亮轨道与地球赤道之间的夹角称为月亮赤纬角，最大值为28.5度，最小值为18.5度，变化周期为18.6年。郭增建等人在1991年提出月亮潮迫使地球放气的观点，当月亮赤纬角最小时，它的直下点远离中国主大陆，所以在主大陆引起的地壳鼓起就小，因之地下放出的携热水汽就少，这样就不易诱使热带气团与高纬冷气团在中国大陆上相碰，因之雨量减少，会形成干旱，历史上，月亮赤纬角最小时的1941-1943年（河南大旱）、1959-1960年（山西大旱）、1977-1978年(山西、长江中下游大旱)、1995-1997年（华北、辽宁、吉林等地连续4~5年大旱）中国北方都发生了大旱；月亮赤纬角最大时的1932年（松花江大水）、1933年和1935年（黄河特大水）、1951年（辽河大水）、1969年（松花江大水）、1986年（辽河大水）中国北方都发生了大水。月亮赤纬角最大值导致的大气潮和海洋潮最大幅度的南北震荡可激发冷空气活动，从而增大降雨机会。

在2000-2030年拉马德雷冷位相时期，2014-2016年为月亮赤纬角最小值时期，因而也是未来可能的严重干旱的爆发时期。2005-2007年月亮赤纬角最大值时期离我们越来越远了，2014-2016年为月亮赤纬角最小值时期离我们越来越近了。我们必须做好预防严重干旱发生的准备。

我们认为，下一次月亮赤纬角最小值2014-2016年产生的弱潮汐南北震荡有利于气温相对升高和中国北方的干旱。世界市场不是中国的可靠粮仓，天灾可能给我们带来更多的困难。2007年世界粮食危机值得关注。

中央气象台2010年3月5日18时继续发布干旱黄色预警：

根据3月5日监测，云南大部、贵州大部、四川南部和广西西北部等地维持气象干旱重旱等级。预计，未来三天，除云南西北部和东北部、贵州大部、广西西部有小到中雨（雪）外，其他旱区基本无降水。云南大部、贵州西部、四川南部、广西西部气象干旱将持续发展。

2010年3月6日讯下午15时，全国政协十一届三次会议记者会在人民大会堂新闻发布厅举行，主题是“政协委员谈加快经济发展方式转变”。全国政协副主席厉无畏和全国政协委员徐冠华、秦大河、郑新立、王文彪出席并回答记者的提问。全国政协常委、中国科学院院士秦大河说，从去年秋天以来，我国西南地区重点是云南、四川、贵州等西南地区持续干旱，根据中国气象局中央气象台提供的统计结果，西南三省（云南、贵州、四川）平均降水量只有180毫米，相当于同时期以往的40%左右，所以降水量是1952年以来最低值。这样的干旱是60年一遇。据最新报告材料，今天上午10点钟，根据气象卫星观测结果，我们仍然在云南、广西等西南地区观测到大批的热源点，涉及这个省的十几个地区，面积相当大。中央气象台发布的天气预报，对未来十天的情况仍不乐观，云南大部分地区，四川、贵州、广西等主要地区干旱现象没有明显的降雨过程的痕迹，所以旱情可能还要继续持续。但是不排除七号到十号期间，个别地方有小范围降水。

六、思想评论

范例

以思想自觉引领行动自觉

新华网北京8月5日电 人民日报8月6日评论员文章：以思想自觉引领行动自觉

“知者行之始，行者知之成。”从本质上说，任何教育都是为了改造主观世界，解决好世界观、人生观、价值观这个“总开关”问题。对于领导干部而言，思想上的关口是最重要的闸门，思想“闸门”不紧，行为做派就会“漏风”。反过来讲，思想上的返璞归真，党性上的固本培元，可以激发起行动上勘误纠错、踏实奋行的自觉。

当前，“三严三实”专题教育正在持续走向深入。越是这个时候，越需要强调思想引领，用好思想建党这个传家宝。中央强调，专题教育不分批次、不划阶段、不设环节，不是一次活动。这一方面说明，专题教育是在党的群众路线教育实践活动基础上，融入领导干部经常性教育的一次探索实践。另一方面也表明，作风建设永远在路上，学习教育一刻都不能松，要不断在学习教育上下足功夫、花足力气，切实把严和实的要求树立起来、贯彻下去。

思想是本，行动是形，本正则形立。以思想自觉引领行动自觉，关键是要把深化学习教育摆在首位，尤其是要把学习习近平总书记系列重要讲话精神放在首位、贯穿始终，认真领会核心要义，掌握精神实质，把握贯穿其中的立场、观点、方法，做到学而信、学而用、学而行，拧紧思想上的“总开关”，做真抓实干的模范。

对“三严三实”专题教育，习近平总书记多次作出重要指示、提出明确要求。在今年 4 月 2 日中央政治局常委会审议专题教育方案时，习近平总书记发表了重要讲话。最近一段时间，在浙江、贵州、吉林等地视察以及多次重要会议、多个重要场合，总书记又作出一系列重要指示，为深入开展专题教育指明了努力方向、提供了根本遵循。当前，深刻领会、贯彻落实总书记讲话精神，就要做到“五个深刻认识”：

深刻认识开展“三严三实”专题教育的重大意义，将其作为重大政治任务，思想上高度重视，责任上强化落实，工作上扎实推进。深刻认识领导干部践行“三严三实”的本质要求，做政治的明白人、发展的开路人、群众的贴心人、班子的带头人，努力成为党和人民信赖的好干部。深刻认识运用正反典型深化专题教育的重要方法，以先进典型为标杆、以反面典型为镜鉴，提高学习教育的针对性和实效性。深刻认识解决“不严不实”问题的重要任务，着重突出问题导向，贯彻从严要求，既巩固和扩大从严治党成果，又有效解决党的建设面临的新问题。深刻认识专题教育促进改革发展各项任务落实的根本目的，坚持把“三严三实”要求贯穿改革全过程，既当改革的促进派，又当改革的实干家，在推动改革发展上有更大的担当，展现更大的作为。

人们常说，不要忘了为什么而出发。在“三严三实”专题教育中，不改初心、不忘初衷，时刻把握“三严三实”的基本内涵和实践要求，不断以思想自觉引领行动自觉，我们就能以作风之精进、工作之实绩，焕发党风政风新气象。

七、社论

范例

坚持用发展着的理论指导发展着的实践

——热烈祝贺《胡锦涛文选》出版发行

伟大的事业需要科学的理论，科学的理论指引伟大的事业。

《胡锦涛文选》的出版发行，是我们党和国家政治生活中的一件大事。《胡锦涛文选》是马克思主义中国化的重大成果，是学习贯彻中国特色社会主义理论体系的生动教材，为我们坚持用发展着的理论指导发展着的实践、不断夺取中国特色社会主义新胜利提供了强大思想武器，为正在决战决胜全面小康的全党全国人民注入了强大精神动力。

党的十八大强调，科学发展观是中国特色社会主义理论体系最新成果，是中国共产党集体智慧的结晶，是指导党和国家全部工作的强大思想武器，同马克思列宁主义、毛泽东思想、邓小平理论、“三个代表”重要思想一道，是党必须长期坚持的指导思想。《胡锦涛文选》集中反映了我们党坚持把马克思主义基本原理同当代中国实际和时代特征相结合创造性提出的一系列重大理论成果，全面展示了科学发展观孕育、形成、发展的历史过程，是学习贯彻科学发展观的最好教材。以习近平同志为总书记的党中央作出编辑出版《胡锦涛文选》的决定，就是贯彻落实党的十八大精神的重大举措。

科学的理论产生于发展着的实践，又指导着发展的实践。胡锦涛同志是科学发展观的主要创立者。党的十六大后的10年里，以胡锦涛同志为总书记的党中央团结带领全党全国各族人民坚持和发展中国特色社会主义，依靠人民战胜一系列重大挑战，推动改革开放和社会主义现代化建设取得新的重大成就，积累了宝贵经验。《胡锦涛文选》生动记录了这一历史进程，科学总结了这些宝贵经验，内容涉及经济、政治、文化、社会、生态等各领域，涵盖改革发展稳定、内政外交国防、治党治国治军等各方面，系统阐述了科学发展观的一系列重大观点，进一步回答了什么是社会主义、怎样建设社会主义和建设什么样的党、怎样建设党的问题，创造性回答了新形势下实现什么样的发展、怎样发展等重大问题。

《胡锦涛文选》收入了胡锦涛同志具有代表性、独创性的重要著作242篇。这些内容丰富、内涵深刻的篇章，充分反映了胡锦涛同志作为马克思主义政治家的远见卓识、政治智慧、领导才能，充分体现了胡锦涛同志作为马克思主义者的求真务实精神和巨大理论勇气，充分展现了胡锦涛同志为党和人民事业作出的杰出贡献和心系人民的真挚情怀。我们要学习胡锦涛同志的战略思想和理论观点，学习他与时俱进的马克思主义理论品格、实践品格和严谨求实的科学态度，推动改革开放和社会主义现代化建设不断取得新的更大成就。

马克思主义并没有结束真理，而是开辟了通向真理的道路。95年来，我们党之所以能够完成近代以来各种政治力量不可能完成的艰巨任务，就在于始终把马克思主义这一科学理论作为自己的行动指南，并坚持在实践中不断丰富和发展马克思主义。在实现“两个一百年”奋斗目标、实现中华民族伟大复兴中国梦的历史征程上，全党全国各族人民要紧密团结在以习近平同志为总书记的党中央周围，以马克思列宁主义、毛泽东思想、邓小平理论、“三个代表”重要思想、科学发展观为指导，深入贯彻习近平总书记系列重要讲话精神，统筹推进“五位一体”总体布局，协调推进“四个全面”战略布局，协力同心，攻坚克难，努力向历史、向人民交出新的更加优异的答卷。

（《人民日报》2016年09月20日01版）

八、短评

范例

“镇化”经销化肥走正道

去年生产五十六万吨，非法经营者没能买走一克

本报讯 我国最大的尿素生产厂家之一——镇海炼油化工股份有限公司，牢记支农的宗旨，模范执行国家化肥销售政策，去年生产尿素56万吨，非法经营者没能买走一克。

该公司对化肥销售实行严格管理，层层把关。他们按上级规定，将每月实际生产量的90%交中央统配和地方省市农资系统销售，10%自销。在自销时坚持两个原则；一、集体把关。先由销售副总经理提出销售方案，然后由总经理过目确认，最后由经贸处处长执行，三人共同负责，互相监督。二、自销化肥也必须卖给有经营权的农资系统。此外，无论购肥者“来头”多大，无论提出给多少佣金、回扣，一律免谈。去年，国家给他们下达的年生产计划为46万吨，年终完成56万吨。公司将50.4万吨交中央统配和地方省市农资系统销售，自销的5.6万吨也全部卖给了地方政府指定的农资系统和供销社。

编后

把住总闸资源的市场流向比较混乱，是当前化肥供应中不容忽视的一个问题。有什么办法解决？镇海炼油化工公司提供的经验是把住总闸。这犹如流水，水刚从水库流出就保证它进入主渠道，避免“乱流”现象的产生。

倒卖化肥现象屡禁不止，一个重要原因是少数生产企业无视国家有关规定，盲目扩大自销比例，造成“乱流”，将化肥卖给没有经营权的单位或个人。对此，要特别强调把住总闸，加强对化肥生产和流通的宏观调控力度。国务院办公厅日前就进一步做好当前农资工作发出紧急通知，我们要严格按照通知的精神办，地方生产的优质化肥，要按地方政府规定的比例纳入主渠道经营，企业自销部分只能销售给有化肥经营权的单位。我们要鼓励像“镇化”这样的企业将自销化肥统一纳入经营主渠道。

说　明

在编写本书过程中，作者参考了很多的书刊和资料，引用了一些有代表性的新闻作品，旨在为广大读者在实际写作中起到借鉴和帮助作用，也给本书增加了分量，本书作者在这里为大家深表谢意。

一、我们在有的例文中没有查到作者的名字，因此没有署名，我们深表歉意！

二、由于本书篇幅有限，对一些较长的例文做了摘要，请作者（或单位）谅解。

三、有少数文章作者，我们没有联系上，如原稿作者见到此书，请同廖洋（本书主编）联系，以便给您付稿酬和寄样书，谢谢！

联系电话：13883285058